Das blutige Kalifat

Volker Himmelseher

Das blutige Kalifat

FSC
www.fsc.org
MIX
Papier aus ver-
antwortungsvollen
Quellen
Paper from
responsible sources
FSC® C105338

Bibliografische Information der Deutschen Nationalbibliothek
Die Deutsche Nationalbibliothek verzeichnet diese Publikation
in der Deutschen Nationalbibliografie; detaillierte bibliografische
Daten sind im Internet über http://dnb.d-nb.de abrufbar.

Umschlagdesign, Satz, Herstellung und Verlag:
BoD - Books on Demand
ISBN 978-3-7460-2275-8

Inhalt

Anmerkungen des Autors

Im Zuge der Globalisierung kamen sich in der immer stärker vernetzten Welt Menschen unterschiedlicher Herkunft, Hautfarbe und Religion näher und mussten sich verstärkt um ein friedliches Zusammenleben bemühen.

Fundamentalistisches, radikalreligiöses Gedankengut sowie starke Egoismen wurden Feinde eines gedeihlichen Miteinanders und Nährboden für Bedrohungen.

Ausgerufen von einem Kalifen, einem vermeintlichen Stellvertreter Allahs auf Erden, entstand in der arabischen Welt über Ländergrenzen hinweg ein blutrünstiges Kalifat.

Nicht zum ersten Mal standen sich dadurch unterschiedliche Wertmaßstäbe der Christen und Moslems streitbar gegenüber.

Das Buch befasst sich mit Aspekten dieser Entwicklung. Augen und Herzen der Leser treffen auf grausame und berührende Bilder.

Fragen werden beantwortet oder bleiben auch offen. Sie regen auf jeden Fall zum Mitdenken an.

Die erzählten Geschehnisse fußen auf wahren Begebenheiten. Schriftstellerische Freiheit erlaubte es dem Verfasser, ihm wichtig erscheinende Tatbestände auszuwählen und zu einem verständlichen Überblick über das Ganze zusammenzuführen.

Begrifflichkeiten

Kalif und Kalifat

Mit dem Titel Kalif wird in der islamischen Welt ein Nachfolger oder Stellvertreter des Gesandten Allahs bezeichnet. Als Gesandter gilt der Prophet Mohammed. Einige Gelehrte verstehen unter dem Kalifen sogar den Stellvertreter Allahs auf Erden. Doch das wird von den meisten Moslems zurückgewiesen. Sure 112 verbietet, dass ein Mensch Gott gleich sein kann. Damit steht diese Interpretation nach ihrer Auffassung im Widerspruch zum Koran.

Dem Kalifen fällt die weltliche und geistliche Führerschaft der islamischen Religionsgemeinschaft zu. Er ist Führer der religiösen Bewegung selbst sowie Herrscher über den Machtbereich, in dem die Religion gelebt wird. Er muss als Anführer Sorge tragen, dass das islamische Recht befolgt wird, und hat die islamische Botschaft in die Welt zu tragen, also den Machtbereich zu vergrößern.

Für jeden Muslim ist es, nach Meinung vieler Schriftgelehrten, Pflicht, einen Kalifen zu wählen.

Seine Autorität gilt es zu schützen, und jeder muss bekämpft werden, der sich gegen ihn stellt.

Als Kalifat bezeichnet man seine Herrschaft, sein Amt und auch sein Reich.

Historisch gesichert gibt es einen Kalifen seit dem Jahr 632, dem Todesjahr Mohammeds.

Die Abfolge der Kalifen zeigt unterschiedliche Schwerpunkte ihrer Amtsführung.

Der Prophet hatte keinen lebenden männlichen Nachkommen und empfahl auf dem Totenbett Abu Bakr als seinen Nachfolger. Abu Bakr hatte als sein erster Gefolgsmann den Islam angenommen, war der Vater von Mohameds Lieblingsfrau Aischa und ein begüterter Kaufmann. Mohamed fand mit seinem Vorschlag die Billigung der Gemeinschaft.

Abu Bakrs Amtsführung gestaltete sich einfühlsam und warmherzig. Er setzte sein Habe zur Stärkung des Islams ein. Seine Amtszeit währte jedoch nur zwei Jahre. Mit 63 Jahren starb er bereits.

Abu Bakr sprach vor dem Tod ebenfalls eine Empfehlung für die Nachfolge aus. Umar ibn Khattab sollte nach ihm Anführer werden. Dessen Bekehrung zum Islam verlief schwieriger als die Abu Bakrs. Anfänglich wollte er Mohammed sogar töten. Er glaubte, der Prophet spalte mit seiner Lehre die Gemeinschaft. Kurz vor einem Anschlag auf Mohammed traf Umar auf seine Tochter Fatima und erfuhr, dass sie zum Islam übergetreten war. Nach nochmaligem Überdenken gab er seinen Mordplan auf und wurde ebenfalls zum Verfechter des Propheten und dessen Lehre. Er führte forthin den Kalifentitel Befehlshaber der Gläubigen.

Unter Umar expandierte das islamische Reich. Bis 632 gewann er Einfluss in Syrien, 636 folgte Mesopotamien, bis 642 kam Ägypten hinzu und nach dem Sieg von Nihawand folgten Teile des Irans. Mit diesem Sieg besiegelten die arabischen Eroberer das Ende des persischen Sassanidenreichs.

Zehn Jahre blieben Umar für seine Regentschaft. Er legte besonderes Augenmerk auf das islamische Recht und sorgte mit Strenge für dessen Einhaltung.

644 wählte die Glaubensgemeinschaft als dritten Kalifen Uthman ibn Affan, einen Schwiegersohn des Propheten, der sein Schreiber gewesen war. Uthman blieb seiner Passion zu schreiben treu. In seiner Amtszeit wurde der Koran abgefasst und im gesamten Herrschaftsgebiet in Schriftform verbreitet. Den Expansionskurs seines Vorgängers setzte er fort. 647 eroberte er das heutige Libyen. Weitere Teile des Irans kamen hinzu, und sein Vormarsch ging bis Anatolien. Bald machte er sich immer mehr Feinde. Man warf ihm vor, die Sippe der Umayyaden, der er angehörte, zu bevorzugen. Nach zwölf Jahren Amtszeit wurde er von seinen politischen Gegnern ermordet.

Die waren vor allem Anhänger von Ali ibn Abi Talib, einem Schwiegersohn und Neffen des Propheten, also dessen leiblichen Abkömmling. Uthmans Gegner sahen deshalb in ihm den ersten richtigen Nachfolger des Propheten. Sie wählten Ali 656 zum Kalifen und setzten sich in der Entscheidungsschlacht von Siffin gegen die Umayyaden durch. Als die späteren Schiiten forderten sie von zukünftigen Kalifen die leibliche Verwandtschaft mit dem Propheten. Die Mehrzahl der Moslems gab sich jedoch damit zufrieden, dass ein Nachfolger aus dem Stamme des Propheten, den Kureishi, kam. Sie nannten sich später Sunniten.

Auch die sunnitischen Rechtsgelehrten verschärften mit der Zeit die Anforderungen an einen Kalifen und verlangten von einem Aspiranten sieben Qualitätsmerkmale:

1. Er musste ein Muslim sein.
2. Er musste mänlichen Geschlechts sein.
3. Er musste geschlechtsreif sein.
4. Er musste bei Verstand sein.
5. Er musste rechtschaffen sein und kein Frevler.
6. Er musste frei sein, denn ein Sklave war nicht berechtigt, für sich selbst zu entscheiden.
7. Er musste fähig sein, die Bürde des Kalifats zu tragen und der Verantwortung zu genügen.

Auch diese strengen Vorgaben konnten die Meinungsverschiedenheiten zwischen Sunniten und Schiiten nicht beenden.

Mit Ali ging die Epoche der »rechtgeleiteten« Kalifen zu Ende. Er fiel 661 einem Attentat zum Opfer.

Alle vier Kalifen hatten aufopferungsvoll für den Propheten und den Islam gekämpft. Weltliche Macht war für sie weitgehend unbedeutend geblieben. Sie gewährten sich kaum Privilegien.

Nach 661 kamen die Umayyaden zurück an die Macht. Sie besannen sich auf weltliche Machtfülle und deren Zurschaustellung. Muavya, der ehemalige Statthalter von Syrien, wurde der 5. Kalif. Er gönnte sich einen

Palast in Damaskus und hatte eine große Anzahl von Leibwächtern. Unter den Umayyaden wurde das Kalifat zur Erbsache, wenn nicht militärische Auseinandersetzungen anderes ergaben.

So übernahmen beispielsweise die Abbasiden 749 durch Kampf die Macht. Bis dahin ging der Expansionskurs weiter. Zu Beginn des 8. Jahrhunderts kamen der Maghreb, die Iberische Halbinsel, Transoxanien mit den alten Metropolen Samarkand und Buchara sowie das Industal hinzu.

Die Abbasiden verlagerten die Amtsführung nach Bagdad. Fast alle Sunniten erkannten die neuen Herrscher an.

1258, nach der Eroberung Bagdads durch die Mongolen, regierten abbasidische Kalifen unter der Kontrolle der Mameluken von Byzanz aus weiter. Mameluken waren Militärsklaven meist türkischer oder kaukasischer Herkunft.

1453, nach dem Fall von Byzanz, fiel das Kalifat an die Osmanen. Die herrschten nicht unumstritten, weil sie ihre Herkunft nicht wenigstens vom Stamm Kureishi ableiten konnten. 1924 wurde das Kalifat von ihnen ganz abgeschafft.

Seitdem hielt sich in der muslimischen Welt der Traum von einem neuen islamischen Staat, einem starken Kalifat.

Ein über die Landesgrenzen hinausgehendes Reich sollte wiederauferstehen.

Die inzwischen künstlich gezogenen Grenzen um Staaten mit unterschiedlichen nationalen Interessen standen dem Traum entgegen. Die Grenzen waren ein Relikt der Kolonialzeit, ein Machwerk der ungläubigen Kolonialherren und ihrer Diplomaten.

Das Sykes-Picot-Geheimabkommen von 1916 wurde für gute Moslems zur Dauerkränkung durch die westlichen Nationen.

Großbritannien und Frankreich hatten schon vor Ende des Ersten Weltkriegs über die Aufteilung des osmanischen Kalifats verhandelt, also bevor es von den Osmanen selbst aufgelöst wurde. Die beiden Länder waren sich mit Russland einig geworden, es sollte dem multiethnischen und multireligiösen osmanischen Reich an den Kragen gehen.

Bei ihrem Gefeilsche wurden die Ölquellen im Nahen Osten, besonders im Nordirak, zur wichtigen Verhandlungssache. Besonders die Engländer fürchteten sich mit ihrer großen Marine vor einer Abhängigkeit von amerikanischem Öl. Im März 1916 wurde zwischen den Diplomaten Mark Sykes auf englischer und François Georges-Picot auf französischer Seite das Fell verteilt, und zwar nach dem Motto: Oil, Money and Politics. Die Einwohner der Gebiete hatten am Tisch der Kolonialherren keine Stimme, als künstliche Nationen auf dem Reisbrett entstanden.

In der Region blieben mit Ägypten und dem Iran nur zwei Staaten bestehen, die schon in der Antike existierten.

Die Türkei als Rest des Osmanischen Reichs verdankte eine stabile Existenz dem starken Gründervater Kemal Atatürk, Saudi-Arabien dem Durchsetzungsvermögen von König Salman ibn Abdel Asis al-Saud.

Nach dem Abkommen von Sykes und Picot entstanden weitere englisch-französisch geschaffene Nationen wie der Libanon, Syrien, Jordanien, der Irak und Israel.

Der US-Historiker David Fromkin sprach in diesem Zusammenhang von einem Frieden (zwischen England und Frankreich!), der jeden Frieden (in der Region!) beendete!

Die vereinbarten Grenzen standen jedenfalls dem Traum von einem geeinten islamischen Staat entgegen.

Besonders die fundamentalistischen Islamisten waren es, die ihn weiter verfolgten. Nach 2000 sahen sich zwei Männer als Kalifen prädestiniert. Es war wohl kalkuliert, dass einer der beiden seinem Namen Al-Baghdadi den Zusatz *al*-Kureishi hinzufügte. …

Viele Moslems teilten deren Ideologie der Gewalt jedoch nicht. Einige der neuen regionalen Herrscher lehnten ein einheitliches Staatsgebilde eh ab, da sie sich mittlerweile selbst als Nachfolger Mohammeds sahen. Zu ihnen gehörten der König von Jordanien und der König von Marokko. Sie bestritten die Notwendigkeit eines neuen Kalifats vehement. Doch die radikalen Kräfte ließen sich nicht abhalten. …

Von ISI zu IS

Der Name für ein neues islamisches Staatsgebiet änderte sich mit dem Anspruch des jeweiligen Anführers und der ihm beitretenden Kampforganisationen.

Ab Juni 2003 beteiligte sich der Jordanier Abu Musab az-Zarqawi mit seiner Gruppierung unter unterschiedlichen Namen am sunnitischen Widerstand gegen die Besetzung des Iraks. Im Oktober 2004 schloss er sich der Al-Qaida an.

Im Oktober 2006 folgte die Umbenennung in Islamischer Staat im Irak, ISI. Die Organisationen benannten damit das zunächst beanspruchte Territorium.

Im gleichen Jahr, nach dem Tod Zarqawis, wurden unter neuer Führung neue Ambitionen artikuliert.

Zwischen 2011 und 2014 wandelte sich ISI in den Islamischen Staat im Irak und in Syrien, ISIS, bzw. in den Islamischen Staat im Irak und der Levante, ISIL.

Levante bedeutet im Italienischen Sonnenaufgang und steht für den Osten, das Morgenland. Man schließt darin im weitesten Sinn die Länder des östlichen Mittelmeers ein, die östlich von Italien liegen. Das sind die griechische Halbinsel, die griechischen Inseln in der Ägäis, die mediterranen Küstengebiete der Türkei, Zypern, Libanon, Palästina, das historische Syrien und Ägypten.

Zur Levante im engeren Sinn gehören Syrien, Libanon, Israel und die Palästinensergebiete.

Diese Gebiete wurden auch unter dem Akronym für den arabischen Begriff Al-daula al-Islamija fi-l-Iraq wa-l-Scham, Daesh, genannt.

Am 29. Juni 2014 wurde unter der Führung Abu Bakr al-Baghdadis erstmals in der Moderne ein Kalifat ausgerufen.

Fortan nannte sich die Organisationen nur noch Islamischer Staat. Das ins Auge gefasste Staatsgebiet ging von nun an sogar über die Grenzen des Morgenlandes hinaus.

Dschihadisten und Co

Die Mitglieder in den Kampforganisationen fanden die Rechtfertigung für ihr Tun in fundamentalreligiösen Dogmen und führten voller Stolz entsprechende Bezeichnungen.

Dschihadisten sind Kämpfer, die den Aufbau und die Ausdehnung des Machtbereichs des Islamischen Staates mit den Mitteln der Gewalt erreichen und erhalten wollen.

Mudschaheddin sind ebenfalls gewillt, den heiligen Kampf der Verbreitung und Verteidigung des Islams militant zu suchen.

Salafisten gelten als ultrakonservative Strömung innerhalb des Islams, die die geistige Rückbesinnung auf die Altvorderen (arabisch: Salaf, der Vorfahre) verlangen und damit zu ähnlichen Zielen kommen. Die Bezeichnungen zeigen also Überschneidungen.

Es handelt sich bei all diesen Moslems um Islamisten, die einen Staat nach radikaler Auslegung des Islams organisieren wollen. Islam bedeutet vom Wort her schon vollständige Unterwerfung (unter Allahs Willen), den es anhand des Korans und anderer Vorschriften wortgetreu auszulegen gilt.

Die Gläubigen beabsichtigen damit, alle nicht islamischen Verhältnisse zu überwinden. Sie wollen die Scharia als allgemeingültiges Gesetz. Die umfasst, als unfehlbare Pflichtenlehre, hergeleitet aus dem Koran, alle Lebensbereiche, nicht nur die religiösen.

In den verschiedenen Rechtsschulen ergeben sich allerdings Unterschiede in der Bewertung, Interpretation sowie Beurteilung juristisch belangreicher Handlungen.

Viele Formen der Auslegungen stehen westlichen Rechtsgrundsätzen kontrovers gegenüber.

Der erste Aspirant auf den Kalifentitel der Moderne

Ahmad Nazzāl al-Chalaila, Kindheit und Jugend

Der Werdegang eines Jordaniers, der ein modernes Kalifat anstrebte, führt uns in einen blutigen Abschnitt der jüngeren Geschichte.

25 Kilometer nordöstlich von Amman, 569 Meter über dem Meeresspiegel, lag Zarqa, die Blaue genannt.

Die Bergbaustadt mit circa 30.000 Seelen dämmerte unter 27 °C schläfrig vor sich hin.

Man schrieb den 30. Oktober 1966.

Dallah al-Chalaila litt unter der Hitze, denn sie war hochschwanger und kurz vor der Niederkunft.

Das vierstöckige Haus, in dem ihre Familie in einer ärmlichen, aber sauberen Wohnung lebte, hatte in den letzten Wochen die Hitze gespeichert und bot keine Kühle mehr.

Dallah stand unruhig am Fenster und schaute hinaus auf den Friedhof. Aus der Autowerkstatt im Erdgeschoss drang lautes Gehämmer und ließ sie nicht zur Ruhe kommen. Sie beschloss, sich trotzdem aufs Bett zu legen. Die Last des erwarteten Erdenbürgers lag schwer in ihrem Leib.

Auf dem Bett kreisten nun ihre Gedanken. Angst vor der Geburt kannte sie nicht, sie hatte schon vier gesunde Kinder auf die Welt gebracht. Außerdem war sie voll Gottvertrauen, eine tief religiöse Frau.

In der Wohnung wachte ihre Freundin Züleyha über sie. Für alle Fälle! Die Kinder spielten vor der Tür und ihr Mann Fadhil arbeitete im Rathaus. Er war städtischer Angestellter und froh, einen sicheren Beruf zu haben.

Fadhil war ein guter, besonnener Mann, da war sich Dallah sicher.

Die Familie lebte in einfachen Verhältnissen. Sie war aber stolz auf ihre

Herkunft, denn sie gehörte dem großen Beduinenstamm Bani Hassan an, aus dem viele tapfere Soldaten und Offiziere für die jordanische Armee hervorgegangen waren.

Fadhil al-Chalaila war sogar einer der Sprecher der Chalaila-Sippe, die mehr als 1000 Mitglieder zählte.

Ein Zucken fuhr durch Dallahs Körper. Sie kannte das Gefühl, die Wehen hatten eingesetzt. Mit schwacher Stimme rief sie nach Züleyha, sie würde ihr, wie schon viermal, bei der Niederkunft eine Hilfe sein. …

Die Geburt verlief schnell und problemlos. Bald hatte Dallah ein gesundes, gewaschenes Kind in den Armen, und Züleyha strahlte über das ganze Gesicht. Dallah hatte gute Arbeit geleistet. Es war ein Junge!

Mit ihrem Mann hatte Dallah für beide Geschlechter Namen ausgesucht, nun würde der Knabe Ahmad Nazzāl heißen, Ahmad Nazzāl al-Chalaila!

Züleyha ließ durch die Kinder Dallahs Ehemann herbeirufen. Fadhil Nazzāl al-Chalaila kam schnell. An seinem hochroten Gesicht war zu erkennen, wie sehr er sich beeilt hatte. Als er den Jungen in Dallahs Armen liegen sah, zeigte sich Freude auf seinen Zügen, und er lobte seine Frau: »Du hast es wohlgetan, Weib. Sure 4,35 sagt uns, Männer sollen vor Frauen bevorzugt werden. Also ist unser kleiner Ahmad Nazzāl der Richtige. La ilaha illa 'llah, es gibt keinen Gott außer Allah.«

Seine Frau war erschöpft, aber sie sah ihn mit glänzenden Augen an, und ein Lächeln huschte über ihr Gesicht. Sie liebte ihn, für das, was er gesagt hatte.

Ahmed wuchs in eine unruhige Zeit hinein. 1967, nach dem arabisch-israelischen Krieg, strömten Tausende Palästinenser als Flüchtlinge in die Stadt. Das Gepräge der kleinen Tscherkessensiedlung änderte sich dramatisch. Ein riesiges Flüchtlingslager entstand, und die Bevölkerung bestand nun zum größeren Teil aus Palästinensern. Das religiöse Klima wurde streng islamistisch.

Die Palästinenser spielten bald auch politisch eine Rolle. 1970 machte

Zarqa ein Ereignis über die Landesgrenzen hinweg bekannt. Die Volksfront zur Befreiung Palästinas, PFLP, zeichnete dafür verantwortlich. Als Reaktion auf das eigene traurige Asylantenschicksal holte sie zum bis dahin größten Schlag gegen die internationale Luftfahrt aus. Mehrere ihrer militanten Kämpfer kidnappten drei Passagiermaschinen:

Am Sonntag, dem 6. September, befand sich eine Maschine der Swiss Air auf dem Flug Zürich-New York. Sie hatte um 12:40 Uhr mit 148 Passagieren und zwölf Besatzungsmitgliedern pünktlich von der Piste 34 in Zürich-Kloten abgehoben. Kapitän Fritz Schreiber und sein Kopilot Horst Jerosch steuerten mit der vierstrahligen DC-8 HB-IDD Nidwalden als Zwischenziel das Drehfunkfeuer Luxeuil in Frankreich an. Plötzlich öffnete sich die Cockpittür. Ein untersetzter Mann im gedeckten Anzug schob die Flugbegleiterin in den engen Raum. In der einen Hand hielt er eine Handgranate, mit der anderen drückte er der verschreckten Frau einen Revolver an die Schläfe. Er wirkte so übertrieben aufgeregt und nervös, dass die bedrohliche Situation von den beiden Flugzeugführern zunächst gar nicht erkannt wurde. Sie lachten sogar. Erst als noch eine resolute Frau im Türausschnitt erschien, änderte sich das. Auch sie hatte Handgranaten in den Händen und zischte kalt: »Jetzt bin ich der Pilot, und Sie werden meinem Befehl folgen!«

Auch wenn die Worte in gebrochenem Englisch herausgekommen waren, wussten die beiden Männer nun, dass es ernst war.

»Fliegen Sie über die Alpen Richtung Nahen Osten.«

Fritz Schreiber tat, wie befohlen. Gegen 18 Uhr flog die Maschine über Syrien und näherte sich langsam der jordanischen Hauptstadt. Der Flughafen von Amman war jedoch geschlossen.

Horst Jerosch fragt die Hijacker mit ruhiger Stimme: »Und wo soll es nun hingehen?«

»Landen Sie auf dem Gazastreifen«, kam es mit schneidender Stimme zurück.

Die beiden Piloten waren verwirrt, sie kannten dort keinen Landeplatz und erklärten das auch den Kidnappern.

»Dann landen Sie irgendwo in der Wüste«, stieß die Frau mit deutlicher Verärgerung hervor.

Die Männer wollten nicht widersprechen und flogen einfach weiter. Auch in der Wüste kannten sie keinen Landeplatz.

Fritz Schreiber brach kalter Schweiß aus. Sie flogen nun auf Sichthöhe, um ja keinen Landeplatz zu übersehen. Die Sicht wurde aber in der aufkommenden Dämmerung immer schlechter.

Plötzlich sah Horst Jerosch unter sich eine Reihe flackernder Lichter. Ein weiterer Sinkflug der Maschine brachte Klarheit. Es handelte sich um offene Feuer, die als Pistenmarkierung dienten.

Schreiber ging zum Landeanflug über, und die Maschine setzte hart auf. Sie waren auf einem ehemaligen Militärflughafen der Royal Air Force nahe Zarqa gelandet.

Es war 19:15 Uhr. Vor ihren Augen stand eine Boeing 707 der Trans World Airlines, TWA. Sie hatte anscheinend ein ähnliches Schicksal ereilt.

Durch das aufgeschobene Cockpitfenster strömte heiße Luft herein. Gewehrsalven knatterten aus dem Dunkeln, und in Jeeps fuhren vermummte Gestalten auf sie zu.

Erst jetzt wurde Schreiber klar, wie groß die Gefahr gewesen war, dass die Landung schiefgegangen wäre. Ohne Navigationshilfe und Funkkontakt auf sandiger Piste! Er zitterte im Nachhinein am ganzen Körper.

Am nächsten Tag wurden Frauen und Kinder sowie wenige Ältere aussortiert und in Bussen fortgebracht.

Für die Besatzung und die restlichen Passagiere begann eine schreckliche Wartezeit. Die hygienischen Bedingungen wurden immer schlimmer, und bald gab es nicht mehr genügend Flüssigkeit, aber viele hatten Durst.

Noch am gleichen Tag ging beim Internationalen Komitee des Roten Kreuzes ein Ultimatum ein, das an den Schweizer Bundesrat weitergeleitet werden sollte. Die PFLP forderte darin die Herausgabe von drei in der Schweiz verurteilten Palästinensern. Die hatten im Februar 1969 in Zürich-Kloten einen Anschlag auf eine El-Al-Israel-Airlines-Maschine verübt und waren dafür zu zwölf Jahren Haft verurteilt worden.

Im Gegenzug sollten Passagiere und Besatzung der Nidwalden freikommen.

Mit Rücksicht auf die vielen eidgenössischen Geiseln stimmten die Schweizer dem Deal zu. Der Bundesrat kassierte das einst ergangene Urteil.

Am 8. September landete am späten Nachmittag noch eine VC-10-Maschine der British Overseas Airways Corporation, BOAC. Palästinensische Entführer hatten sie nach dem Start in Bahrain in ihre Gewalt gebracht.

Nun war die Drohkulisse komplett! Die Terroristen montierten an allen drei Maschinen Sprengkörper, und am 12. September zeigten sie, wie ernst sie es meinten: Alle drei Maschinen flogen in die Luft.

Die restlichen Passagiere wurden überraschend freigelassen, nur die Crew transportierte man des Nachts mit mehreren Wagen nach Amman und setzte sie in einem dunklen Raum fest.

König Hussein von Jordanien hatte die Flucht der Palästinenser in sein Land von Anfang an kritisch gesehen. Er befürchtete durch sie Unruhen. Jegliche Auffälligkeiten in dieser Richtung strafte er sofort rigoros ab. So ging er auch dieses Mal unerbittlich gegen die Palästinenser vor. Zehntausende starben, als er landesweit die Armee gegen sie einsetzte. Später nannte man den Monat der Abstrafung den Schwarzen September.

16 Tage nach dem Transport der Crew nach Amman waren ihre Bewacher plötzlich vor ihrem Gefängnis verschwunden. Dies ging einher mit dem Ende der königlichen Strafaktion.

Jordanische Soldaten spürten die Gefangenen bald auf, und am 26. September konnte Fritz Schreiber mit seinen Leuten über London nach Zürich ausfliegen. Eine lange Zitterpartie war unblutig zu Ende gegangen.

Die drei inhaftierten Palästinenser wurden von den Schweizer Behörden am 1. Oktober freigelassen. Sie flogen mit einer Maschine der Royal Air Force nach Kairo. Dort verwischte sich ihre Spur. In der Weltpresse erhob sich Empörung, weil die Terroristen freikamen, obwohl sich schon alle Geiseln in Sicherheit befunden hatten.

Die korrekten Schweizer verhielten sich so, weil dies zugesagt war: Pacta sunt servanda!

Ahmad wuchs zum Schulalter heran. Die politischen Probleme in Zarqa interessierten ihn nicht. Er suchte seine Spielkameraden auch unter den Kindern der Palästinenser. Dabei wurde die Grundlage für seine Feindschaft gegen Israel gelegt. Wegen seiner Nähe zu den Palästinensern wurde später sogar das Gerücht laut, er sei ein palästinensisches Flüchtlingskind. Das vertrug sich gar nicht mit dem Stolz der Familie, dem ehrwürdigen Bani-Hassan-Stamm anzugehören. Seine Mutter dementierte noch im März 2004 das Gerücht vehement in einem Fernsehinterview.

Auch Ahmad zeigte früh Stolz über seine Herkunft. Er forderte seine Kameraden auf, ihn al-Zarqawi, den Zarqaer, zu nennen. Einmal belauschte er ein Gespräch von ihnen. Er bekam mit, dass sie von ihm als »Die Eidechse« sprachen.

»Warum nennt ihr mich so?«, wollte er wissen und bekam zu hören: »Du kannst am längsten von uns unbeweglich bleiben, und keiner guckt so ausdruckslos wie du.«

Er wusste nicht, ob ihn das ärgern oder stolz machen sollte. Er entschied sich für Letzteres. »Und ich kann kalt wie ein Fisch sein«, ergänzte er zur Bekräftigung.

»Ja, du hast ein totes Herz«, kam zurück.

Diesen Eindruck vermittelte Ahmad sein Leben lang.

Er hatte nichts von der besonnenen Art seines Vaters geerbt. Er setzte auf körperliche Stärke, raufte gern und wollte sich immer als Sieger beweisen. Das gelang ihm auch meistens. Verlor er einmal, so war das ein triftiger Grund, weiter zu üben. Seine Kameraden fürchteten ihn mehr, als dass sie ihn mochten. Er versuchte Menschen zu gewinnen, ohne ihnen sein Herz zu schenken.

Ahmad wurde ein mittelmäßiger Schüler und war weder fleißig noch lernbegierig, eher widerspenstig gegenüber allen Befehlen. Hausaufgaben machte er fast nie. Seine Lehrer mochten ihn nicht und ließen ihn das merken. Ahmad mutete ihnen zu viele Brüskierungen zu. Das führte zu seiner Ablehnung und war mit Strafen verbunden.

Umm Ahmad, seine Mutter, versuchte, ihn in tiefer Sohnesliebe auf den richtigen Pfad zu bringen, doch sie war schon zu schwach, ihn zu bändigen. Sie war bereits vom Tod gezeichnet, denn sie litt an Leukämie.

Vielleicht war das Beharren auf seinen Fehlern Ahmads Treue zu sich selbst. Er liebte seine Mutter zwar sehr, aber auf sie hören tat er nicht.

Der Junge schloss sich einer Straßengang an und machte als ihr Anführer die Gegend unsicher. Er hatte bald den Geruch des Bösen an sich und war dafür stadtbekannt. Er suchte besonders den Umgang mit solchen, die ihn beweihräucherten.

Wenn er Geld hatte, betrank er sich mit den anderen in üblen Spelunken und nahm Rauschgift.

Für die Bande führte er ein Erkennungszeichen ein: drei grüne Punkte in der Daumenbeuge der linken Hand.

Diese Insignien der Zusammengehörigkeit tätowierten sich die Mitglieder gegenseitig ein und bestanden mit dem Ritual eine Mutprobe. Nach Prügeleien und Messerstechereien, für die er stets ein schmales Skalpell benutzte, wurde er immer öfter von der Polizei aufgegriffen. Sein Vater, der sich auch als Heiler betätigte, versorgte dann unter Vorhaltungen seine Wunden. Es erfüllte Fadil mit Gram, wenn er Ahmad abends bei der Polizeistation abholen musste. Manchmal überließ er das voll Scham seinem Bruder.

Ahmads Vergehen häuften sich so, dass er Anfang der achtziger Jahre zu Jugendstrafen verurteilt wurde und sich Besserungskursen unterziehen musste. Doch auch diese Maßnahmen blieben ohne Erfolg. Für eine sexuelle Belästigung drohte ihm sogar Gefängnis.

Die Familie entschloss sich, härter durchzugreifen. Ahmads Mutter und seine Schwester Sadschida al-Rischawi, die beide sehr gläubig waren, schickten ihn in die Koranschule der Moschee. Sie hofften, die Geistlichen würden ihm den rechten Weg weisen.

In der Al-Hussein-Ibn-Ali-Moschee traf er auf eifrige Koranstudenten, und ihre Übungen interessierten ihn bald genauso wie die heiligen Texte. Einige der jungen Kerle waren Kriegsrückkehrer aus Afghanistan. Sie hatten dort gegen die sowjetischen Besatzungstruppen gekämpft. Ihre Heldengeschichten wurden für Ahmad bald wichtiger als die Religion und schürten in ihm die Sehnsucht, es ihnen gleichzutun. Mutter und Schwester blieben seine Träume verborgen, sie freuten sich nur, dass er so fleißig in die Moschee ging, nicht mehr trank und sich nicht mehr prügelte.

1983, mit 17 Jahren, wurde sein unsteter Charakter erneut deutlich. Er brach, trotz vorhandener Fähigkeiten, die Schule vor dem bevorstehenden Abschluss ab.

Notgedrungen trat er den zweijährigen Militärdienst an. Danach zwang ihn die Familie, einen Beruf auszuüben, anstatt herumzulungern. Die Beschäftigung als Kartenabreißer in einem Kino war für ihn jedoch nur eine Übergangsstation. Er träumte von Abenteuern und der Ferne. Eine besondere Vorliebe hatte er für die See. Als Zeichen dieser Liebe ließ er sich einen Anker auf den Arm stechen.

Terroristische Ausbildung im Krieg und im Knast

Mit 22 Jahren setzte er ein Zeichen wirklicher Abnabelung von der Familie. Er gründete einen eigenen Hausstand und heiratete seine entfernt verwandte Cousine Intisar. Sein Vater versuchte ihnen beim Neuanfang zu helfen und verschaffte Ahmad nochmals eine Anstellung, diesmal als Hausmeister. Er hoffte, wie der Rest der Familie, auf Sesshaftigkeit seines Sohnes, doch die Anstellung band den nur wenige Wochen.

Immer öfter dachte er an Afghanistan und die ruhmreichen Kämpfe, die dort auf ihn warteten. Ihn zog es fort, selbst seine Frau konnte ihn nicht davon abhalten. Letztlich gab sie sich geschlagen und war bereit, mit ihm zu gehen.

Ahmad gehörte zu Tausenden jungen Jordaniern, die den Weg in die Fremde nahmen. Sheikh Jarah al-Qadah, ein radikaler Salafist, rekrutierte ihn und erinnerte sich später genau an ihn: »Der Islam hat seine Moral perfektioniert«, sagte er.

Im Herbst 1989 kämpfte Ahmad kurz im Osten Afghanistans. Er war bei der Befreiung von Khost dabei. Die Russen waren schon fast geschlagen und befanden sich auf dem Rückzug. So währte sein Kriegseinsatz nur kurz.

Das Kriegshandwerk gegen die Schurawi, die sowjetischen Besatzer, fiel ihm dank seiner Militärzeit nicht schwer.

Er erhielt nun noch militärische Praxis, die ihm in seiner späteren Laufbahn helfen sollte. Er zeigte sich in den Gefechten rücksichtslos und impulsiv und erwies sich als extrem tapfer. Er agierte völlig gewissenlos und war bereit, Schahid, Märtyrer, zu werden. Der Ruf seines Löwenmutes ging ihm von nun an voraus und ließ die Schar seiner Anhänger stetig wachsen.

In Afghanistan waren es noch die Amerikaner, die die Mudschaheddin und damit auch ihn gegen den verhassten russischen Feind mit Waffen und Geld versorgten. Er fühlte ihnen gegenüber noch keinen Groll.

Im Lager lernte er Osama bin Laden kennen. Der junge saudische Millionär hatte den Traum, alle muslimischen Nationen unter seiner Führung zu einen. Er wollte das Schritt für Schritt tun und nach und nach das gesamte muslimische Gebiet von den schädlichen Einflüssen des Westens säubern. Er hielt darüber im Lager aufrüttelnde Reden.

»Mudschaheddin bezeichnet Kämpfer, die sich um die Verbreitung und Verteidigung des Islams bemühen.«

Diese Worte kamen bin Laden ständig über die Lippen und setzten sich in Ahmads Kopf fest.

Osama wetterte auch gegen Ahmads Heimatland und rechtfertigte das überzeugend: »Anfang des 20. Jahrhunderts gab es kein Land namens Jordanien. Es war Teil des islamischen Kalifats, das die gesamte Arabische Halbinsel und das alte Großsyrien umfasste. So soll es wieder werden. Der Weg zu unserem Erzfeind Israel in Palästina führt über Amman.« Der Saudi sprach solche Worte im Brustton der Überzeugung.

Ahmad hörte begierig zu. Er widersprach nie, buhlte stattdessen um Osamas Gunst. Doch schnell setzten sich in seinem Kopf härtere Parolen fest, wie sie von Hardlinern vorgetragen wurden: »Moslems, wo immer ihr seid, verbrennt den Boden unter den Füßen der Ungläubigen. Tut das sofort.« Istishadi, Selbstaufopferer und Märtyrer bezeichneten diese radikalen islamistischen Selbstmordattentäter und verherrlichten sie damit. Das gefiel Ahmad. Der Korangelehrte und jordanisch-palästinensische

Kleriker Abu Muhammad al-Maqdisi wurde zu seinem Mentor. Ohne das zu erkennen zu geben, entschied Ahmad für sich: Wir brauchen das Kalifat *sofort.* Jede noch so grausame Tat ist gerechtfertigt, wenn sie in dieser Richtung Erfolg verspricht. Wir müssen uns sputen, um das Reich Gottes auf Erden zu errichten. Die Amerikaner als Hauptmacht des Westens können nicht länger unsere Verbündete sein, dachte er noch etwas unsicher im Hinblick auf die sprudelnden Unterstützungsgelder der USA. Richtige Männer müssen jetzt schon gegen *alle* Feinde stehen, entschied er für sich. Kämpfen und den Tod ersehnen anstatt am Leben zu hängen, wurde ihm wichtig. Er begann für das Ideal einer neuen Welt Anhänger zu suchen und fühlte sich für die Verwirklichung als Führer bestimmt. Er bot seinen Zuhörern Gedanken an, die nicht zum Denken zwangen, sondern einfach entflammten.

Seine Parolen sprangen wie Flöhe über und bissen.

Wenn er abends in den heiligen Texten las, sah er alles bestätigt und vorbestimmt, was er tagsüber vortrug. Der Auserwählte war er, und er hatte nur eine Wahl. Er würde mit schwarz gekleideten Männern unter schwarzen Flaggen aus dem Osten kommen. Männer mit langen Haaren und Bärten, die als Familienname die Namen ihrer Heimat trugen, würden mit ihm sein. Er war zu ihrem Kalifen ausersehen! Er stellte sein Äußeres um und trug nur noch Schwarz. Er legte sich den Namen Abū Muṣ'ab al-Zarqawi, in Kurzform Zarqawi, zu. Sein Kampfname wies damit, wie in der Weissagung, auf seine Heimatstadt Zarqa hin. Der Namenszusatz Abū Muṣ'ab belegte seine große Verehrung von Mus'ab ibn'Umair, dem Gefährten Mohammeds.

Mit diesen Veränderungen in seinem Leben wurde er endlich zufriedener. Seine Unrast nahm ab. Meinungsverschiedenheiten mit der Familie und der Ehefrau waren vergessen. Er war nun ein Bräutigam des Todes, und darüber verspürte er Stolz. Das war ein besseres Gefühl, als er zuhause je verspürt hatte.

Die sowjetischen Truppen zogen sich aus Afghanistan zurück, und Zarqawi musste sich eine neue Beschäftigung suchen. Er arbeitete zunächst als Journalist für das islamistische Blatt al-Bunyān al-Marsūs und berichtete über die glorreichen Heldentaten der Mudschaheddin auf den Schlachtfeldern Afghanistans. Er zitierte aus dem Koran und schrieb rührselig. Er interpretierte aus dem heiligen Buch nach seinem Gusto. Wenn ein Zweifler andere Lehrmeinungen vertrat, dann sagte er trotzig: »Schneide deinen Gelehrten die Zunge ab.«

Im Lager von Khost fand Zarqawi neben dem Übervater Maqdisi einen richtigen Freund. Saleh al-Hami, ein Journalist, der bei den Kämpfen gegen die Sowjets ein Bein verloren hatte, stand ihm bald sehr nahe. Zarqawi ließ nichts unversucht, ihn an sich zu binden, und beschloss, ihn zum Ehemann einer seiner Schwestern zu machen. Es gelang ihm, die Familie davon zu überzeugen. Auch sein Freund Saleh war einverstanden. Sie reisten gemeinsam nach Peschawar. In einer Koranschule verbrachte Zarqawi die letzten zehn Tage des Fastenmonats mit Beten. Arbeit fand er bei dem Islamic Relief Committee, einer Hilfsorganisation für Islamisten. Im Januar 1991 ließ er seine Schwester einfliegen, und die Hochzeit fand statt. Ein Video von den Feierlichkeiten wurde der einzige sichtbare Beleg seiner jungen Jahre.

Als er 1993 nach Zarqa zurückkehrte, war er in seiner fundamentalistischen Weltsicht so erstarkt, dass ihn vieles in Jordanien abschreckte und wütend machte. Selbst seine fromme Mutter und seine ebenso fromme Schwester weigerten sich, den züchtigen Burka zu tragen, den er aus Afghanistan gewohnt war. Unverheiratete Paare saßen freizügig gekleidet in Straßencafés. Zuhause musste er unislamische Fernsehfilme und königstreue Nachrichten anschauen. Für das jordanische Königshaus empfand er nur noch Hass. Wie konnte der König nur die Annäherung zu Israel suchen und sogar Frieden mit dem Feind schließen?

Verbittert schloss er sich der islamistischen Gruppe Bai'at al-Imām, Treueeid dem Prediger, an. Er las Bücher über den alten Islam. Ein Prinz des 12. Jahrhunderts faszinierte ihn besonders. Nur ad-Din Zengi hatte nicht nur die christlichen Kreuzritter besiegt, sondern auch die einzelnen muslimischen Königsreiche in einem Sultanat vereint. Dies entsprach seiner Vorstellung der künftigen arabischen Machtstellung. Er wollte sich im Sinne seines Helden betätigen und suchte dazu den Rat seines Mentors Maqdisi. Zarqawi besuchte ihn in dessen Haus in Amman. Bei ihm kam er mit anderen Afghanistankämpfern zusammen. Sie beteten gemeinsam und verteilten Maqdisis Schriften unter die Leute. Dabei sollte es nicht bleiben. …

Die jordanischen Behörden kannten Zarqawi bis dahin nur als Ahmad den Gauner, einen Verbrecher, Trinker und Schläger. Nun registrierten sie, dass er als kampferprobter, radikaler Fanatiker aus Afghanistan heimgekommen war. Der Muchabarat, der berüchtigte Geheimdienst, hielt fortan ein Auge auf ihn.

Der Augenblick, gegen ihn vorzugehen, kam schneller als gedacht. Am 29. März 1994 stürmte eine schwer bewaffnete Gruppe des Muchabarat unter der Führung von Abu Haytham eine Wohnung, in der sich Zarqawi aufhalten sollte. Er galt nach geheimdienstlichen Ermittlungen als Anführer einer Gruppe, die mit geraubten Landminen und Panzerabwehrraketen an einem Grenzübergang israelische Soldaten angreifen wollte. Dies sollte eine Racheaktion darauf sein, dass ein jüdischer Extremist in einem islamischen Heiligtum in Hebron auf betende Moslems geschossen hatte.

Zarqawi wurde im Schlaf überrascht und verhaftet.

Als er sah, dass es kein Entrinnen gab, fluchte er: »Ihr seid Kafir, Ungläubige! Allah wird euch strafen.«

Er ließ sich von den Dauerverhören in der Zentrale nicht zermürben. Er blieb kämpferisch und verfiel in Monologe islamistischer Parolen. Als er und seine Kumpane schließlich vor den Militärrichter kamen, blieben sie weiterhin verbohrt. Sie zeterten herum und drohten auch dem Richter. Das erhöhte nur ihre Strafe. Sie wurden zu 15 Jahren Haft verurteilt.

Das Gefängnis von Swaqa lag am Rand der Wüste. Dort brachte man sie hin. Zarqawi machte die Haft wenig aus. Da seine Familienangehörigen, die al-Chalaila, Mitglieder des berühmten Stammes der Bani Hasan waren, erfuhr er eine Sonderbehandlung und wurde von den Mithäftlingen gefürchtet und verehrt. Um sich fit zu halten, lief er morgens seine Runden im Innenhof. Er stemmte Gewichte, die aus Bettleisten und mit Sand gefüllten Olivendosen gebastelt waren.

Er lebte, wie alle politischen Gefangenen, von den kriminellen Straftätern getrennt, in Sektion 6.

Bald spalteten sich jedoch die Politischen in zwei Fraktionen. Ein Arabischlehrer wurde Anführer der Gemäßigten, die allein den Kampf gegen Israel propagierten. Maqdisi, Zarqawi und weitere Gefangene standen für die radikalere Sicht. Für sie galten alle Nichtmoslems, ja sogar schiitische Moslems als Ungläubige. Diese Entwicklung blieb nicht ohne Folgen. …

Die Festung Al-Dschafr lag an der Grenze der bewohnten Gebiete und der Wüste im Südosten Jordaniens.

Die Gefängnisanlage war vom britischen Militär errichtet und von den Jordaniern fortgeführt worden. Besonders wegen der exponierten Lage wurde sie zu kostenaufwändig. Deshalb hatte man sie 1979 aufgegeben. Erst 1998 erfolgte auf Wunsch des Direktorats für öffentliche Sicherheit eine teilweise Wiederöffnung. Man brauchte einen Platz für besonders gefährliche islamistische Strafgefangene. Es ging um die politischen Fanatiker, die im Zentralgefängnis von Swaqa einsaßen und dort für Unruhe sorgten. Sie hatten sogar Gewaltverbrecher und Vollzugsbeamte für ihre Sache gewonnen und konvertiert.

Für 50 Gefangene wurde in einem leeren Flügel der alten Festung eine große Zelle renoviert und für die Haft vorbereitet.

Maqdisi und Zarqawi gehörten zu den Häftlingen, die verlegt wurden, und positionierten sich schnell als Anführer. Sie unterschieden sich von anderen Gefangenen durch lose Roben, die sie über der engen blauen Gefängniskluft trugen und seit Afghanistan gewohnt waren. Die enge Standardkluft des Gefängnisses galt ihnen als unschicklich.

Als der Gefängnisarzt zur ersten Visite in die Zelle kam, fielen ihm die beiden Anführer sofort auf. Maqdisi gab sich, obwohl er eigentlich ein Hassprediger war, verbindlich und wirkte wie ein zerstreuter Professor. Es gab eben Zebras, die sich so hinter Gitter setzten, dass sie wie weiße Unschuldspferde aussahen.

Zarqawi stand stiernackig neben der Tür, sah bedrohlich aus, zeigte keinerlei Gefühlsregung und erwiderte nicht einmal den Gruß des Arztes. Sein Blick hatte etwas Reptilienartiges.

Die Augen des Doktors blieben sofort auf einer gezackten Narbe an dessen rechtem Arm hängen. Zarqawi hatte das Tattoo mit dem Anker entfernt, welches er sich aus Sehnsucht nach dem Meer in der Jugendzeit stechen ließ. Er hatte sich für seine Jugendsünde geschämt. Nach seiner neu gewonnenen Gläubigkeit war das Tätowieren verboten, haram (unrein).

Der Arzt fragte nicht nach, woher die hässliche Narbe stammte, und Zarqawi gab keine Auskunft, obwohl er den fragenden Blick des Mediziners sehr wohl mitbekommen hatte.

Der Doktor war von den Gefangenen so beeindruckt, dass er sich noch am gleichen Abend in ihre Strafakten vertiefte.

Die Männer gehörten allesamt radikal-islamistischen Gruppierungen an. Einige waren als kleine Verbrecher in den Vollzug gekommen und dort erst religiös geworden. Andere hatten gegen die Russen in Afghanistan gekämpft und waren zurückgekehrt, um Jordanien mit dem Dschihad zu überziehen. Damit waren sie gescheitert und verhaftet worden.

Die harte Behandlung im Kerker hatte sie nicht gebrochen. Da war er sich sicher. Sie waren Dschihadisten geblieben und ihren beiden Anführern hörig. Maqdisi, der Theoretiker, war für das moralische Rüstzeug zuständig, Zarqawi bestimmte alle Dinge des täglichen Lebens. Da diese in der Enge des Kerkers wichtiger waren als die geistliche Lehre, spielte er bald die erste Geige. Sein Mentor duldete das gelassen, beschränkte sich auf die Erteilung von religiösen Rechtsauskünften, Fatwas, und gab andere Ratschläge. In der Freiheit hatte er aufrührerische Bücher geschrieben und selbst arabische Staaten verteufelt sowie deren Vernichtung gefordert, wenn sie in seinen Augen zu wenig fundamentalistisch gewesen waren. Er schlussfolgerte nämlich, dass deren Staatshäupter im Sinne des Korans Ungläubige seien und getötet werden müssten. Diese Ansichten hatte er bei seinen Vernehmungen gut verborgen und sich äußerst verbindlich gegeben.

Sein oder Nichtsein? Auch hier behielt die Frage Hamlets Sinngehalt. Sein verlogenes Verhalten kam bei den Mithäftlingen allerdings nicht gut an. Die meisten von ihnen blieben, trotz ausgeübtem Druck, radikal und kampfbereit und bewunderten Zarqawi für seinen offenen Widerstand.

Der wurde nur weich, wenn seine Mutter zu Besuch kam oder er an seine Schwester Briefe schrieb. Es wurden stets sanfte Briefe. Schon bei seiner Frau Intisar und ihren Kindern blieb solche Gefühlsregung aus. Besonders geschätzt wurde von den Männern, wie aufopfernd sich Zarqawi erkrankten Mithäftlingen annahm. Er kämpfte für jeden von ihnen beim Arzt um das richtige Medikament. Das machte seine Gefolgschaft noch höriger. Bald bekannten sich die ersten Gefangenen offen zu Zarqawi als Anführer. Nur er war für sie ein wahrer Krieger. Sie wurden zu Papageien, die ihm selbst Ungesagtes nachplapperten.

Als im Winter 1998 weitere Strafgefangene hinzukamen, die mehrheitlich aus normalen Verbrechern bestanden, bewies sich Zarqawi als der Geeignete, diese Männer für seine Sache zu gewinnen. Er löste sich dabei immer mehr von Maqdisi. Seinen Aufenthalt in Afghanistan war bereits ein Initiationsritus gewesen, der aus ihm einen echten Mudschahed gemacht hatte. Im Strafvollzug radikalisierten sich seine Ansichten weiter. Er bemühte sich um enge Auslegung des Korans, schwärmte von den Taliban und träumte von einem islamischen Kalifat. Er war sich sicher, dass er Baraka, die besondere Gunst Allahs, besaß.

Im Februar 1999 ernannte der sterbende König Hussein seinen ältesten Sohn zum Nachfolger. Hussein starb an Lymphdrüsenkrebs. Als im März 1999 die 40-tägige Trauerzeit zu Ende ging, befahl der neue Regent eine Generalamnestie. Das Parlament erarbeitete eine Liste mit 500 Personen, die darunterfallen sollten. Die Liste wuchs schließlich auf mehrere 1000 Personen an. Zu den Ausgewählten gehörten auch Maqdisi und Zarqawi. Ungeachtet ihrer fundamentalistischen Einstellung sollten sie, wegen ihrer Teilnahme am Heiligen Krieg in Afghanistan, begnadigt werden. Trotz vieler ablehnender Stimmen segnete das Parlament am Ende die Begnadigung von 2500 Gefangenen ab. Der König, gerade erst in Amt und Würden, unterzeichnete den Beschluss. Unerfahren, wie er mit Regierungsgeschäften war, erkannte er nicht, dass unter den Männern besonders gefährliche Dschihadisten waren, die während seiner Regentschaft noch Ärger über das Land bringen sollten. …

Maqdisi und Zarqawi wurden in gepanzerten Fahrzeugen in die Hauptstadt gebracht. Das Gesetz sah vor, dass sie dort zu entlassen waren, wo ihre Verhaftung vorgenommen wurde. Maqdisi hatte sich in der Endphase seiner Haft immer mehr von den Kämpfern abgewandt. Er wollte sich künftig auf die wissenschaftliche Bearbeitung des Islams beschränken und den Kreis seiner Familie um Wiederaufnahme bitten. Damit war er für ein nur kurzes Verhör beim Muchabarat prädestiniert. Zarqawi wurde zunächst ebenfalls rasch in die Freiheit entlassen. Sein neuer jordanischer Pass hatte die Nummer Z264958. Er musste für sich seinen künftigen Weg festlegen. Seine Gefolgsleute aus Dschafr waren ihm ergeben und würden ihm bei ihrer Entlassung überallhin folgen. Da gab es aber auch noch die Familie in Zarqa. Was zu tun war, entschied er schnell. Er beschloss seine Mutter für einige Stunden zu besuchen, um dann zu den Inhaftierten zurückzukehren. Er fürchtete, ohne seine Führung würde dieser Teil seiner Familie rasch zerfallen.

Nach einer nächtlichen Autofahrt traf er bei Tagesanbruch in Dschafr ein. Ihm wurde gestattet, durch die Gitter zu seinen Anhängern zu sprechen. Die Ansprache wurde eine Predigt und band die Männer noch stärker an ihn. Zarqawi schloss mit den Worten: »Ich erwarte von euch totalen Gehorsam. Nichts darf uns spalten. Es gibt jede Menge Aasgeier, die nur darauf warten, dass wir stolpern. Ein Leithammel kann nicht bestehen, wenn die Schafe hinter ihm unterschiedliche Glöckchen haben.«

Die Männer schworen ihm ewige Gefolgschaft. Nun war er sich ihrer sicher – was für ein Pfand für die Zeit nach ihrer Freilassung! Nun war er wirklich ein Anführer!

Der jordanische Geheimdienst behielt alle Begnadigten auf dem Überwachungsschirm. Für Zarqawi erging bald die Verpflichtung, sein Heimatland für immer zu verlassen. Er erhielt in seinem Pass ein Visum für Pakistan. Dort wollte er sich, wie er angab, als Kaufmann niederlassen.

Sechs Monate nach seiner Freilassung stand er mit seiner Mutter auf dem Flughafen von Amman. Seine Frau und drei Kinder hatte er in Zarqa zurückgelassen.

Ihr Abflug erfolgte jedoch nicht wie geplant. Männer des Muchabarat fingen ihn am Gate ab und nahmen ihn mit. Seine Mutter blieb verwirrt zurück. Ihre Flugtickets nach Peschawar verfielen.

Zarqawi wurde vor Abu Haytham zum Verhör gebracht. Der Geheimdienstoffizier wollte ihm ein Leben als friedlicher Kaufmann nicht abnehmen und ergründen, was Zarqawi wirklich vorhatte. Das Durchforsten seines Gepäcks, aber auch seine Verhöre machten ihn nicht schlauer. Zarqawi erklärte gebetsmühlenartig, er wolle in dem anderen Land ein neues Leben beginnen. Sollte er als Kaufmann Erfolg haben, versprach er, seine gesamte Familie nachzuholen.

Schließlich entließ man ihn ohne neue Erkenntnisse nach Zarqa. Dort hörten die Belästigungen nicht auf. Immer wieder erschienen Geheimdienstler an der Haustür, um Zarqawi zu weiteren Verhören abzuholen. Ein junger studierter Offizier namens Abu Mutaz versuchte, sich ihm mit subtileren Methoden als Abu Haytham zu nähern. Er bot Süßigkeiten, Kräutertee, Zigaretten und Kaffee an. Er gehörte ebenfalls einem bekannten Beduinenstamm an und verwies auf diese Gemeinsamkeit. Damit bekam er jedoch kein Wort aus dem Rebellen heraus.

Schließlich stand Zarqawi wieder mit seiner Mutter im Flughafengebäude von Amman. Der Muchabarat gab sich fürs Erste geschlagen, und niemand hinderte die beiden, nun doch auszureisen. Abu Haytham war jedoch bemüht, irgendwie an ihm dranzubleiben.

Zarqawi hatte Glück gehabt, dass der Geheimdienst bei ihm nicht auf schlimmere Methoden zurückgegriffen hatte. Die Geheimdienstler lernten immer noch dazu. Sie brachten beispielsweise ihre Opfer mit homosexuellen Gefangenen zusammen, zwangen sie in verfängliche Positionen, fotografierten sie und drohten damit, die Fotos mit den unter Moslems verpönten Praktiken publik zu machen. Das öffnete schnell verschlossene Münder. …

Afghanistan war für Zarqawi nach sechs Jahren Abwesenheit nicht wiederzuerkennen. Die Taliban herrschten, und Osama bin Laden betrieb überall Ausbildungslager für geborene Moslems und konvertierte Ausländer. Der Saudi konnte aus dem Vollen schöpfen und die Besten für seine aufrührerischen Pläne aussuchen. Zarqawi fand in Peschawar, der Hochburg der Islamisten, im Haus des Korans eine vorläufige Bleibe. Seine Frau und die Kinder ließ er dorthin nachkommen. Doch er widmete ihnen keinerlei Aufmerksamkeit, sondern tüftelte an den Grundlagen einer eigenen Organisation.

Er hatte sich das Vorgehen bin Ladens genau angeschaut und wusste, dass für den Erfolg ein effizienter Führungsstab, logische Befehlsketten, weitreichende Verbindungen und ein gut gehütetes Schläfernetz erforderlich waren. Natürlich auch Geld! Er hatte viel zu tun, doch der Muchabarat kam ihm erneut in die Quere, als er gerade erste Duftmarken setzen wollte.

Am 30. November 1999 hörte der Geheimdienst einen Islamisten ab. Der Anruf kam aus Afghanistan. Die übermittelte Nachricht war codiert, erweckte aber den Eindruck, dass es nun auch in Jordanien mit Anschlägen ernst werden sollte. Gesprächsanalysten einigten sich aus dem verschlüsselten Gesprächsverlauf auf die Bedeutung wesentlicher Worte: Obst oder Gemüse bedeuteten zum Beispiel Waffen und Sprengstoff. Die Stumme war ein Deckwort für eine Waffe mit Schalldämpfer. …

Der Muchabarat beschloss, vorsorgliche Maßnahmen zu treffen. Sechzehn bekannte Gefährder wurden festgenommen und streng verhört. Chadar Abu Hoschar, der Abgehörte, war darunter. Bei Hausdurchsuchungen wurden Handbücher für den Bombenbau und mehrere 100 Kilo giftige Chemikalien gefunden. Aus einem der Verdächtigten presste man schließlich heraus, dass für Silvester eine Serie Terrorakte geplant war.

Es sollte zum Jahresbeginn viele Tote geben. Ziele, über ganz Jordanien verteilt, waren ausgeguckt. Das Radisson-Hotel in Amman stand für einen Anschlag an erster Stelle. Dort erwartete man über Silvester viele westliche Ausländer, darunter viele verhasste Amerikaner.

Der Muchabarat setzte die CIA vertraulich ins Bild, und die Amerikaner entschlossen sich, tätig zu werden. Schließlich stand das Leben von Landsleuten auf dem Spiel. Sie flogen mehrere Anti-Terror-Teams ein.

Geplante Anschläge auf Heiligtümer in Israel und sogar ein Anschlag auf den Airport von Los Angeles wurden durch Zuträger bekannt. Die Zahl der Verdächtigen erhöhte sich durch Internetüberwachung und Abhöraktionen auf 28. Die technischen Vorkehrungen der Rebellen zeigten ein hohes Niveau. Wichtige Nachrichten, die sie über das Internet streuten, wurden in Texten als Dateien verborgen. Doch die amerikanischen Spezialisten waren gerüstet.

Mit Audiobearbeitungsprogrammen suchten sie in den Texten nach versteckten Dateien und mussten sie nur noch kopieren und dekomprimieren, um die Nachrichten zu entschlüsseln. Abu Haytham war nicht überrascht, Zarqawi unter den Rädelsführern zu finden. Er hatte nie geglaubt, dass der Aufrührer, nach seinem Abflug vor zwei Monaten, in Peschawar ein geruhsames Leben führen würde.

Zarqawis Freilassung war ein Fehler gewesen, fand er bestätigt.

Robert Richer, der Chef der CIA, hörte den Namen Zarqawi zum ersten Mal, sollte ihn aber nicht mehr vergessen. …

Durch die vorbeugenden Maßnahmen der Geheimdienste wurden Hunderte Menschenleben gerettet. Aber so richtig froh war niemand darüber. Man wusste nun, dass die Islamisten planten, Jordanien mit Attentaten ins Chaos zu stürzen. Die Bürger zweifelten bald an der Sicherheit ihres Staates. Der junge König saß sowieso nicht fest im Sattel. Er hatte die wirtschaftliche Lage nicht bessern können, aber auch nicht die gestrenge Herrschaft seines Vaters fortgesetzt. Jeder größere Terrorerfolg würde seine Regentschaft gefährden. Seine Beamten mussten der Terroristen schnell habhaft werden. Zu denen gehörte Zarqawi.

Der stand kurz davor, seinen Aufenthalt in Pakistan zu beenden. Bei den tschetschenischen Separatisten im Nordkaukasus war ein Krieg entbrannt, und es reizte ihn, dort an einem weiteren Waffengang gegen Russland teilzunehmen. Die russische Luftwaffe vereitelte seine Pläne. Mit Bombenabwürfen vernichteten sie den größten Teil der tschetschenischen Rebellen. Sein Plan fiel in sich zusammen.

Zarqawi musste Pakistan trotzdem verlassen. Sein Visum lief ab. Eine Rückkehr nach Jordanien war unmöglich. Ihm war zu Ohren gekommen, dass man dort von seiner Teilnahme an der Planung der missglückten Silvesteranschläge wusste. In seinem Heimatland erwartete ihn das Gefängnis oder sogar der Strick.

Mit einigen Gefolgsleuten brach er nach Kandahār auf. Er besuchte das Hauptquartier von Osama bin Laden.

Bin Laden gewährte ihm allerdings kein Gespräch. Maqdisi hatte mit diversen Pamphleten gegen Saudi-Arabien die Förderer des Al-Qaida-Chefs verärgert, das rechnete der auch Zarqawi an. Bin Laden war zudem bei den Amerikanern in die Topliste der meistgesuchten Terroristen aufgestiegen und konnte keinen Kontakt mit einem Unruhestifter gebrauchen.

Eine Gesprächsserie Zarqawis mit bin Ladens Vertreter al-Adel zeigte doch noch die Möglichkeit einer Zusammenarbeit auf. Al-Qaida war in einigen arabischen Ländern nur schwach vertreten. Dazu gehörte Jordanien und Syrien. Auch der Iran, Israel und Europa waren weitestgehend ohne Stützpunkte.

Al-Adel ermunterte Zarqawi mit Al-Qaidas finanzieller Unterstützung, für seine meist jordanischen Gefolgsleute ein eigenständiges Ausbildungscamp zu errichten. Mit ausgebildeten Dschihadisten konnte er nach Adels Vorstellung Al-Qaida zunächst in Jordanien nützlich werden.

Zarqawi stimmte nach kurzer Bedenkzeit zu. Wenn Zwerge wachsen wollen, brauchen sie fremde Knochen, dachte er realistisch und gründete ein eigenes Lager in Herat.

Über der Einfahrt zum Camp hing bald ein Schild mit dem Namen seiner Organisation: Al Tawhid wa Al Jihad, Einheit und Heiliger Krieg.

Viele seiner alten Weggefährten strömten herbei und schworen ihm erneut Gehorsam. Ein jordanischer Palästinenser schenkte ihm sogar seine dreizehnjährige Tochter Asra als Zweitfrau. Von Mitgliedern der Al-Qaida, die Zarqawis Aktionen misstrauisch verfolgten, wurde das gar nicht gern gesehen. Man hieß Ehen mit Minderjährigen nicht gut. Zarqawi blieb ihnen verdächtig und fremd. Der verlangte auch in Herat Abū Mus'ab al-Zarqawi genannt zu werden. Er bewies in der neuen Funktion seine Fähigkeiten als Anführer. Als Erstes überredete er den Lagerleiter eines nahen Al-Qaida-Lagers, in dem mit Giftgas experimentiert wurde, auch seine Gefolgsleute an Giftwaffen auszubilden. Zarqawi warb sogar einen Chemiker ab, der später in seiner Führungsriege von sich reden machen sollte. So gelang es ihm in kurzer Zeit, die terroristischen Fähigkeiten seiner Männer zu vervielfachen.

Bald kontrollierten sie die wichtige Straße von seinem Camp bis nach Meshed im Iran. Zarqawi knüpfte Kontakte dorthin, die ihm nützliche Einnahmen aus Drogenschmuggel bescherten.

Eine Rückkehr nach Jordanien war nun endgültig unmöglich. Dort hatte man ihn in Abwesenheit zum Tode verurteilt. Er war für die Organisationen mehrerer Anschläge und für die Ermordung des Israeli Yitzhak Snir für schuldig befunden worden. Dem 51-jährigen Juwelenhändler hatte man vor seinem Apartment in Amman mehrfach in den Rücken geschossen.

Die von Osama bin Laden initiierte Attentatsserie vom 11. September 2001 in den USA traf Zarqawi völlig unvorbereitet und behinderten fürs Erste die Verwirklichung seiner eigenen Pläne. Er war, trotz der Enttäuschung über die Verzögerung, tief beeindruckt von der akribischen Vorbereitung des Saudis und seinem durchschlagenden Erfolg. Aus den Attentaten konnte man nur lernen. Bin Laden war der Held des Tages, doch Zarqawis Dämmerstunde stand noch bevor. Berauscht las er das in der Presse veröffentlichte Protokoll der Attentate immer wieder:

4 Flugzeuge wurden auf inneramerikanischen Linienflügen von Kämpfern der Al-Qaida entführt. Das computergestützte Warnsystem CAPPS hatte beim Boarding nur einmal Alarm geschlagen. Mit ihm sollten Flug-

gäste identifiziert werden, die ein potentielles Sicherheitsrisiko darstellten. Warnzeichen wurden bei Tickets ohne Rückflugbuchung, bei Ticketzahlung in bar oder auch bei mutmaßlich gefährlichen Stoffen im Gepäck gegeben.

Mohamed Atta hatte erst nach seinem Gepäck die Maschine betreten. Als dieses verladen war, kam auch für ihn Entwarnung.

Der Abflug der Boeing 767, Flug Nr. 11 mit planmäßiger Abflugzeit 7:45 Uhr, erfolgte mit leichter Verspätung von Boston.

Auch der Flug Nr. 175 verließ mit geringer Verspätung kurz nach 8 Uhr den Flughafen. Marwan al-Shehhi und seine islamistischen Helfershelfer befanden sich unerkannt an Bord.

Etwa um die gleiche Zeit wurde in New York City im World Trade Center die Risk Waters Conference eröffnet. Weitere Veranstaltungen sollten folgen.

Gegen 8:20 Uhr hob in Washington D.C. Flug Nr. 77 der American Airlines mit zehn Minuten Verspätung ab. An Bord der Boeing waren neben der Crew 53 Passagiere und fünf Entführer.

Um 8:42 Uhr startete in Newark mit 41 Minuten Verspätung Flug Nr. 93 in Richtung San Francisco. 33 Passagiere, sieben Crew-Mitglieder und vier Entführer waren in der Luft.

Um 8:51 Uhr brachten Hani Hanjour und seine Komplizen über West Virginia Flug Nr. 77 in ihre Gewalt. Wenige Minuten später verschwand der Flieger vom Radarbild.

Zu Flug Nr. 11 gab es gegen 8:14 Uhr einen letzten offiziellen Funkkontakt vom Ground. Der Flugbegleiterin Betty Ong gelang es später noch, die Kaperung der Maschine und die Ermordung der Piloten zum Boden zu melden. Experten rekonstruierten, was geschehen war: Atta und seine Komplizen hatten die beiden Piloten ermordet, und Atta übernahm das Steuer der Maschine.

Ein ehemaliger israelischer Elitesoldat, der rein zufällig an Bord war und die Killer stoppen wollte, wurde getötet.

Die Flugsicherung protokollierte, das Flugzeug sei entführt worden, und leitete entsprechende Notfallmaßnahmen ein.

Um 8:44 Uhr befand sich auch die Maschine von Flug Nr. 175 in der Gewalt von Kidnappern. Die beiden Piloten wurden ermordet. Am Steuer saß nun Marwan al-Shehhi, ein Student aus den Vereinigten Arabischen Emiraten, der das Fliegen in Florida erlernt hatte.

Gegen 8:46 Uhr steuerte Mohammed Atta in New York die Boeing in den Nordturm des World Trade Centers.

Mit fast 800 km/h schoss das Flugzeug zwischen die 93. und 99. Etage des 110-stöckigen Gebäudes. Keiner der Flugzeuginsassen überlebte. Im Turm selbst starben Hunderte Menschen. Ein riesiger Rauchpilz machte das Attentat für die Leute auf der Straße zu einem Höllenspektakel.

Um 9:03 Uhr raste Flug Nr. 175 in starker Seitenlage in den Südturm des World Trade Centers. Der Aufprall zwischen der 77. und 85. Etage war so gewaltig, dass ein Feuerball aus der gegenüberliegenden Gebäudeseite mitsamt einem der Triebwerke austrat. Alle Menschen an Bord starben.

Eine voreilige Aufforderung an die Bewohner des Turms, ihn nicht zu verlassen, kostete vielen von ihnen das Leben.

Um 9:28 Uhr drangen zwei von vier Entführern ins Cockpit der Maschine von Flug Nr. 93. Sie töteten die Piloten.

Ziad Jarrah übernahm das Kommando. Unter den Fluggästen kam es zu einer Rebellion, welche die Kidnapper nicht unter Kontrolle bekamen. Ziad Jarrah musste bei Shanksville, Pennsylvania, das Flugzeug, für alle mit tödlichem Ausgang, zum Absturz bringen. Um 9:37 Uhr raste von Westen her kommend die Boeing 757 des Fluges Nr. 77 im Tiefflug heran. Sie krachte in den 1. Stock des Pentagons von Arlington. Alle Insassen starben. …

Trotz des enormen Einsatzes vieler Helfer von Feuerwehr, Polizei, Militär und Privatpersonen ließen bei der Attentatserie über 3000 Menschen ihr Leben. Ein Schock ging durch die gesamte zivilisierte Welt. Alles wurde auf einmal mit anderen Augen gesehen.

In den ersten Tagen war jeder gefährdet, der in Amerika wie ein Muslim aussah, einen Turban trug oder Bart und langes schwarzes Haupthaar. Diese Menschen wurden angegriffen, beleidigt und sogar getötet. Auf ihre Einrichtungen und Häuser wurden Brandanschläge verübt.

Präsident Bush war auf Deeskalation bedacht und versuchte am 17. September den Aufruhr durch den Besuch einer Moschee zu beruhigen. Sein Aufruf zu Toleranz drehte die Zeiger der Uhr jedoch nicht zurück.

Zarqawi war von dem Erfolg bin Ladens tief beeindruckt und fest entschlossen, nun alles dafür zu tun, selbst auf der Bühne der Macht eine größere Rolle zu spielen. Sein Kopf war voller Pläne. Den Satz: Alles ist möglich, hatte er noch nicht zu Ende gedacht. Doch zunächst galt es die harte Reaktion der Amerikaner zu ertragen. Am 12. September bereits verurteilte der UN-Sicherheitsrat mit der Resolution 1368 die feigen Anschläge und gestand den USA die nationale Selbstverteidigung zu. Die NATO rief zum ersten Mal seit ihrer Gründung den Bündnisfall aus.

Am 20. September bedankte sich Präsident Bush in einer Regierungserklärung vor dem Kongress für die Solidarität.

Er deutete wegen des schrecklichen Massakers auf den Al-Qaida-Chef als Verantwortlichen. Die USA stellten den Taliban das Ultimatum, Osama bin Laden auszuliefern. Als die gesetzte Zeitspanne ergebnislos verstrichen war, begannen die Amerikaner mit einem Rachefeldzug.

Am 7. Oktober starteten massive Bombenangriffe. Alle Lager der Al-Qaida wurden beharkt. Auch Zarqawis Camp wurde nicht ausgelassen und nahezu zerstört.

Zarqawi gab nicht auf. Fallen war keine Schande, aber Liegenbleiben! Er führte seine Männer sogar zu den Lagern von Al-Qaida, um bin Laden zu Hilfe zu kommen.

Am 18. Oktober legte eine Abhöraktion beim Bundesamt für Verfassungsschutz in Köln offen, dass das Netzwerk von Zarqawi schon bis Deutschland reichte. Der telefonierte mit einem Iraker namens Abu Ali, der als sein Statthalter schon länger in Deutschland lebte. Abu Ali war eine schwarze Blume, die er in Herat als Anhänger gewonnen hatte. So nannten sich Zarqawis Gefolgsleute stolz. Der Iraker wollte unbedingt nach Afghanistan zurück, um an Zarqawis Seite gegen die Gegner der Taliban zu kämpfen. Der Jordanier wollte ihn jedoch in Deutschland belassen und vertröstete ihn auf später. In zwei Monaten darfst du zurück, versprach er.

Es gelang ihm nur schwer, Abu Ali vom Zurückkehren abzuhalten, denn der sehnte sich nach dem Märtyrertod.

Beim Bundesamt für Verfassungsschutz herrschte nun helle Aufregung. Anscheinend gab es in Deutschland Moslems, die mit Selbstmordattentaten auch deutsche Bürger ums Leben bringen konnten. …

Mitte November nahmen die Amerikaner mit ihren Verbündeten kampflos Kabul ein, am Ende des Monats folgte Kunduz und Anfang Dezember Kandahār. Das Regime von Mullah Omar war gestürzt.

Ein Bomber der Amerikaner traf ein Haus, in dem Führer der Al-Qaida tagten. Zarqawi befand sich als Gast unter ihnen. Er wurde unter Trümmern begraben und mit schweren Verletzungen geborgen. Er sah durch die Rettung bestätigt, dass Allah mit ihm war und mit ihm noch einiges vorhatte. …

Durch stringente innenpolitische Maßnahmen verstärkten die USA ihre Sicherheitsvorkehrungen. Ihre Gegner leckten derweilen die Wunden. Sie fühlten sich durch die Strafaktionen kastriert. Doch das Leben eines Eunuchen ist nach der Kastration nicht zu Ende.

Nachdem Osama bin Laden im Höhenkomplex von Tora Bora untergetaucht war, beschloss Zarqawi, es ihm gleichzutun. Er floh mit seinen Leuten über die Grenze in den Iran und vergaß dabei, dem Selbsterhaltungstrieb folgend, seine ausgeprägte Animosität gegenüber Schiiten.

Im Iran traf er sich mit dem 35-jährigen Abu Ali, der aus Deutschland angereist war. Der 1,92-Meter-Mann wurde nach den dort getroffenen Absprachen zum wichtigsten Mann Zarqawis im europäischen Terrornetz.

Der Riese hatte in Deutschland einiges zu bieten. So unterhielt er einen funktionierenden Fälscherring und bot Zarqawi an, ihn und seine Anhänger mit falschen Papieren und Kreditkarten auszustatten. Zarqawi erkannte sofort, wie leicht man sich mit solchen Dokumenten über alle Landesgrenzen hinweg bewegen konnte.

Abu Ali war für ihn ein Glücksfall. Der Terrorist versprach auch noch, ihn künftig mit Spendenmitteln zu versorgen, und schlug Anschläge in Deutschland vor, die er bereits ausgearbeitet hatte.

Zarqawi bremst ihn ein. Abu Ali musste versprechen, so lange zu warten, bis sein Anführer ihn zu Attentaten aufforderte.

Zarqawi gestand ihm zum Trost zu, schon weitere Ziele auszusuchen und für Anschläge Pläne zu schmieden.

Der Iraker verehrte den Jordanier wie einen Kalifen und gab dessen Forderungen nach. Das entsprach eigentlich gar nicht seiner Mentalität.

Der Aufenthalt im Iran brachte für Zarqawi nicht nur Erfreuliches. Hatten die Iraner bis dahin fremde Islamisten in ihrem Land geduldet, so änderten sie nun ihre Praxis. Sie hatten von Sunniten zu viel Unbill ertragen müssen. Eine Menge der eingereisten Rebellen wurde verhaftet, viele davon gehörten zu Zarqawis Organisation. Der brauchte schnell einen anderen Ort, der ihm und seinen Männern Schutz bot. Seine Gefolgsleute waren zusammengeschmolzen, und er musste seine Anhängerschaft auffüllen und neu organisieren.

Der Dschihad des Schwertes und der Dschihad des Wortes

In den Bergen im Nordosten des Iraks, in Regionen außerhalb Saddam Husseins Kontrolle, nur wenige Kilometer von der iranischen Grenze entfernt, fand Zarqawi inmitten einiger Bergdörfer den Platz, den er suchte.

Kriegsveteranen aus dem Irakkrieg, die sich Ansar al-Islam, die Helfer des Islam, nannten, boten Unterschlupf.

Ihre Anführer befehligten alle umliegenden Dörfer nach dem Gesetz der Scharia. Das kam Zarqawi zupass. Ansar al-Islam bot ihm das kleine Dorf Sargat an. Zarqawi ging sofort darauf ein. Mit dem wenigen Geld, das er noch besaß, begann er mit dem Neuaufbau seiner Organisation. Zu einem Wiedererstarken der Gefolgschaft kam es ohne viel eigenes Dazutun. Von den geschlagenen Taliban zog es viele Kämpfer Richtung Sargat. Sie wollten sich Zarqawi anschließen. Der musste nun für eine neue Infrastruktur sorgen. Mehrere Gebäude, von Wällen und Bunkern umgeben, bildeten sein neues Camp. Auf den Wällen wehten schwarze

Flaggen, die seinen Weg künftig begleiten sollten. Die Gebäude dienten als Quartiere und für Schulungszwecke. Zarqawi führte ein strenges Regiment. Frauen, die mit den Männern lebten, mussten, selbst bei schwersten Arbeiten auf den Feldern, Kopfbedeckungen und Umhänge tragen.

Im Camp herrschte ein großes Sprachengewirr. Die Kämpfer aus Afghanistan sprachen meist Arabisch, die Mitglieder aus der Region oftmals Kurdisch. Die waren von schlichterem Gemüt, denn sie waren meist ärmliche Bauern ohne Ausbildung. Auch diverse Ausländer sorgten für Kommunikationsprobleme.

Zarqawi hatte sich erneut gewandelt. Zu den Erfahrungen im Gefängnis und denen aus den Kämpfen waren die aus der Leitung des Camps in Herat hinzugekommen. Seine Studien in den heiligen Büchern hatten dazu geführt, dass er davon abrückte, es gäbe nur einen Dschihad des Schwertes. Er nutzte nun auch den Dschihad des Wortes. Nur der Dschihad der Feder war ihm fremd geblieben.

Auch sein Feindbild hatte sich verschoben. Waren zunächst das jordanische Herrscherhaus und Israel die wichtigsten Feinde gewesen, so war nunmehr Amerika übermächtig hinzugetreten. Zarqawi war sich sicher, dass der nächste Waffengang mit diesem Überfeind im Irak stattfinden würde. Dafür wollte er sich rüsten. Er schmiedete unentwegt Pläne für den heiligen Kampf gegen diese Ungläubigen. Sie mit Krieg zu überziehen, war für ihn zur Hauptpflicht geworden. Er sollte in den nächsten drei Jahren eine besonders subtile Form von Terrorismus kreieren und Millionen von Menschen in Angst und Schrecken versetzen. …

Schon bald zeigte der Jordanier weitere Zeichen seiner Gewaltbereitschaft.

Im Februar 2002 nahmen türkische Zollbeamte zwei Palästinenser und einen Jordanier fest, die mit falschen Papieren einreisen wollten. Nach einem längeren Verhör gaben sie zu, auf dem Weg nach Israel zu sein, um dort einen Anschlag zu verüben. Als Auftraggeber nannten sie ihren Emir Zarqawi.

Auch ein Bombenattentat im März wurde Zarqawi zugeschrieben. Unter dem Pkw eines Geheimdienstlers in Amman explodierte eine Bombe.

Der Agent überlebte, aber zwei Passanten starben unter den Bombensplittern.

Im Sommer 2002 kam Charles Faddis nach Jordanien. Er hatte sich bei der CIA beworben, denn er wollte nach den Ereignissen vom 11. September etwas für sein Land tun.

Er erhielt die Aufgabe, mit einem Team von acht Männern alles über Ansar al-Islam und Zarqawi in Erfahrung zu bringen. Man schleuste die Agenten in die Umgebung des Dorfs Sargat ein, und bald kannte Faddis die Gemeinschaft der schwarzen Rebellen aus dem FF. So nahe sollten amerikanische Agenten Zarqawis für längere Zeit nicht mehr kommen!

Die Amerikaner brachten in Erfahrung, dass es im Lager Zarqawis chemische Waffen sowie Giftstoffe gab. Das verstärkte bei ihnen die Vermutung, Zarqawi kooperiere mit Saddam Hussein. Sie suchten immer noch Gründe, um den beschlossenen Einmarsch in den Irak zu rechtfertigen. Giftige Kampfstoffe waren ein guter Grund dafür. Giftgas galt als rote Linie für den Diktator und seine Verbündeten. Das Gift sollte nun seine Achillesferse werden.

Charles Faddis war heiß darauf, die Dschihadisten sofort zu liquidieren, doch er fand dafür in Washington keine Zustimmung. Präsident Bush ließ die Angelegenheit vorerst ruhen, man würde beim Einmarsch in den Irak sowieso alle Terroristen in die Hände bekommen. Charles Faddis war über diese Entscheidung maßlos enttäuscht. Und die von Zarqawi veranlassten Untaten nahmen kein Ende. Schon im Herbst schlugen seine Leute wieder zu:

Laurence Foley, ein amerikanischer Diplomat, ein fülliger Bostoner mit schneeweißem Haarkranz, machte auch nach den Anschlägen vom 11. September noch gern Spaziergänge mit seinem Golden Retriever und bewegte seinen alten Mercedes in Amman, ohne Sicherheitsmaßnahmen zu treffen.

Viele seiner Freunde waren schon in gesicherte Enklaven umgezogen, da Feindseligkeiten gegen Amerikaner allen Ortes zunahmen. Der al-

ternde Diplomat war schon an weitaus gefährlicheren Stellen der Welt
tätig gewesen und machte sich keine Sorgen um seine Sicherheit. Selbst
als Warnhinweise direkt aus der Botschaft kamen, Amerikaner könnten
entführt oder gar getötet werden, ließ er sich seine kleinen Freiheiten nicht
nehmen. Am 28. Oktober rächte sich das. Als er morgens seinen Carport
betrat, um seinen Mercedes zu besteigen, trat ein vermummter Mann aus
dem Halbdunkel und schoss das Magazin seiner Pistole auf ihn leer. Die
Schüsse blieben ungehört, denn der Mörder benutzte einen Schalldämpfer. Laurence Foley endete in einer großen Blutlache, und der Attentäter
konnte im Fluchtwagen eines Mittäters entkommen. Er meldete wenig
später telefonisch an einen Mittelsmann: »Informiert den Emir, alles ist
nach Plan verlaufen!«

Durch den Anruf erfuhren der jordanische und der amerikanische
Abhördienst endlich mehr über die Tat. Sollte der Emir Zarqawi sein?
Die Untersuchungen führten jedenfalls in den äußersten Nordosten des
Iraks und wiesen auf Sargat. Dieser Fingerzeig rückte Zarqawi in den Fokus. Die CIA-Mitarbeiterin Nada Bakos mit dem auffällig honigblonden
Haar verbiss sich in die Spur und ließ sie nicht mehr los. Die junge Frau
sollte die Schlüsselfigur bei der Jagd auf Zarqawi werden. Sie zauderte
allerdings, Zarqawi in diesem Fall als Rädelsführer anzusehen oder gar
als Verbündeten Saddam Husseins. Das enttäuschte ihre Vorgesetzten,
denn die suchten auf Befehl von ganz oben in Zarqawi ein Bindeglied
zum irakischen Herrscher. Man brauchte vorzeigbare Beweggründe für
den Einmarsch im Irak.

Selbst vor Vizepräsident Cheney und seinen Mitarbeitern blieb Nada
Bakos bei ihren Zweifeln. Ihrer Meinung nach gab es keinerlei Bindung
zwischen Saddam Hussein und Zarqawi. Bissig sagte sie: »Wegen Glauben werden Kriege geführt, nicht wegen Zweifel. Ich bleibe bei meinen
Zweifeln.«

Der Vizepräsident reagierte verschnupft, er hatte von ihr eine andere
Antwort erwartet.

Bisher war in Jordanien nicht einmal ein amerikanischer Diplomat verletzt worden. Entsprechende Unruhe brach nach dem Mord an Foley aus.

Der Muchabarat rotierte, und schon nach zwei Tagen hatte man 100 Tatverdächtige inhaftiert. Die Verhöre brachten nichts Handfestes. Es blieb unerklärlich, warum ein niederer amerikanischer Diplomat ermordet worden war. Die Großen traf man anscheinend schwerer als die Kleinen.

Erst im November verwies ein Informant wegen ganz anderer Gründe auf einen Libyer, der in eine Flüchtlingssiedlung gezogen war, angeblich, um einem Freund bei der Eröffnung eines Geschäfts behilflich zu sein. Den Informanten hatte nachdenklich gestimmt, dass auch noch eine große Lagerhalle angemietet worden war.

Der Muchabarat beschattete den Libyer einige Zeit und brachte in Erfahrung, dass es sich bei ihm um einen Veteranen des afghanischen Bürgerkriegs handelte, vermutlich einen Dschihadisten. Man verfolgte die Spur weiter.

Anfang Dezember um Mitternacht wurde die Unterkunft und die Lagerhalle gestürmt und durchsucht. Der Zugriff war ein Erfolg. Man fand Masken, kugelsichere Westen, Kalaschnikow-Sturmgewehre mit Munition, Sprengstoff und vieles mehr. Abu Haytham, der rote Teufel höchstpersönlich, übernahm die Verhöre.

Die beiden Inhaftierten, der Libyer Salem Ben Suweid sowie der palästinensische Jordanier Jasser Ibrahim Freihat unterschrieben noch in derselben Nacht Geständnisse, die Ermordung von Foley geplant und durchgeführt zu haben.

Mit der beschlagnahmten Ausrüstung hatten sie weitere Aktionen beabsichtigt. »Ich tat es für Al-Qaida und Zarqawi«, schloss der Libyer seiner Aussage.

Zarqawi galt damit wieder als Drahtzieher eines Mordes, auch wenn er sich den, im Gegensatz zu vielen anderen, nie offen zurechnete.

Bei einer Tatortbegehung mit den Geständigen mussten diese Abu Haytham alle relevanten Plätze ihrer Taten zeigen und machten so ihre Geständnisse auch für später belastbar. Sie zeigten nämlich die richtigen Tatorte selbst und wurden nicht zu ihnen hingeführt. Ihnen nutzte deshalb später nicht, die Unschuld zu beteuern und zu behaupteten, die Geständnisse seien erzwungen worden.

Die Mühlen der Gerechtigkeit malten trotzdem sehr langsam. Erst im April 2004 wurden sie zum Tode verurteilt, erst im März 2006 exekutiert! …

Zarqawi nutzte die Zeit bis zum Einmarsch der Amerikaner zur Festigung seiner Organisation.

Scheich Abu Anas Al Schami wurde zu seinem Chefstrategen. Die beiden entwickelten zusammen eine Führungsriege von neun Emiren und unterzogen alle hinzukommenden Gefolgsleute einer militärischen Ausbildung. Bis nach Europa wurden Abgesandte geschickt, um Geldquellen, Kämpfer und Verbündete aufzutun. Aus Saudi-Arabien kam in der Folgezeit das meiste Geld, aus Syrien die meiste Logistik. Arabische Firmen halfen beim Verschleiern des Geldtransfers. Das war wichtig, denn der wurde akribisch überwacht.

Scheich Abu Anas Al Schami starb für die gemeinsame Sache viel zu früh. Am 17. September 2004 kam er in Bagdad bei einem Raketenangriff ums Leben. Es war ein gewisser Trost, dass die Organisation schon nach wenigen Monaten ihr Netzwerk in über 30 Ländern aufgebaut hatte und für einen Schlagabtausch gerüstet war.

Die Amerikaner begannen derweilen, ihre Vorbereitungen für den Einmarsch im Irak abzuschließen. Eines ihrer Ziele erreichten sie jedoch nicht. Selbst durch Waffengeschenke, Kampfflugzeuge und Abwehrraketen brachten sie den jordanischen König nicht offen auf ihre Seite. Er wehrte sich, sein Land als Aufmarschgebiet herzugeben und als ihr Bündnispartner aufzutreten. Er befürchtete Sanktionen der Nachbarländer. Als er merkte, dass der Einmarsch nicht zu verhindern war, entschloss er sich, einen Mittelweg zu beschreiten. Er nahm die Waffen an und versprach, wenigstens im Hintergrund für Amerika da zu sein. Der Muchabarat arbeitete von da an zunehmend für die Amerikaner, die aber oftmals nicht auf seine richtigen Einschätzungen hörten.

Anfang 2003 schleuderte der amerikanische Außenminister Colin Powell in seiner Rede vor dem UN-Sicherheitsrat Zarqawi auf die Bühne der Weltöffentlichkeit, als er die Gründe der USA für eine Invasion im Irak benannte. Er bezeichnete Zarqawi als Bindeglied zwischen Saddam Hussein und der Verschwörung vom 11. September. Er erklärte ihn für den Tod von Foley verantwortlich und behauptete, ohne Beweise, der Irak hielte ein Arsenal von Massenvernichtungswaffen vor. Ob er diese Argumente als Globuli benutzte oder wirklich von ihnen überzeugt war, wird sein Geheimnis bleiben. Die zusammengetragenen Fakten lehren jedenfalls ein weiteres Mal, wie man Geschichte fälschen konnte.

Viele, die den Namen Zarqawi noch nie gehört hatten, wurden nun auf ihn aufmerksam. Der Jordanier wurde über Nacht zum Superstar der Terroristen. Im Gleichschritt zeigten sich überall Verbündete, und finanzielle Hilfen sprudelten in ungeahnter Höhe.

Als die Amerikaner wenige Wochen später im Irak einmarschierten, sah sich Zarqawi bestens gerüstet, auf dem Schlachtfeld eine Rolle zu spielen.

Für die USA galt er nun als Staatsfeind höchsten Ranges. Wie auf Saddam Hussein wurden auf ihn 25 Millionen Dollar Kopfgeld ausgesetzt. Nur Osama bin Laden lag mit 50 Millionen über ihm.

Zu den ersten Angriffszielen der Invasion gehörte auch das Lager Zarqawis in Sargat. Tomahawk-Raketen machten die Trutzburg dem Erdboden gleich. Mit den Amerikanern kooperierende kurdische Milizen verfolgten die fliehenden Islamisten bis weit in die Berge. Von Zarqawi fand sich keine Spur. Der agierte allerdings furchtlos weiter und vertraute auf Allahs Schutz. Als Faddis mit seinen Agentenkollegen im zerstörten Rebellenlager eintraf, waren alle Bewohner längst fort.

Die Übernahme der Kontrolle durch die Amerikaner im Land einschließlich Bagdad erfolgte auf den ersten Blick rasch. Schon am 14. April 2003 konnte das Pentagon die Kapitulation Iraks bekanntgeben. Aber die Situation war desolat.

Zarqawi blieb untergetaucht. Er wartete, bis sich die Lage besser erkennen ließ.

Stabilität und Sicherheit stellte sich auch nach längerer Zeit nicht ein. Die Amerikaner waren zunächst meist herzlich begrüßt worden, aber die Stimmung in der Bevölkerung schlug schnell um. Trotz ihrer Logistik waren die Besatzer nicht in der Lage, Sicherheit zu gewährleisten. Sie standen auch nicht für Gerechtigkeit zwischen den Bevölkerungsgruppen, speziell den Schiiten, Sunniten und Kurden.

Durch die Invasion war die Infrastruktur im Land beschädigt worden. Immer wieder gab es Stromausfälle, defekte Abwasserleitungen führten zu Krankheiten, und ein Großteil der Menschen war ohne Arbeit und Lohn. Der Hass auf die Amerikaner wuchs ständig.

Die hatten inzwischen auch intern lästige Fragen zu beantworten. Die CIA-Agentin Nada Bakos bekam Marschbefehl nach Bagdad. Der amerikanische Kongress wartete ungeduldig auf Belege, dass die Begründungen des Außenministers für den Einmarsch richtig gewesen waren.

Nada Bakos setzte, unglücklich über den Befehl, einen Reigen von Verhören in Gang. Bei altgedienten Offizieren der Saddam-Armee hoffte sie, fündig zu werden. Sie hatte inzwischen gelernt, ihre Gegenüber hart ranzunehmen. Dass sie eine Frau war, war für die Araber schon Tortur genug. Sie fand keine Beweise. Ihre Zweifel wurden durch die Befragten eher gestärkt.

Der Wiederaufbau von Zarqawis Organisation kam voran. Inzwischen war eine Armee von Ausländern ins Land geströmt. Die wollten gegen den Intimfeind Amerika antreten. Viele fanden bei ihm Unterschlupf. Bald änderte sich in seinem Lager die gesamte Kommunikation. Die Sätze wurden kürzer, holprig und fehlerhaft, denn man mischte noch stärker Sprachen, um sich zu verständigen.

Im März entschied die unter den Amerikanern gebildete Übergangsverwaltung, Soldaten des Baath-Regimes ohne Gehalt und Rentenanspruch zu entlassen. Das trieb die den Rebellen in die Arme. Zarqawi gelang es, viele der Gestrandeten zu rekrutieren. Seine Gefolgschaft wuchs qualitativ und quantitativ. Diesen Umstand verdankte er nicht dem eigenen Genius, sondern dem Unvermögen seiner amerikanischen Gegner.

Spätestens im August begann sein persönlicher Dschihad. Er war aus den abgelegenen Bergen des Landes hervorgekommen und bewegte sich im irakischen Kernland. Sein oberstes Ziel wurde nun, sein Gastland ins Chaos zu stürzen. Dazu galt es, das Übergangsregime zu destabilisieren. Amerika sollte für seinen Angriff stärker bluten als seinerzeit in Vietnam. Schiiten, die nunmehr das Sagen hatten, gehörten bestraft und vernichtet. Auch den Hass gegen sein Heimatland Jordanien wollte er verstärkt ausleben.

Am 7. August traf es die jordanische Botschaft in Bagdad, vor der eine Menschenschlange auf Visen wartete. Ein schäbiger Kleinlaster tauchte vor dem Gebäude auf. Der Fahrer hielt vor einer Barriere an und stieg aus. Er entfernte sich schnell von dem Gebäudekomplex und rief damit beim Wachdienst Misstrauen hervor. Bevor der eine Überprüfung vornehmen konnte, hatte ein Fernzünder die Bombenladung auf dem Wagen gezündet. Die Detonation war so stark, dass mehrere Gebäude erschüttert wurden. 17 Tote, allesamt Iraker, waren zu beklagen.

Nur zehn Tage später traf ein Bombenanschlag das UNO-Hauptquartier in Bagdad. Der beliebte Missionsleiter, Sérgio Vieira Mello, und mehr als 20 weitere Personen starben. Mello verblutete eingeklemmt in den Trümmern.

Von nun an ging es Schlag auf Schlag. Schon wenige Tage danach raste Zarqawis Schwiegervater, der Vater seiner zweiten Frau, mit einem Lastwagen voll Sprengstoff in Nadschaf in die Imam-Ali-Moschee. Der geistige Führer des Obersten Rates der islamischen Revolution im Irak, Muhammad Baqir al-Hakim, starb zusammen mit 125 gläubigen Schiiten. Tausende Pilger flüchteten in Panik.

Der Hass gegen die Amerikaner wuchs unter den Einheimischen weiter an.

Schiiten zogen durch die Straße und riefen: »Nein zu Saddam! Nein zu Amerika! Ja zum Islam!« In ihren Augen hatte Amerika versagt, ihre Sicherheit zu garantieren.

Zarqawi, der Schiiten nicht als wahre Islamisten anerkannte, gab sich mit seiner Tat als Beschützer der durch die Schiiten ins Hintertreffen gekommenen Sunniten und fand unter denen zunächst viele Sympathisanten. Die Überzahl der Schiiten im Irak eröffnete ihm ganz neue Möglichkeiten für einen Rachefeldzug: Schiiten machten mehr als 60 % der Bevölkerung aus! Botschaften mit seiner Stimme tauchten auf, in denen zur Gewalt gegen diese Ungläubigen aufgerufen wurde. Er folgte unbeirrt der Doktrin, wonach Moslems, die nicht den wahren Islam vertraten, als Ungläubige bis zum Tod bekämpft werden durften bzw. mussten. Er verwirklichte mit seinen Helfershelfern erst jetzt das todbringende Netzwerk, von dem der UN-Sicherheitsrat bereits hellseherisch gesprochen hatte. Seine Gegner nannten ihn von nun an den Schlächter von Bagdad.

Dreistigkeit stellte er unter Beweis, indem er als Gegenstück zum auf ihn ausgelobten Kopfgeld eines in Höhe von 230.000 Euro auf den irakischen Übergangspremier Yad Allawi aussetzte.

Ein zweiter Angriff auf das UNO-Hauptquartier am 22. September endete wiederum spektakulär mit einem toten Wachmann und 19 Verletzten.

Der mediale Auftritt Präsident Bushs auf dem Flugzeugträger USS Abraham Lincoln und sein Satz: »Wir haben den Krieg gewonnen«, wurde zur Farce. Der Irak war viel unsicherer geworden, als er unter Saddam Hussein je gewesen war.

Am 13. Dezember ging Saddam Hussein US-Soldaten ins Netz. Er hatte sich in der Nähe seiner Heimatstadt Tikrit auf einem Bauernhof versteckt gehalten. Mit ihm wurde der Grundpfeiler der alten Macht zerstört. Aber es sollte bis zum 30. Dezember 2006 dauern, bis der Diktator erhängt wurde.

Die Unruhen im Land hörten nicht auf. Viele in der amerikanischen Regierung waren sich längst sicher, die Invasion würde viel länger dauern als veranschlagt. ...

Zarqawis Öffentlichkeitsarbeit und das brutale Werben für seine Sache führten zu gesteigerter Jagd auf ihn und seine Anhänger. Im Februar 2004 nahmen kurdische Fahnder einem verdächtigten Boten ein Dokument ab. Mit diesem Papier stellte sich Scheich Abu Anas al-Schami als Vordenker von Zarqawis Gruppe vor. Er bezeichnete die eingeleitete Terrorwelle im Irak als Al-Qaida 2. Er rückte weit hoch in der Fahndungsliste und hatte nur noch kurz zu leben.

Ein weiteres Mal schlugen die Häscher zu. Zarqawis wichtigster Bombenbauer, Abu Muhammad Hamza, wurde bei einem Zugriff getötet. Der Jordanier ließ sich davon nicht beirren. Sein brutaler Charakter kam immer greller zum Vorschein.

Das Jahr 2004 sollte so blutig werden, wie das Jahr 2003 gewesen war. Zarqawis Ziele blieben unverändert.

Am 2. März arrangierte er den größten Anschlag seit Beginn der Invasion:

Die Schiiten konnten das erste Mal nach Saddam das Aschurafest feiern. Es war der Gedenktag zur Ehren Husain ibn Ali, des nach ihrer Vorstellung ersten rechtmäßigen Kalifen. Zu den Heiligtümern in Bagdad und Kerbela strömte fast eine Million Gläubige. Mehrere Handlanger Zarqawis hatten sich mit Sprengstoffwesten unter sie gemischt. Die Westen der Selbstmörder explodierten nahezu zeitgleich. Knapp 200 Menschen starben, über 500 wurden verletzt.

Schiiten und Sunniten hatten unter Saddam friedlich Tür an Tür gewohnt. Das war nun endgültig vorbei. Die Schiiten vermuteten zu Recht in Sunniten die Hauptübeltäter. Das gemeinsame Nationalbewusstsein, das der achtjährige Krieg gegen den Iran geschaffen hatte, ging verloren. Selbstschutzmilizen beider Bevölkerungsgruppen suchten den Schlagabtausch. Dem Iran gelang es, im Irak eine schiitische Stellvertreterarmee auf die Beine zu stellen, welche die USA und alle Sunniten bestrafen wollte.

Die Familien der Opfer warfen den Amerikanern wiederum schnell Versagen vor. Zarqawi erzielte mit den Anschlägen einen großen Erfolg beim Destabilisieren des Irak.

Die USA mussten nun einen Mehrfrontenkrieg führen – gegen Krieger wie seine aufmüpfigen Sunniten und gegen die Vasallen des Irans. Die Situation lief für Amerika aus dem Ruder.

Als die drei feindlichen Gesellschaftsgruppen erkannten, dass sie einen gemeinsamen Gegner hatten, steigerte das ihren Hass untereinander. Jede Gruppe wollte diesen Gegner allein besiegen. Das Chaos war perfekt.

Im Privatbereich traf Zarqawi ein harter Schicksalsschlag. Im März verlor seine Mutter den Kampf gegen den Krebs. Ihr Sohn litt sehr darunter, dass er an ihrer Bestattung nicht teilnehmen konnte und dass ein Teil seiner Familie sogar ein geheimes Treffen mit ihm ablehnte. Zu viele Morde wurden ihm inzwischen zur Last gelegt. Die vertrugen sich nicht mit der Glaubensvorstellung seiner Angehörigen.

Der jordanische Geheimdienst hatte während der Zeit des Sterbens sein Elternhaus überwacht und auch zur Beerdigung Beobachter abgestellt. Doch der Meistgesuchte ging ihnen nicht ins Netz.

Auf den Einfallstraßen von Bagdad waren alle paar Kilometer Straßenkontrollen eingerichtet worden, aber auch dieses Netz war immer noch zu weitmaschig, um Zarqawi zu fassen. Er organisierte sogar Blitzüberfälle auf diese Patrouillen.

Das internationale Viertel mit seinen prächtigen Villen hatte inzwischen ein makaberes Aussehen. Die einzelnen Liegenschaften waren mit Wällen aus Sandsäcken, Schanzkörben und anderen Schutzvorrichtungen gesichert und strahlten nichts mehr von der unbeschwerten Pracht früherer Jahre aus. Vom Flughafen dorthin zu gelangen, ging nur noch in Taxis mit Materialverstärkungen gegen feindlichen Beschuss. Die Transferfahrten gab es nur zu horrenden Preisen. Zarqawis Terror zeigte überall Wirkung.

Es gelang ihm, die sunnitischen Städte nahe Bagdad zu unterwandern. Besonders ausländische Islamisten, die seine Anhänger geworden waren, setzten sich in ihnen fest und nahmen sie unter Kontrolle. Sie waren disziplinierter als lokale Banden. Die Bevölkerung empfing sie deshalb mit offenen Armen. Doch das blieb nicht so. Sie regierten mit zu harter Hand, führten Steuern ein und requirierten Nahrungsmittel aus den Geschäften. Wer ihren Vorschriften nicht folgte oder sich gegen die Gesetze Allahs verging, wurde weggesperrt oder getötet. Die Zustimmung für die Rebellen bekam erste Risse. Angst ging um, aber die wurde wiederum ein Mittel, effektive Kontrolle auszuüben. Zarqawi und seine Unterführer zwangen die Einwohner sogar, Treueschwüre abzulegen.

Die Stadt Ramallah sollte Hauptstadt der Dschihadisten werden, doch davon waren die noch weit entfernt.

Zarqawi suchte ständig neue Anknüpfungspunkte zur Festigung und Ausweitung seiner Herrschaft. Er fühlte sich mit seinem Sendungsbewusstsein für das gesamte Zweistromland verantwortlich. Er tüftelte auch an einem Attentat für Jordanien, das alles Bisherige in den Schatten stellen sollte. Er fühlte sich aufgerufen, in seinem Heimatland den Beweis seiner Gewalt und Stärke zu erbringen.

Zarqawi fiel nichts Besseres ein, als den Muchabarat zu treffen. Diese Organisation klebte ihm gefährlich an den Fersen. Auf einem Hügel im Westen Ammans lag in einem schwer bewachten Gebäudekomplex das Hauptquartier des Geheimdienstes. Barrieren und Checkpoints sowie Maschinengewehrstellungen sicherten das Verwaltungsgebäude. Satellitenschüsseln und Antennenanlagen dienten als großes Ohr nach außen. Zarqawi hatte sein nächstes Ziel gefunden.

Für die Durchführung des Anschlags wählte er einen Weggefährten aus der Zeit in Afghanistan. Der Mann hatte unter ihm auch in Herat gedient. Er war 35 Jahre jung und hatte den Bombenbau von der Pike auf gelernt. Asmi al-Dschajusi war palästinensischer Jordanier. Er versprach ihm, eine schmutzige Bombe zu bauen, die mit größter Sprengkraft, gemischt mit toxischem Inhalt, ein deutliches Zeichen setzen sollte. Die Hauptdetonation wollte er neben einer Tankstelle auslösen, die sich direkt beim Hauptquartier des Muchabarat befand und die Wirkung der Bombe durch das Entzünden der Benzinreserven vervielfachen konnte. Zarqawis Chef der Logistik, Abu al-Gadija, entwickelte den Plan, wie der Palästinenser, ein Komplize und das benötigte Material unbemerkt nach Jordanien kommen sollten. Er entschied sich für eine verdeckte Kammer in einem Tanklaster. Der Zoll winkte den Wagen auch wirklich durch, und Asmi al-Dschajusi hatte eine Viertelmillion Dollar in Händen, als er seine Vorbereitungen startete. Jordanische Freunde halfen ihm bei der Ausführung. Man fand eine geeignete konspirative Wohnung in Marka, mietete an verschiedenen Orten Lagerhallen an und kaufte Autos für den Transport der Bomben und deren Begleitschutz. Die Wagen wurden umgebaut und so verstärkt, dass sie Sicherheitsschranken durchbrechen und feindlichem Beschuss standhalten konnten. Alles gestaltete sich verheißungsvoll. …

Menschliche Unzulänglichkeiten gaben jedoch dem Projekt den Todesstoß. Die Familie al-Dschajusis wohnte in Amman, und der Palästinenser verspürte große Sehnsucht nach ihr. Ihm gelang es, seine Frau und die beiden Kinder unbemerkt zu sich zu holen, doch auf Dauer blieb ihr Verschwinden aus ihrer Wohnung nicht verborgen. Der Muchabarat hatte die Familie nämlich überwacht.

Abu Mutaz, der Zarqawi selbst vor dessen Entlassung aus dem Gefängnis verhört hatte, nahm sich des Falles an. Es war höchste Eile geboten. Belege für den Kauf von Bombenmaterialien und giftigen Chemikalien zeigten das an. Mutaz war inzwischen im Rang aufgestiegen. Mit Mittelsmännern, akribischer Recherche und etwas Glück gelang es ihm, Dschajusis Aufenthaltsort aufzuspüren. Ein fehlgeleiteter Anruf eines Verwandten wurde abgehört und die Wohnung geortet. Am 17. April umzingelten Eliteeinheiten in der Nacht den gesamten Wohnblock. Sie stürmten das Versteck des Palästinensers, das mit Munition und Waffen vollgestopft war. Noch halb im Schlaf ließen sich al-Dschajusi und seine Familie ohne Gegenwehr festnehmen. Der berüchtigte Abu Haytham übernahm Asmis Vernehmung. Schon nach zwei Tagen gestand der Gefangene alles, was von Bedeutung war, vor laufender Kamera. Was die Geheimdienstler erfuhren, zeigte ein wahres Schreckensszenario auf. Nach ihrer Schätzung hatte der Anschlagsplan nahezu 80.000 Menschenleben bedroht. Dschajusi machte kein Hehl daraus, wer hinter dem Plan gestanden hatte. …

Dem jordanischen König bereitete der Vorfall größtes Unbehagen. Seine öffentliche Mahnung an die Amerikaner blieb ungehört. Die forderten ihn sogar auf, solche Mahnungen künftig zu unterlassen. Das versetzte den König geradezu in Wut.

Zarqawis Wutausbruch über die Vereitelung des Anschlags währte nur kurz. Er schwor, mit noch etwas viel Größerem aufzuwarten. Es berührte ihn nicht, dass jordanische Richter ihn schon am 6. April für den Tod des Diplomaten Foley erneut zum Tode verurteilt hatten. Das stachelte nur seinen Eifer an. Er setzte nun ungemein brutale Mittel ein, um Aufmerksamkeit zu erregen, und hoffte, dadurch Anhänger zu gewinnen. Er ließ auf Videoclips Tötungen Entführter festhalten und ins Netz stellen. Mit öffentlichen Enthauptungen schuf er zwar nichts Neues, die hatte es über die Jahrhunderte hinweg schon in anderen Kulturen gegeben. Auch im Islam waren sie gerechtfertigt und verlangt worden. Der Koran enthielt in Sure 47,4, nach entsprechender Auslegung, dafür Ausführungsbestimmungen: Wenn ihr jedoch die trefft, die ungläubig sind, dann schlagt sie auf den Nacken, bis ihr sie ganz besiegt habt.

Zarqawi wurde in der neuen Zeit zum Plagiator, nicht zum Erfinder dieser unmenschlichen Grausamkeit.

Im April zeigte ein Film in verschwommenen Bildern den Tod des Italieners Fabrizio Quattrocchi. Der junge Mann wurde gefesselt, auf Knien, den Kopf mit einem blauen Tuch verhüllt, durch einen Pistolenschuss liquidiert. Die Täter nannten sich Anhänger Zarqawis. Sie waren, wie die Pistole, auf dem Video nur als Schattenrisse zu sehen.

Bluttaten folgten nun Schlag auf Schlag. Zarqawi führte sie sogar persönlich aus.

Am 11. Mai ging ein Video um die Welt, auf dem der erst 26-jährige amerikanische Geschäftsmann Nicholas Berg enthauptet wurde. Sein Judentum hatte bei der Auswahl als Opfer eine Rolle gespielt. Angeblich hatten Zarqawis Männer den Amerikanern einen Austausch gegen Gefangene aus Abu-Ghraib angeboten. Die Amerikaner bestritten das. Auf jeden Fall gingen sie nicht darauf ein.

Der Videoclip war mit der Botschaft vertont: »Abu Musab al-Zarqawi schlachtet einen Amerikaner.« Maskierte Dschihadisten begründeten die Exekution damit, dass US-Soldaten ständig irakische Gefangene in ihren Gefängnissen folterten. Erst kürzlich hatten Bilder von GIs die Welt empört. Auf ihnen wurden Häftlinge von Amerikanern gefoltert und sexuell gedemütigt.

Die Aufnahmen von Nicholas Berg waren sehr unscharf und verwackelt. Erst eine Stimmanalyse brachte gewisse Sicherheit, dass der Henker Zarqawi gewesen sein konnte.

Verwandte von ihm bestritten das heftig. Ein Cousin betonte öffentlich, es sei niemals Zarqawis Stimme. Außerdem sei der Mörder Rechtshänder, Zarqawi aber Linkshänder.

Ende Juni sorgte die Übertragung der Exekution des südkoreanischen Übersetzers Kim Sun II. für neues Entsetzen. Das Opfer wurde für eine Ansprache vorgeführt und dann im orangefarbenen Overall an der Richtstätte geköpft. Danach zeigten seine Mörder den kopflosen Rumpf und den Kopf daneben in einer Blutlache liegend. Diese makabere Zurschaustellung sowie der damit verherrlichte Dschihadismus blieben für längere Zeit einzigartig.

Zarqawi verkannte möglicherweise, dass die ihm zugerechneten Gräueltaten die Bemühungen seiner Häscher immer stärker werden ließen, ihn endlich zu fassen. Der Jordanier hatte jedoch vorerst immer wieder Glück zu entkommen bzw. genoss nach seinem festen Glauben Allahs Schutz. Selbst wenn er unverhofft in einem Häuserblock auf eine Routinerazzia traf, wurde er nicht gefasst. Er fand immer wieder einen Fluchtweg.

Es verging keine Woche mehr ohne Geiselnahme, Entführung oder blutige Terrorakte. Allein in Bagdad starben über 40 Menschen, darunter über 30 Kinder. Der Jordanier ließ grausam Zahlen sprechen.

Die amerikanische Übergangsverwaltung wurde von den Besatzern aufgelöst und eine irakische Übergangsregierung installiert. Am 28. Juni nahm die Regierung unter Führung Iyad al-Allawis die Geschäfte auf. Sie sollte auf Druck der Amerikaner möglichst schnell zu Neuwahlen kommen. Nun hatte Zarqawi ein neues Ziel: Die Wahl musste auf jeden Fall verhindert werden. Der Irak sollte keinesfalls wieder als Staatseinheit in alten Landesgrenzen erstehen. Das Land sollte im Chaos verbleiben, damit er leichter seinen Zielen näher kommen konnte, ein modernes islamisches Kalifat über die Landesgrenzen hinaus zu errichten.

Der 28. Juni schien für die Gegner Zarqawis zum Tag der Freude zu werden. Mehrere Radiosender meldeten seine Verhaftung. Die Freude währte jedoch nur kurz. Zähneknirschend wurde die Meldung als falsch zurückgenommen. Targeted killings, gezielte Tötungsaktionen, wurden gegen den Meistgesuchten zwar mehrfach ausgeführt, blieben aber stets erfolglos. Statt seiner wurden nur andere, meist unschuldige Menschen, getötet oder verletzt. Die Operateure sprachen dann von Kollateralschäden.

Nach Anschlägen gegen sein Leben besann sich Zarqawi besonders maßlos auf weitere Bluttaten. Am 17. Juli war es ein Mordanschlag gegen den irakischen Justizminister, den der allerdings überlebte. Zahlreiche seiner Leibwächter kamen statt seiner ums Leben.

Ein Selbstmordanschlag gegen ein Rekrutierungsbüro endete mit zwei Toten und 47 Verletzten.

Nach dem 20. September konnte selbst seine Familie nicht mehr bestreiten, dass Zarqawi persönlich als Mörder Hand angelegte. Auf einer islamistischen Website wurde ein neues Video veröffentlicht, dieses Mal waren die Bilder scharf. Kampfgesänge unterlegten ein Emblem: schwarze Flagge, Kalaschnikow in erhobener Faust vor der Weltkugel geziert mit dem Schriftzug von Zarqawis Organisation Einheit und Dschihad.

Die Exekution einer amerikanischen Geisel wurde angekündigt. Eugene Armstrong, in der Beschaffung für die amerikanischen Invasoren tätig, sollte sterben.

Fünf schwarz gekleidete Männer mit Gesichtsmasken kamen ins Bild. Der Mann in der Mitte war Zarqawi. Vor ihm auf dem Boden saß mit einer Augenbinde der Amerikaner. Er trug den üblichen orangefarbenen Overall der Opfer und war an Armen und Beinen gefesselt. Zarqawi begann auf Arabisch eine Erklärung zu verlesen. Er beschimpfte die USA: »Ihre Bomben töten Frauen und Kinder. Ihre Gefängnisse sind voll mit unseren Brüdern.«

Er drohte Präsident Bush: »Dein Tag wird kommen!«

Er setzte ein Ultimatum: »Wenn nicht alle unsere weiblichen Gefangenen binnen 48 Stunden freigelassen werden, werden wir weitere Geiseln töten.«

Schließlich kam er auf den Grund der Horrorschau zu sprechen: »Die Köpfe der Ungläubigen abzuschneiden, ist die Verwirklichung des Willens unseres Gottes.«

Plötzlich hielt er ein langes Messer in der Hand. Allein die Klinge maß 25 cm. Er packte Armstrongs Kinn mit einer Hand und trennte mit der anderen seinen Kopf ab.

Ein letzter Schrei ertönte, Blut schoss aus der Wunde, alles wurde aus nächster Nähe gefilmt.

Der abgeschnittene Kopf wurde auf dem Rumpf des Toten zur Schau gestellt. Einer der Schwarzgekleideten hielt die berüchtigte schwarze Flagge daneben. Nur wenige Stunden später fand man den Leichnam in den Straßen von Bagdad, ganz nahe der Stelle, an der Armstrong entführt worden war. Nun gab es selbst für die größten Zweifler kein Vertun mehr. Dass Zarqawi ein Mörder war, war bewiesen. Seine Angehörigen sagten sich von ihm ganz los und verstießen ihn aus der Sippe. Die Regierung Bush reagierte nicht auf sein Ultimatum. Wohl auch darum starben ein weiterer Amerikaner, Jack Hensley, und der Brite Kenneth Bigley. Der Jordanier übernahm auch für diese Toten die Verantwortung und kündigte über Internet an: »Wir werden weitermachen.« Das Verstoßen durch seine Familie hatte ihn nur entschlossener gemacht.

Die Amerikaner suchten mit Hochdruck nach den Mördern. Bald vermuteten sie Zarqawi und seine Leute in Falludscha. US-Sondereinheiten starteten am 14. Oktober einen Angriff auf die Stadt. Zarqawi gelang es einmal mehr, aus der eingekesselten Stadt zu entfliehen. Die amerikanischen Soldaten führten trotzdem einen Großangriff durch. Luftbombardements auf die vermuteten Aufenthaltsorte der Terroristen und eine Bodenoffensive brachten viele Tote. Mindestens 1200 Menschen starben. Ein neuerlicher Kollateralschaden!

Im Haus, in dem sich Zarqawi aufgehalten hatte, fand man zwei Briefe des Terroristen an Untergebene sowie einen, der an ihn mit der Bitte um finanzielle Hilfe und Beistand gerichtet worden war. Die Briefe hatten einen hohen Informationswert und bewiesen Annahmen über seinen Bewegungsradius. In der Nähe des Hauses entdeckten die Soldaten die Ruine einer Bombenwerkstatt. Die Analyse einer Leiche belegte, dass wenigstens Umar Hamid, ein Stellvertreter Zarqawis, im Bombenhagel den Tod gefunden hatte. ...

Zarqawi ging den eingeschlagenen Weg weiter. Er war sich im Klaren, dass er und seine Organisationen lange noch nicht die Kraft hatten, ein Kalifat zu errichten. Er suchte nach Möglichkeiten, dieses Vorhaben zu beschleunigen, und scheute nicht davor zurück, sich vor einem noch immer Größeren zu beugen. Osama bin Laden hatte ihn zwar in Afghanistan nicht empfangen, aber er saß immer noch an den Schalthebeln der Macht. Zarqawi brauchte seine Unterstützung und beschloss, einen Versöhnungsversuch zu wagen. Er schrieb ihm und schilderte seine günstige Ausgangsposition im Irak. Er bot sich dem Saudi dort als Speerspitze des Heiligen Krieges an, bestand aber darauf, Schiiten als Ungläubige weiter bekämpfen zu dürfen. Er tat dies trotz der Kenntnis, dass bin Laden eigentlich die friedliche Vereinigung aller Moslems anstrebte. Er war von seinen eigenen Argumenten so überzeugt, dass er sich, trotz seiner Bedingung, dessen Unterstützung sicher glaubte. Ohne auf eine Antwort zu warten, setzte er Fakten.

Am 17. Oktober gab er im Internet bekannt, er fühle sich Al-Qaida zugehörig und wolle künftig Osama bin Laden folgen. Seine Organisation benannte er um in Basis des Dschihad im Zweistromland.

Seine blutigen Taten hörten nicht auf. Am 24. Oktober übernahm er die Verantwortung für einen weiteren Massenmord. An der Straße von Badra nach Mandali starben 49 irakische Rekruten durch Kopfschuss. Sie befanden sich mit dem Bus auf der Fahrt in den Heimaturlaub.

Nur wenige Tage später wurde der Japaner Shosei Koda vor laufender Kamera geköpft. ...

Am 2. November fand in den USA die Wiederwahl Präsident Bushs für eine zweite Amtsperiode statt. Damit war abzusehen, dass die unglückliche amerikanische Irak-Politik weitergehen würde.

Der jordanische König hatte unter dem Eindruck des missglückten Anschlags beschlossen, das Vorgehen Zarqawis öffentlich zu verdammen und anzugreifen. Er gewann seinen Neffen Prinz Ghazi bin Muhammad, einen bekannten Islamgelehrten, dafür, ein Thesenpapier zu erarbeiten, das klarstellte, wer ein wahrer Moslem war, wer eine Fatwa aussprechen durfte und wann ein Moslem aus der Gemeinschaft auszustoßen sei oder als abtrünnig galt.

Zarqawi gehörte nach dem Gutachten natürlich zu denen, die ausgestoßen werden mussten. Am 9. November verlas der Oberrichter von Jordanien eine entsprechende Erklärung. Sie fand nicht überall die erhoffte Unterstützung. Doch mit immenser Überzeugungsarbeit gewann Abdullah II. Hunderte islamische Gelehrte und internationale islamische Vereinigungen, dem Tenor des Gutachtens Folge zu leisten.

Maqdisi, der Zarqawis Mentor gewesen war, setzte sich weiter von seinem ehemaligen Schützling ab. Er erklärte öffentlich, es sei unzulässig, das Blut von Schiiten zu vergießen, und verdammte die Zerstörung von Moscheen und anderen heiligen Orten.

Die Maßregelungen blieben von Zarqawi nicht unbeantwortet. Basis des Dschihad im Zweistromland rief im Internet nachdrücklich zum Heiligen Krieg auf.

Spiegel Online veröffentlichte den Wortlaut des Aufrufs: »Oh, Volk, der Krieg hat begonnen und der Aufruf zum Dschihad ist gemacht worden. Trotz der Höllenqualen, die wir leiden, bei Gott, die Feinde werden nur Dinge sehen, die ihnen Schaden zufügen … widersetzen wir uns ihnen mit unserer ganzen Kraft.«

Im Dezember verkündete eine Stimme auf einem Tonband, die Osama bin Laden zugeschrieben wurde, Zarqawi sei nun der Anführer von Al-Qaida im Irak. Das Tonband wurde dem arabischen Sender Al Dschasira zugespielt. Wenn die Zuordnung zu bin Laden wirklich richtig war, hatte Zarqawi sein Ziel endlich erreicht. Der Saudi hatte ihn anerkannt.

Die ersten Wahlen im Irak wurden für den 30. Januar 2005 festgesetzt. Dabei sollte, nach der Vorgabe der Amerikaner, das Proporzprinzip gelten. Alle Gruppen waren bei der Regierungsbildung entsprechend ihrem Anteil an der Gesamtbevölkerung zu berücksichtigen. Das bedeutete, die

Sunniten, die es unter Saddam Hussein gewohnt waren zu dominieren, würden weit hinter die Schiiten zurückfallen. Sie stellten höchstens ein Drittel der Bevölkerung. Dies war für sie Grund genug, die Wahl zu boykottieren und als nicht rechtmäßig zu verurteilen.

Zarqawi hatte nicht viel Zeit, die Bevölkerung zu überzeugen, dass diese »freien« Wahlen eine Sünde an Allah seien. Seine blutigen Aktionen häuften sich deshalb und wurden in den Medien mit Warnungen begleitet, keinesfalls wählen zu gehen oder sich sogar zur Wahl zu stellen. Mitglieder der Nationalgarde wurden von seinen Kämpfern vor laufender Kamera hingerichtet, weil sie dem Regime dienten. Der Vorsitzende des Provinzrats von Baquba und sein Bruder wurden aus gleichem Grund ermordet.

Am 4. Januar starben der Bürgermeister von Bagdad, am 10. Januar der Vizepolizeipräsident und sein Sohn. So ging es den ganzen Monat weiter.

Die Übergangsregierung konnte wenigstens bekannt geben, dass im gleichen Zeitraum ein weiterer Stellvertreter Zarqawis in Mossul festgenommen worden war. Am 15. Januar wurde sie auch noch Sami Mohammed Ali Said al-Dschaaf, einem der wichtigsten Bombenbauer Zarqawis, habhaft.

Aber selbst diese Erfolge stoppten den blutigen Wahnsinn der Islamisten nicht. Am 17. Januar wurde in Baquba von einem Selbstmordattentäter ein Kontrollposten der Armee zerbombt. Außerdem wurden drei Wahlbüros zerstört. Sieben Soldaten starben.

Am 23. Januar stieß der Pressesprecher Zarqawis im Internet gegen alle Iraker, die sich bei der Wahl um ein Amt bemühten, wiederum Todesdrohungen aus. Viele Iraker zogen unter dem Eindruck dieser Drohungen ihre Kandidatur zurück. Zu ihnen gehörte Karim al-Burdschas, ein ehemaliger Armeegeneral.

Zarqawi hatte seine drei Söhne entführen lassen, um seinen Rücktritt zu erzwingen.

Am 27. Januar wurde ein Video mit der Ermordung des Sekretärs des irakischen Ministerpräsidenten ins Netz gestellt.

Nicht nur den Amerikanern wurde klar, dass sich das Land in einer schweren Krise befand. Die Stimmen häuften sich, die Wahl zu verschieben.

Alle Drohungen und Morde halfen nicht. Etliche Wahllokale wurden zerstört, und potentielle Wähler verloren ihr Leben. Die Anschläge reichten bis an den Wahltag hin. Trotzdem strömten am 30. Januar Millionen in die Wahllokale. Es bestätigte sich allerdings, dass Sunniten nur in sehr geringem Prozentsatz zur Wahl gingen. In manchen Provinzen lag ihre Beteiligung unter 2 %. Das führte dazu, dass sie bei den späteren Detailverhandlungen über die neue Verfassung und die Verteilung der Ressourcen des Landes nahezu nicht beteiligt waren.

Die Wut der gemäßigten Sunniten gegen die Terroristen wuchs. Sie hatten gehofft, die würden US-Soldaten und Schiiten abstrafen. Nun sahen sie sich durch deren Verhalten selbst allzu oft betroffen und benachteiligt. Viele waren mittlerweile bereit, wenn auch noch heimlich, die Islamisten sogar an die Behörden zu verraten.

Am 20. Februar wäre Zarqawi fast in eine Falle getappt. Stanley McChrystal, der Offizier, der für seine Verfolgung hauptverantwortlich war, hatte seine Abteilung inzwischen schwer aufgerüstet. Sein Stab an Sonderermittlern war qualitativ und quantitativ gewachsen. Er hatte aus der Zahl der vielen Unzufriedenen verdeckte Ermittler und Zuträger gewonnen. Die Telefonüberwachung war perfektioniert worden, und Flug- sowie Drohnenüberwachung funktionierten. Über eine Informantenkette unzufriedener Wutbürger erhielt seine Abteilung die Meldung, Zarqawi plane ein wichtiges Treffen mit seiner Führungsriege. Mit Drohnen entdeckte man die Terroristen auf der Straße von Falludscha nach Ramadi. Wegen technischer Probleme bei der Überwachung gelang es Zarqawi und seinem Fahrer, ihren Wagen in die Wüste zu lenken und durch einen Palmenhain zu entfliehen. Im Wagen mussten sie allerdings wichtige Dinge zurücklassen, darunter Zarqawis Laptop.

Trotz der Enttäuschung über den misslungenen Zugriff brachte die Analyse der Daten Erkenntnisse, die das Netz um Zarqawi nochmals enger werden ließen. Aus einer Datei lernten die Spezialisten, dass sich Zarqawi für seine Auftritte oftmals verkleidete. Man fand Fotos, auf denen er als Scheich, als Geschäftsmann oder als professoraler Intellektueller zu sehen war. Aus einer anderen Datei wurde der Aufbau der Führungsstruktur deutlich, aus einer weiteren die Durchführung von Zusammenkünften und Schulungen. Besonders interessant war ein Video über eine Sitzung des gesamten Kriegsrats. Zum ersten Mal bekamen die Amerikaner in Originalstimme bestätigt, dass Zarqawi sich auf der Siegesstraße glaubte, ein modernes Kalifat zu errichten plante und den Anspruch hatte, dessen Anführer zu werden. Er fühlte sich mittlerweile wichtiger als Osama bin Laden.

Auch dieses Ereignis war für den Jordanier kein heilsamer Schock. Bereits am 22. Februar sprengten seine Kämpfer in Samarra die Kuppel der Moschee in die Luft und zerstörten den heiligen Schrein. Dieses an sich unblutige Attentat wurde Grund eines Racheakts der Schiiten gegen die Sunniten und führte zu vielen Toten.

Am 7. Juli wurde die Hinrichtung des ägyptischen Botschafters bekannt gegeben. Man beschimpfte ihn als ein Freund Israels.

Am 27. Juli bekannte sich Zarqawi zur Ermordung zweier algerischer Diplomaten. Danach wurde er per Haftbefehl durch Interpol gesucht. Die Polizeibehörden wurden weltweit mit Fotos und Fingerabdrücken des Terroristen versorgt.

Ebenfalls noch im Juli fingen die amerikanischen Agenten einen Brief von Al-Qaida an Zarqawi ab, der deutlich machte, dass es zwischen den beiden vermeintlich größten Rebellenführern nicht zum Besten stand. Osama bin Laden ließ ausrichten, dass Zarqawis blutiges Vorgehen die Marke Al-Qaida in der muslimischen Welt schädige. Er verlangte mit den Bluttaten aufzuhören. In seinen Augen trennte ihn und den Jordanier ein Abgrund, besser gesagt ein Niveauunterschied.

Zarqawi war nicht zu überzeugen. Er entschied sich für offenen Widerstand gegen Al-Qaida. Er fühlte sich stark. Schließlich hatte er durch seine blutige Strategie das große Amerika ins Wanken gebracht. In amerikanischen Regierungskreisen wurde das inzwischen durchaus so gesehen.

Präsident Bush hatte bereits am 29. Juni eine Sicherheitskonferenz einberufen. Man war sich einig, Zarqawi müsse endlich liquidiert werden. Seine unmenschlichen Taten mussten ein Ende finden. Die Konferenz endete mit dem Beschluss, nun alle Möglichkeiten auszuschöpfen, Zarqawis habhaft zu werden. Amerika wollte sich nicht länger auf der Nase herumtanzen lassen.

McChrystals Task Force setzte diese Vorgabe um und erzielte bald erste Erfolge. Die Liste der gefassten Terroristen wurde immer länger und trug bald mehr als 200 Namen. Von 21 Führungskräften Zarqawis waren am Schluss 20 inhaftiert oder tot. Seine Organisationsstruktur stand vor dem Ende. Die Ausfälle konnten von dem Rebellenführer nicht gleichwertig ersetzt werden.

Einen Teil der Pläne Zarqawis hatten die Häscher jedoch aus den Augen verloren. Zarqawi wollte endlich den Rachefeldzug in seinem Heimatland durchführen. …

Am 9. November lief völlig überraschend eine Eilmeldung über die Fernsehschirme, in Amman habe eine Serie von Attentaten stattgefunden. Einzelheiten wurden noch nicht bekannt gegeben. Zarqawis Organisation hatte sich allerdings schon für verantwortlich erklärt. Der Jordanier hatte seine Androhung wahrgemacht:

Zarqawi atmete tief durch. Gerade hatte er die Meldung erhalten, alle Vorbereitungen für die Bombenserie in Amman seien abgeschlossen. Nun hieß es abwarten und darauf hoffen, dass die von ihm ausgewählten Selbstmordattentäter ihre blutige Arbeit erfolgreich verrichteten. Er brauchte dringend einen Erfolg.

Sadschida al-Rischawi erwachte am frühen Morgen in der möbellosen konspirativen Wohnung. Sie lag auf dem Boden auf einer Matte. Ich brauche keine Möbel mehr, ging ihr durch den Kopf. Heute sollte ihr letzter Tag sein. Sie schaute sich um, ihr Mann Ali war nicht da. Er war unterwegs, um die Bomben herbeizuschaffen, die noch in ihre maßgeschneiderten Sprengstoffgürtel eingepasst werden mussten. Der irakische Arm des Terrornetzwerks Al-Qaida würde heute in der jordanischen Hauptstadt zuschlagen.

Drei Luxushotels waren die Anschlagsziele. Ihr Mann und sie hatten den Auftrag, das Radisson-Hotel in die Luft zu sprengen.

Schon am 5. November waren sie und ihre Gefährten mit gefälschten Pässen nach Jordanien eingeschleust worden. Sadschida fühlte sich auf einem Rachefeldzug. Mehrere ihrer Brüder waren von amerikanischen Soldaten in Falludscha getötet worden. Die wollte sie unbedingt rächen.

Man hatte ihr andere Gründe vorgebetet, um sie als Märtyrerin zu motivieren: Der verstorbene König Hussein habe 1994 einen Friedensvertrag mit Israel abgeschlossen. Das sei Grund genug für die Strafaktion. Sure 5,83 sage: Du wirst finden, dass unter allen Menschen die Juden und Götzendiener (Heiden) den Gläubigen am meisten Feind sind. …

Wer mit ihnen paktierte, gehörte also bestraft!

Sadschida brauchte die Begründung nicht, sie wollte das Attentat für ihre Brüder ausführen.

Als Ali mit den Sachen zurückkam, brummte er: »Wir müssen uns sputen. Es sollen noch möglichst viele der ausländischen Teufel im Hotel sein, wenn wir loslegen.« Er breitete die Bombengürtel auf dem Boden aus und Sadschida sah ihren zum ersten Mal. Die Gürtel waren perfekt ausgetüftelt. Sie waren mit dem Sprengstoff, trotz genügender Explosionskraft, so flach, dass sie unter der Kleidung nicht auftrugen. Dabei waren sie immerhin 10 Kilo schwer. Sadschida hob ihren Gürtel an, er kam ihr noch schwerer vor. Aber er passte wie angegossen unter ihren Umhang.

Ali erklärte ihr die wichtigsten technischen Einzelheiten: »Das sind Cyclonitbomben. Die sind mit scharfen Eisensplittern gefüllt und durchschlagen alles.« Er zeigte auf ein Kabel und ergänzte: »Merk dir, das ist der Auslöser. Wenn du das falsche Kabel betätigst, geht die Bombe nicht los.« Sadschida nickte und zitterte vor Aufregung.

Ohne Gepäck huschten die beiden draußen durch den Frühnebel. Das Hotel lag in Ammans noblem Westen. Sie hatten es nicht weit. »Wir be-

treten die Lobby getrennt, ich zuerst, du folgst mir in kurzem Abstand.
Frauen werden leichter durchgewinkt«, meinte Ali. »Wenn sie einen von
uns kontrollieren, kommt bestimmt der andere durch.«

Die Lobby war schon gut besucht. Es sah danach aus, als fände eine
Veranstaltung statt. Holzbläser und Trommler einer arabischen Tanz-
kapelle waren zu hören. Als Sadschida von der Eingangstür aus sah, wie
Alis Hand unter den Umhang ging, tat sie es ihm gleich. Sie fühlte den
Auslöser, und hastig zündete sie. Nichts geschah, auch als sie es ein zweites
Mal versuchte. Fehlzündung!

Der Gürtel ihres Mannes explodierte mitten im Raum. Die Zwischende-
cke stürzte ein. Staub behinderte die Sicht, und unsägliche Schreie ertön-
ten. Sadschida wurde von der Kraft der Detonation vor die Tür geschleu-
dert. Es dauerte einen Moment, bis sie taumelnd aufstehen konnte. Sie
blutete und ihre Kleidung war verschmutzt. Gehetzt schaute sie sich um
und floh instinktiv, weil sie andere Leute fliehen sah. Sie hörte weitere Detonationen im ferneren Stadtbereich. Ihre Gefährten waren anscheinend
erfolgreich gewesen. Sie hingegen war eine Versagerin und schämte sich.

Zur Wohnung durfte sie nicht zurück. Sie nahm das erste Taxi, das vor-
beikam und wusste nicht, wo sie hinfahren sollte. Sie befahl dem Fahrer,
einfach loszufahren. Der Mann wurde misstrauisch. In einem Vorort
setzte er sie ab und rief über Funk die Polizei.

Drei Beamte griffen Sadschida in einer Nebenstraße auf. Die Irakerin
war erleichtert, dass ihr damit weitere Entscheidungen abgenommen wurden. Bei einer kurzen Leibesvisitation auf der Polizeistation entdeckten
die Beamten den Sprenggürtel. Ihr Umgang mit Sadschida wurde sofort
ruppiger. Sie stießen sie in einen Wagen und fuhren zur Zentrale des
Muchabarat. Dort wartete die Gefangene in ihrer Zelle teilnahmslos auf
den Fortgang.

Inzwischen überschlugen sich die Schreckensnachrichten auf allen
Sendern. Im Radisson war eine Hochzeitsgesellschaft unter dem Schutt
begraben worden. Man sprach von über 50 Toten, viele Kinder waren
darunter. Immer wieder wurde betont, dass sowohl der Vater der Braut als
auch der des Bräutigams zu Tode gekommen waren. Schreckliche Bilder

umrahmten das Szenario. Vor dem Hotel hatte man auf Gepäckwagen Leichen gestapelt und mit Tüchern verhüllt. Die waren allesamt blutbefleckt.

Der Bombenanschlag hatte zur Folge, dass vor allen großen Hotels und öffentlichen Gebäuden Betonbarrieren und Metalldetektoren angebracht wurden.

König Abdullah II. soll folgende Worte ausgesprochen haben: »Das ist unser 11. September.« Er erklärte die Attentäter für verrückt.

Sadschidas Vernehmungsbeamter war Al Bourzak. Sie kannte ihn vom Hörensagen. Der Offizier war als scharfer Hund bekannt, er wurde Der rote Teufel genannt. Nun wusste sie auch warum: Ein dünner rötlicher Haarkranz säumte seinen ansonsten kahlen Schädel.

Sie hatte das Schlimmste befürchtet, doch das blieb aus. Der Beamte gab sich freundlich und verbindlich. Er wollte zwar Informationen von ihr, doch er versuchte, ihr mit verständnisvollen Worten den Weg zu einer Aussage leicht zu machen: »Du weißt, welche schreckliche Bluttat im Radisson angerichtet worden ist? Ich habe die Bilder der Toten gesehen. Da lagen kleine Mädchen in ihren Festtagskleidern. Schrapnell hatte Löcher in ihre kleinen Körper gefressen. Das war ein jämmerlicher Mordanschlag. Du bist sicherlich eine gute Muslimin, wer hatte dich nur zu dieser Untat verleitet?«

Sie schwieg zunächst, doch ihr Gegenüber wiederholte die Frage öfter, immer mit anderen Worten und stets mit einem Lächeln im Gesicht.

Schließlich brach sie entnervt ihr Schweigen und antwortete: »Ich habe nichts Böses tun wollen. Wer in solchen Prunkhotels logiert, ist kein gläubiger Moslem. Kuffar, Ungläubige, sind dort zu Gast. Du kennst sicher Mohammeds Aufruf in Sure 9,5, die Heiden im Hinterhalt aufzulauern oder sie zu erschlagen, wo immer man sie antrifft. Schließlich führen wir gegen sie den Heiligen Krieg. Sie gehören mit dem Tode bestraft, genau wie unsere Landsleute, die mit ihnen zusammen logieren und paktieren.«

Die Begründung für die Tat, die man ihr mit auf den Weg gegeben hatte, bekam nun doch noch einen Wert.

Al Bourzak bohrte nach: »Wer hat dich das gelehrt, wer hat dich angestiftet?«

Ihre Antwort kam, schon aus Stolz, sehr schnell und nicht durchdacht: »Der große Kalif, den Allah liebt, hat uns zu der Tat aufgerufen, und Abu Kassem hat mich eingewiesen. Der mächtige Kalif Mussab al-Zarqawi gab die Befehle für unsere Tat.«

Al Bourzak hatte mehr gehört, als er zu hoffen gewagt hatte. In seinem Kopf fügten sich diese Informationen zu einem Bild. Abu Kassem war der Deckname von Abdullah Ahmed al-Meschedani, der im Kabinett Zarqawis für den Transport von Selbstmordattentätern verantwortlich war und als einer von dessen Beratern galt. Der ebenfalls schon lange Gesuchte trat vor sein inneres Auge: gedrungene Figur, fleischiges Gesicht, tief liegende schwarze Augen, volle Lippen, ein dünner Bart.

Abu Mussab al-Zarqawi war der meistgesuchte Mordbrenner. Ihn hatte Al Bourzak ja selbst mehrfach verhört. Dieser Mörder war leider bei der Amnestie des neuen Königs freigelassen worden. Schnell schob Al Bourzak eine Frage nach: »Wen hatte man dir als Unterstützung zur Seite gestellt?« Die Antwort kam wiederum rasch und war gelogen: »Ich kannte keinen von ihnen. So sollte es auch bleiben, hatte man uns befohlen. Wir sollten uns nicht gegenseitig verraten können. Wir nannten uns einfach Brüder und Schwestern. Wir waren Brüder und Schwestern im Geist und folgten den Vorschriften des Korans, so wie unser Kalif das forderte.«

Der rote Teufel wiederholte auch diese Frage mehrmals, doch die Antwort blieb immer dieselbe. Endlich nahm er sie hin und ließ die Frau abführen.

»Dein Kalif war übrigens einmal im gleichen Zellenblock wie du untergebracht, und ich habe ihn verhört. Damals war er noch ein erbärmlicher Rauschgiftdealer!«, rief er ihr nach und freute sich, als sie unter den Worten zusammenzuckte.

Vier Tage später übertrug das jordanische Fernsehen das Geständnis von Sadschida al-Rischawi. Sie zeigte den Sprengstoffgürtel unter ihrer schwarzen Robe. Sie sprach ruhig, ohne erkennbare Regung. Ihre Verurteilung erfolgte schnell: Tod durch den Strang! Angst zu sterben hatte sie nicht, denn sie rechnete fest mit dem Paradies. ...

Die Wirkung des Megaattentats hatte Zarqawi völlig falsch eingeschätzt. Weltweit wurde er verdammt. In ganz Jordanien kam es zu Tumulten. »Zarqawi, du Tier, verschwinde von hier«, skandierten sie auf der Straße.

Am 20. November distanzierte sich die Mehrzahl seiner Familienmitglieder in einem Zeitungsartikel erneut von ihm. Man erklärte, selbst seine Hinrichtung sei für diese Untat mehr als gerechtfertigt.

Der Terroristenführer merkte, dass er zurückrudern musste. Er versuchte es mit einer beschwichtigenden Erklärung im Internet. Er bezeichnete die unschuldigen Toten der Hochzeitsgesellschaft als schreckliches Versehen, das nicht vorhersehbar gewesen sei. Das Attentat sei nicht gegen seine jordanischen Brüder gerichtet gewesen, sondern nur gegen die Königsfamilie, die mit Ungläubigen paktiere und die Amerikaner unterstütze. Dem König selbst drohte er mit einem Mordanschlag. Touristenhotels und Touristenattraktionen benannte er weiterhin als Ziele für Anschläge.

Er ging bald wieder in die Offensive und forderte: »Ausländische Truppen müssen aus unserem Land verschwinden. Alle offiziellen Kontakte zu Amerika, dem Irak und Israel gehören beendet. Unsere Armee darf keine irakischen Soldaten mehr ausbilden. Alle Dschihadisten müssen aus den Gefängnissen entlassen werden.«

Seine mit Drohungen gespickte Rede wurde von der schweigenden Masse nicht als Entschuldigung empfunden. Die Zahl seiner Unterstützer nahm zusehends ab.

Im Irak veränderte sich die Einstellung zu ihm ebenfalls ins Negative hin. Eine große Zahl sunnitischer Geistlicher sprach ihm im Januar 2006 die Unterstützung ab und forderte, er möge den Irak für immer verlassen. Sein wichtiger Rückzugsraum war damit gefährdet. Zarqawi antwortete mit weiteren Anschlägen. Eine der heimtückischsten Art von Bombenanschlägen wurde, Sprengsätze in Hundekadavern am Straßenrand zu verstecken.

Viele Jäger sind des Hasen Tod

Am 25. April gab Zarqawi die letzte Deckung auf und zeigte sich mit freiem Gesicht im Internet. Er gab sich prahlerisch. Bewaffnet mit einem Maschinengewehr und mit Feuerstößen daraus untermalte er sein Geständnis, unzählige Falschgläubige im Irak und in Jordanien ermordet zu haben. Er drohte weitere Bestrafungen an. Fahndungsexperten waren sich einig, dass nun sein schnelles Ende bevorstand. Jetzt kannten ihn alle, und er war damit ein erkennbares Freiwild.

Schon im Juni sollte sich diese Einschätzung bewahrheiten. Kamerad Zufall spielte dabei eine große Rolle.

Said al-Karbuli war Zöllner an der irakischen Grenze mit Jordanien und stand gleichzeitig auf der Gehaltsliste der Al-Qaida im Irak. Er gewährleistete, dass Materialien für den Bombenbau unbeschadet die Grenze überqueren konnten, und wurde mit Schmiergeldern bei Laune gehalten. Karbuli liebte Luxus. Den fand er in Jordanien, wo es ihn, anders als im Irak, noch gab. Seine vielen Besuche im Nachbarland fielen dem Muchabarat auf, und Karbuli saß unverhofft auf dem Verhörstuhl des roten Teufels. Angst vor Folter und Schmerz ließen wichtige Einzelheiten über Zarqawis Organisation aus ihm heraussprudeln. Der jordanische Dienst nahm sofort Kontakt zu den irakischen Kollegen auf, und das Fahndungsnetz zog sich mithilfe massiver Drohnenüberwachung um Zarqawi zusammen.

Nahe dem Bergdorf Jusufia führte die Verfolgung zweier Konvois zu Häusern der Terroristen. Die Kämpfer wurden in den Autos verhaftet oder erschossen, soweit sie sich nicht bereits selbst mit ihren Sprenggürteln in die Luft gesprengt hatten. Wichtiges Material wurde in den Häusern gefunden, Gefangene verbrachte man umgehend nach Bagdad.

Als bedeutendster Fang erwies sich ein Dreißigjähriger mit dem Decknamen Mubassir. Er sprach perfektes Englisch und konnte seinen hohen Rang in der Terrororganisation nicht lange verbergen. Die Verhöre brachten zu Tage, dass Zarqawi in Bagdad einen persönlichen Imam habe, bei dem er mehrmals im Monat zu Besuch sei. Dieser Geistliche wurde ausfindig gemacht und rund um die Uhr überwacht. Am 7. Juni führte ihn eine Autofahrt vor die Tore der Stadt. Der Imam wechselte bei der Tour mehrfach Fahrtrichtung und Wagen. Damit wurde klar, dass er etwas zu verbergen hatte. Die Fahrt führte ihn Richtung Baquba, wo die Fahnder Zarqawi schon länger vermuteten. Sie endete vor einem Haus am Rande des Dorfs Hibhib, wo Zarqawi seinen Gast dann auch wirklich vor der Tür begrüßte. Das Überwachungsteam auf dem Boden folgte der Ortung der Drohnen und machte sich eiligst auf den Weg zu dem Haus. Gleichzeitig informierte es zwei amerikanische Kampfjets, die zufällig in der Nähe am Himmel waren.

Die Jets waren schneller als der Bodentrupp. Die zwei F-16-Flugzeuge zerstörten mit einem Luftangriff das Haus.

Als das Überwachungsteam aus Hubschraubern abgeseilt wurde, konnten die Männer gerade noch verhindern, dass Zarqawi von seinen Leuten auf einer Bahre fortgebracht wurde. Der Anführer war bei der Bombardierung schwer verletzt worden. Für den vermeintlichen Helden mit tausend Leben lief der Sand aus der Lebensuhr. Man sah ihm an, er wusste, was die Stunde geschlagen hatte. Er konnte nur noch stöhnen und war völlig apathisch. Man brachte ihn schnellstens in ein Militärhospital in Bagdad. Dort erlag er nach kurzem Todeskampf seinen Verletzungen. Seine Vision, der nächste Kalif zu werden, war nicht aufgegangen. Allah hatte ihn fallen gelassen. Seine kühnsten Träume hatten sich nicht erfüllt. Nun hatte er nicht einmal mehr Zeit für weniger kühne Träume. Er trat von der Bühne ab, bevor er seine Rolle gespielt hatte.

Seine Anhänger verschwanden zunächst im Untergrund. Aber schon am 11. Juni erschien eine Erklärung der Terrorgruppe im Internet, wonach der Heilige Krieg auch ohne den getöteten Anführer weitergehen sollte. Der Kalif ist tot, es lebe der Kalif! Sie standen im Dunkel und brauchten Aladins Wunderlampe, um wieder ins Licht zu kommen. …

Die Stimmen nach Zarqawis Tod sprachen ihm alles ab, außer dass er ein brutaler Mörder war. Der irakische Ministerpräsident lobte die Tötung als großen Erfolg gegen den Terrorismus.

Der amerikanische Botschafter in Bagdad sah ohne den Mörder Zarqawi große Chancen für einen demokratischen Neuaufbau des Iraks.

Die Pastorentochter und Bundeskanzlerin Angela Merkel bezeichnete seinen Tod als gute Nachricht.

Nur Osama bin Laden stellte alle vorangegangenen Zwistigkeiten zurück und nannte Zarqawi postum einen Löwen des Dschihad. Er ahnte nicht, dass er selbst nur noch bis zum Mai 2011 zu leben hatte.

Al-Qaida ließ vor jeder Terroraktion Kundige der Schrift und der Scharia deren Gesetzmäßigkeit bestätigen.

Zarqawi hatte, anders als die Verantwortlichen von Al-Qaida, die Regeln seines Handelns selbst bestimmt. Der Jordanier war immer ein Krimineller geblieben, der sich sein Regelwerk nach Bedarf gestaltete.

Mit dem Einsatz von Selbstmordattentätern verstieß er zum Beispiel sehenden Auges gegen die überwiegende Auslegung des Korans, nach der jedem Moslem verboten war, sich das Leben zu nehmen. Wie er seine Meinung auch noch vor anderen kommentierte, zeigte seinen schlimmen Charakter. Er nannte Attentate durch Selbstmörder die kostengünstigste und unkomplizierteste Form des Dschihad.

Wer aber ständig das Recht mit Füßen trat, stand nicht dauerhaft fest auf den Beinen. Das hatte sich nunmehr bewahrheitet.

Hatte die für die islamistischen Pläne verlorene Zeit mit ihm vielleicht einen anderen Mann heranwachsen lassen, der Zarqawis Vision, ein Kalif zu werden, erfüllen konnte?

Kalif Ibrahim, der neue Stern am Kalifenhimmel

Ibrahim Awad Ibrahim al-Badri,
Kindheit, Jugend und Ausbildung

Nach Expertenmeinung führt der Tod eines Chef-Dschihadisten kaum zum Ende eines von ihm ausgerufenen Kampfes. Er geht vielmehr mit einer enormen Medienbegleitung einher und stachelt den Kampfgeist seiner Anhänger an, in ihrem Tun fortzufahren. Ein neuer Anführer muss her. Der kann natürlich nicht aus dem Nichts kommen. Um in Erscheinung zu treten, braucht er schon eine Vergangenheit. Diese ist wichtig für seine Einordnung. …

Ibrahim Awad Ibrahim al-Badri kam als drittältester von vier Söhnen zur Welt. Er wurde am 28. Juli 1971 in Samarra im Irak geboren. Die Stadt hatte damals knapp 30.000 Einwohner. Es herrschte Wüstenklima, und im Juli stiegen die Temperaturen manchmal bis über 40 °C an.

Seine Eltern hießen Awad Ibrahim Ali und Asma Fawzi Mohammed al-Dulaimi Israa Rajab Mahal al-Qaisi. Sein Vater predigte als Imam, was mit ein Grund sein dürfte für Ibrahims spätere Religiosität. Auch unter den Verwandten gab es mehrere Prediger und Religionsgelehrte, die ihm Vorbild wurden.

Auf seinem späteren Lebensweg, als er schon die Intention hatte, Kalif zu werden, behauptete Ibrahim zu Recht oder zu Unrecht, seine Familie stamme vom Stamm des Propheten ab. Einen solchen Stammbaum hatte Zarqawi nicht vorzuweisen.

Samarra lag in der Provinz Salah ad-Din und war nur 175 Kilometer von Bagdad entfernt. Die Stadt war ein bedeutender Pilgerort der Schiiten, doch Ibrahims Familie war sunnitisch.

Das Zusammenleben beider Bevölkerungsgruppen verlief zu dieser Zeit unproblematisch.

Der Junge hatte weder besonderes Charisma, noch zeigte er negative Anzeichen wie Brutalität und Grausamkeit. Bekannte erinnerten sich später an ihn als an einen schüchternen, kurzsichtigen Jungen, der sich für Fußball begeisterte, ansonsten aber eher ein Eigenbrötler war. Auf dem Gepäckträger seines Fahrrads hatte er immer Bücher über den Islam dabei und trug stets die traditionelle Gebetskappe und die weiße Dischdascha der frommen Moslems. Seine Freizeit verbrachte er mit Vorliebe in der Moschee. In der Schule wurde er einmal nicht versetzt, er war also kein Überflieger.

Ab 1980 litt sein Heimatland unter dem Golfkrieg gegen den Iran, der acht Jahre dauern sollte. Einer seiner Brüder starb in Saddam Husseins Armee. 1988, als Siebzehnjähriger, bekam er das bittere Ende des Golfkriegs mit. Der Irak hatte nicht gewinnen können. Der junge Mann zeigte jedoch kein Interesse an den damit verbundenen politischen Problemen.

1991 bestand er das Abitur mit 481 von 600 möglichen Punkten. Aus medizinischen Gründen wurde er vom Militärarzt nicht wehrfähig erklärt. Seine Kurzsichtigkeit gab den Ausschlag.

Zum Studium ging er in die Hauptstadt, wo er ab seinem 19. Lebensjahr für zehn Jahre bis 2000 in einem kleinen Zimmer lebte, das zu einer privaten Moschee gehörte. Die lag in dem von Sunniten und Schiiten bewohnten Stadtteil Tobtschi am westlichen Stadtrand von Bagdad.

Zunächst bewarb sich Ibrahim für ein Studium der Jurisprudenz, doch sein Schulabschluss war dafür nicht gut genug. Er studierte daraufhin an der Universität für Islamisches Recht, anfangs in der Abteilung für islamische Rechtsprechung und später in der für Koranwissenschaft.

Die große, liberale Stadt brachte ihn nicht von den zuhause erlernten Tugenden ab. Er machte sich beispielsweise stark dafür, dass es gegen den rechten Glauben sei, Männer und Frauen im selben Raum tanzen zu lassen, wie es in Bagdad üblich war. Er mied, anders als viele Jugendliche, den Alkohol. In einem Gesundheitszeugnis der Universität wurde erneut festgehalten, dass er kurzsichtig war.

1999 schloss Ibrahim sein Magisterstudium ab. In seiner Abschluss-
arbeit beschäftigt er sich mit Koranrezitationen. Danach arbeitete er als
Verwalter einer Moschee.

Die unaufhaltsame Wandlung zum Dschihadisten

Seine ersten extremistischen Neigungen wurden erweckt, als er einem
Mitglied der Muslimbruderschaft vorgestellt wurde. Er schloss sich der
Bruderschaft an und entwickelte sich zu einem glühenden Anhänger von
Sayyid Qutb, einem ihrer Vordenker, auf den sich viele Dschihadisten
beriefen.

Im Jahr 2000 verließ er die Gruppe. Es war nicht nach seinem Ge-
schmack, dass sie nur aus Männern des Wortes und nicht auch aus Männern der Tat bestand. Sein Radikalisierungsprozess hatte damit drei Jahre
vor der US-Invasion begonnen.

2003 wurde er im sunnitischen Widerstand aktiv und nahm den
Kampfnamen Abu Dua an. Er fühlte sich fortan als Dschihadist. Er war
bereits 32 Jahre alt.

Nach der Invasion der Amerikaner schloss er sich der Widerstandsgruppe Ansar as-Sunnah an. Sie war von sunnitischer Prägung, verfolgte
eine radikale Deutung des Islams und wollte im Irak den Heiligen Krieg
gegen die Fremdgläubigen führen.

Abu Abdallah al-Hasan bin Mahmud war der Gründer dieser Gruppe.
Er forderte wortstark den Kampf gegen die Besatzer, aber auch die Ab-
grenzung von schiitischen Gruppierungen, die nun das Übergewicht hatten. Solche Animosität war für Abu Dua neu. Er hatte zuhause und auch
während des Studiums friedlich mit Schiiten zusammengelebt. Die Feind-
seligkeit gegen sie wurde ihm nun eindrücklich eingeimpft. Die Gruppe
Ansar as-Sunnah begründete die Animosität mit der unterschiedlichen
religiösen Sicht. Sunniten sahen Mohammeds Schwiegervater Abu Bakr
als dessen richtigen Nachfolger und Kalifen, Schiiten erst seinen leiblichen
Cousin und Schwiegersohn Ali. Zudem war das Übergewicht der Schiiten

in der Ära nach Saddam, und zwar in allen Bereichen, für einen Sunniten nicht akzeptabel.

Die Widerstandsgruppe trat besonders im Süd- und Zentralirak sowie im irakischen Teil Kurdistans mit starken Parolen in Erscheinung. Sie hatte beste Beziehungen zu Zarqawis Leuten. Die Vereinigten Staaten und die Übergangsregierung vermuteten, dass sie auch mit Al-Qaida in Kontakt stand.

Bei ihren Attentaten tat sich Abu Dua nicht hervor. Aber, dank seiner Ausbildung, übernahm er den Vorsitz des Scharia-Komitees.

Noch 2003 heiratete er in der Provinz Anbar seine erste Frau.

Im Januar 2004 wurde er wegen verschiedener kleinerer Delikte verhaftet und bis Dezember in Camp Bucca interniert. Dort radikalisierte er sich weiter. Ihm kam dabei seine fundierte Religionsausbildung zugute. Er beherrschte das klassische Arabisch des Korans, der formellen Zeremonien und Predigten und war in der Lage, die Inhalte den Gefangenen nahezubringen. Er konnte sogar den charakteristischen Singsang der gebildeten Imame der großen Moschee imitieren. Bald predigte er vor Tausenden von Inhaftierten, die vor ihm in ihren gelben Gefängnisuniformen auf den Gebetsmatten knieten, fand schnell viele Gleichgesinnte, schloss Freundschaften und knüpfte Allianzen. Dabei wurde er zunehmend militant und brachte sein damit verbundenes Denken durchaus zum Ausdruck: »Den Koran in der einen Hand, das Schwert in der anderen. So führte unser Prophet seinen göttlichen Auftrag aus. Der Islam ist der Glaube derjenigen, die den Kampf und die Vergeltung schätzen«, dozierte er. Er lernte Abu Mohammad al-Adnani kennen. Den sollte er ein paar Jahre später zu seinem Stellvertreter und Sprecher ernennen.

Adnan Ismael Nadschm, ein ehemaliger Offizier Saddams, gehörte ebenfalls zu seinem neuen Freundeskreis und brachte es später unter dem Kampfnamen Abdel Rahman al-Bilawi zu seinem Kriegsminister.

Das Camp war mit über 24.000 Gefangenen stark überbelegt. Die Unterschiedlichkeit der Gefangenen bot für ihn viel Interessantes. Einstige Baathisten, Offiziere von Saddams Armee und Prediger des alten Regimes verfügten nicht nur über verwertbares Wissen, sondern waren sich mit ihm einig, in den Amerikanern und der neuen Regierung Feinde zu sehen. Abu Dua konnte gut zuhören und verfügte bald über administratives und militärisches Wissen, das ihm noch zugutekommen sollte.

Der neue irakische Premierminister Haider al-Abadi, ein Schiite, wenn auch ein gemäßigter, meinte später: »Der Kalif hat in diesem Gefängnis eine Menge Training bekommen.«

Abu Dua wurde schon im Dezember entlassen, weil man ihn nicht länger für einen Gefährder hielt. Was für eine Fehleinschätzung!

Er kehrte für sein Promotionsstudium an die Universität zurück und wurde gleichzeitig Muezzin im Stadtteil Tobdschi, der ihm schon zuvor Heimat gewesen war.

Seine Widerstandsgruppe war inzwischen im Schura-Rat aufgegangen, den Zarqawi ins Leben gerufen hatte. Dank seiner Kenntnisse wurde Abu Dua Berater für Fragen der Scharia.

Die Zusammenschlüsse der Gruppe der Aufständischen gingen weiter, und 2006 verschmolz seine Organisation im Mudschaheddin-Schura-Rat, einer Dachorganisation von zunächst sechs sunnitischen Gruppierungen.

Als Zarqawi getötet worden war, veränderte Abu Duas Position sich erneut. Die gerade erst formierte irakische Al-Qaida, der er nun angehörte, wurde umbenannt in Islamischer Staat im Irak (ISI), blieb aber der irakische Zweig von Al-Qaida. Abu Dua wirkte an einer neuen ideologischen Ausrichtung mit. Als irakischer Sunnit mit fundierten Religionskenntnissen brachte er die einzelnen Zellen der Bewegung ideologisch auf Linie, nahm den Vorsitz des ISI-Scharia-Komitees ein und wurde Mitglied des Konsultationsrats. Damit war seine Zuständigkeit nicht mehr nur auf die eines Religionsgelehrten begrenzt, er rückte vielmehr in der Hierarchie der ISI auf Rang 3 in der Gesamtorganisation auf.

Im März 2007 wurde ihm der Doktorgrad in islamischer Theologie verliehen. Seine schriftliche Arbeit trug den Titel: Die einzigartigen Perlen bei der Erläuterung des Schatibi-Gedichts.

Als der Anführer der ISI, Abu Abdullah ar-Raschid al-Al-Baghdadi, und der Kriegsminister im April 2010 nahe Tikrit durch Raketenbeschuss den Tod fanden, wurde Abu Dua einen Monat drauf zum Emir der Terrortruppe gewählt.

Samir al Chlifawi, ein Exoberst der irakischen Armee, hatte ihn massiv gedrängt, an die Spitze der Organisationen zu treten.

Abu Dua blieb aber weiterhin unsichtbar. Er wusste zu gut um die Gefährdung politischer Führer, die nicht auf Kurs der Regierung funktionierten. Man nannte ihn vielfach den unsichtbaren Scheich.

Auf dem Weg zu einem neuen Kalifat

Unter dem Namen Abu Bakr al-Baghdadi wurde er nun einer breiteren Öffentlichkeit bekannt. Der Name war kein Zeichen für eine Verwandtschaft mit seinem Vorgänger Abu Omar al-Baghdadi. Beide hatten lediglich in ihren Pseudonymen symbolische Namensteile aufgenommen: »Abu Bakr« war der erste Kalif und damit Nachfolger des Propheten gewesen, Omar bezog sich auf den Namen des zweiten Kalifen. Al-Baghdadi enthielt die Aussage, dass beide ihr angestrebtes Reich von Bagdad aus führen wollten. Abu Bakr al-Baghdadi zeigte damit deutlich, dass auch er ein Kalifat anstrebte.

Der neue Chef machte deshalb auch seine Vorstellung klar, die Grenzen zwischen Syrien und dem Irak einreißen zu wollen, um über die Grenzen hinaus einen islamischen Staat zu schaffen.

Das Jahr 2011 brachte dann in der arabischen Welt Veränderungen mit sich, die für seine Pläne einen guten Nährboden schafften.

Exkurs: Der Arabische Frühling

Man nannte es den Arabischen Frühling. Die Bezeichnung erinnerte an die politischen Veränderungen, die der Prager Frühling 1968 auslöste. Die Frankfurter Allgemeine Zeitung benutzte alternativ den Begriff »Arabellion«, eine Verschmelzung der Worte arabisch und Rebellion.

Beide Begriffe wurden zunächst positiv besetzt, denn man verband mit ihnen die Hoffnung, dass sich in der arabischen Welt die politische Lage zum Besseren wenden würde.

Diese Hoffnung schwand immer mehr, und pessimistische Auguren reden inzwischen sogar vom Arabischen Winter. ...

Im Dezember 2010 verbrannte sich der junge Tunesier Mohamed Bouazizi. Er sah als armer Gemüsehändler für sein Leben keine Perspektive, hatte die Polizeiwillkür und die vielen Demütigungen satt. Sein Tod rüttelte die Bevölkerung auf. Schnell breitete sich in dem autokratisch geführten Land eine Rebellion aus, die selbst vor Gewalt nicht zurückschreckte. Sie wurde zum Fanal für einen Flächenbrand in den Ländern Nordafrikas und des Nahen Ostens.

Millionen Menschen gingen wegen Benachteiligung und Unterdrückung auf die Straße. Sie lehnten sich gegen die diktatorischen Herrschaftssysteme auf und forderten politische Strukturen und einen Wandel durch Beteiligung an den Entscheidungsprozessen.

Die Arabellion wurde zu einem Aufstand der Jugend.

In Ägypten zum Beispiel waren zwei Drittel der Bevölkerung unter 35 Jahre alt. Eine verlorene Generation sah sich um die Teilhabe am Wohlstand, um soziale und politische Rechte betrogen. Viel zu lange schon hatten, aus ihrer Sicht, die Herrschenden Vorteile und Rechte für sich allein beansprucht. Moral spielte denen im Kampf um ihren Machterhalt keine Rolle. Die Eliten waren sogar bereit, ihre Vorteile mit Gewalt zu verteidigen.

Die Zahl junger Menschen wuchs, und die Jungen zeigten sich, durch neue Medien vernetzt, bereit zu solidarischem Handeln und Widerstand. Sie informierten sich gegenseitig über Internet und per SMS. In den Foren wie Facebook und Twitter formulierten sie ihren Protest mit großer Breitenwirkung. Wenn das Internet von der Staatsgewalt zensiert oder gar lahmgelegt wurde, wuchs die Gewaltbereitschaft auf der Straße. Das kostete vielen das Leben.

Die Arabellion destabilisierte die arabische Welt in zunehmendem Maße, denn in keinem der Länder konnte ein friedlicher Konsens über eine neue Ordnung erzielt werden. Unruhen verstetigten sich, und Machtwechsel führten zu einem Mangel an Sicherheit, bzw. die wirtschaftliche Lage verschlechterte sich. Diese Entwicklung bot den islamistischen Rebellen einen perfekten Nährboden für ihre Ziele.

Die Rechtfertigung für ihre Vorhaben fanden diese Kämpfer in fundamentalreligiösen Dogmen.

Das Staatensystem und die meisten muslimischen Nationalstaaten versanken im Chaos. Stephan J. Kramer, der Generalsekretär des Zentralrats der Juden in Deutschland, zog ein nachvollziehbares Fazit: »Der Arabische Frühling verlieh letztlich dem Islamismus, der bereit ist, den Islam auch mit Gewalt durchzusetzen, Aufwind. Dies brachte nicht nur Unruhe in die Region, sondern wurde eine Bedrohung bis hin nach Europa.«

Die Auswirkungen zeigten sich in den betroffenen Ländern unterschiedlich, hierzu eine Auswahl:

Die Gründe für die Entsendung US-amerikanischer Truppen in den Irak hatten sich als falsch erwiesen. Man hatte weder biologische noch Kernwaffen gefunden. Die Invasion erhöhte nur die Terrorgefahr im Land.

Saddam Hussein hatte schon lange den Geruch des Führers eines Pariastaates an sich gehabt. Aber er hatte verstanden, mit der sunnitischen Bevölkerungsminderheit die Geschicke seines Landes zu dominieren und den Irak als Sicherheitsfaktor im Gleichgewicht zwischen der sunnitisch-arabischen Welt und dem schiitischen Iran eine gewichtige Rolle spielen zu lassen.

Nach seinem Tode kam, bis heute, kein befriedetes Staatsgebilde zu Stande, das diese Rolle wieder übernehmen konnte.

Einer der fatalsten Fehler der Amerikaner war es, die Führungsspitze der Saddam-Armee bei der Neuorganisation des Iraks völlig auszugrenzen. Diese gut ausgebildeten Männer schlugen sich in großer Zahl auf die Seite der Dschihadisten. Mit ihnen zusammen kämpften sie mit Erfolg gegen das neue Regime. Ihre profimäßig geführten Waffengänge forderten neben den blutigen Terrorakten der Islamisten unzählige unschuldige Opfer.

Die Kurden, schon immer eine vernachlässigte Minderheit, schnupperten an einer möglichen Unabhängigkeit und boten den Feinden der Übergangsregierung zunächst willig Unterschlupf.

Anders als behauptet, haben die Amerikaner 2011 weder das Land als Sieger verlassen, noch einer vom Volk frei gewählten stabilen Regierung übergeben. Im Staatsgebiet brodelt es vielmehr chaotisch.

Am 22. Februar 2011 fanden erste Demonstrationen in Basra statt. Wenige Tage später schwappten sie auch in andere Landesteile über. Es gab viele Tote. Die hauptsächlich von Sunniten bewohnten Städte Mosul und Falludscha wurden neben den größtenteils von Schiiten bewohnten Städten Bagdad und Basra zu Hochburgen des Widerstands. Die Region Kurdistan im Nordirak stand ihnen in nichts nach.

Die Entwicklung in Syrien erlangte regionale und überregionale Bedeutung. Hunderttausende Syrer haben inzwischen ihr Leben gelassen und Millionen sind im eigenen Land auf der Flucht oder haben sich ins Ausland abgesetzt. Dies hatte dramatische Folgen für die Anrainerstaaten, aber auch für Europa. Dort hatte man vor den Wirren des Arabischen Frühlings in Syrien auf einen westlich ausgerichteten, modernen Staatsaufbau gehofft. Staatspräsident Baschar al-Assad hatte schließlich in England Augenheilkunde studiert und die westlichen Werte kennengelernt.

Er kam gänzlich ungewollt ins Amt, als sein Vater Hafiz 2000 verstarb und sein älterer Bruder Basil bei einem Autounfall ums Leben kam. In Europa sah man sich bald in den Erwartungen getäuscht. Auch Assads Frau nahm keinen Einfluss hin zu einer prowestlichen Entwicklung. Sie hatte zwar in London Wirtschaftswissenschaften nach westlicher Prägung studiert, doch zuhause nutzte sie dieses Wissen nicht. Sie machte sich zwar maßvoll für die Rechte der Frauen stark, aber von ihr gingen keine weiteren Impulse aus. Sie blieb die gehorsame Frau eines Mannes, der sich anders entschieden hatte.

Syrien wurde eine lebendige Zwischenstation für die im Irak wütenden Dschihadisten. Gleichgesinnte vereinigten sich nun auch dort in islamistischen Organisationen.

Zwischen 2005 und 2010 hatte sich das Verhältnis zu den USA schon so verschlechtert, dass es keinen US-Botschafter mehr gab. Im Januar 2011 versuchte man einen Neuanfang. Doch mit dem Beginn des Arabischen Frühlings kam der ins Stocken. Die Unruhen in den Anrainerstaaten drifteten nach Syrien über. Assad vermutete, dass die Amerikaner mit ihm ein unredliches Spiel spielen wollten. Er sah sie an der Seite der Rebellen. Denn US-Präsident Barack Obama hatte im Mai eine Grundsatzrede gehaltenen und dabei verlautbart: »Wir haben die Chance zu zeigen, dass Amerika die Würde eines Straßenverkäufers in Tunesien höher achtet als die rohe Macht eines Diktators.«

Das sagte Assad bereits genug. Seine Schergen stürmten im Juli die erst kürzlich bezogene amerikanische Botschaft. Das Ganze war als Drohgebärde gedacht. Nur eine scharfe Intervention aus dem US-Außenministerium gewährleistete einen unblutigen Ausgang. Schon fünf Wochen später zeigte der amerikanische Präsident deutlich, auf welcher Seite er stand. Er forderte Assads Rücktritt. Er versprach jedoch der Opposition keine finanzielle oder materielle Unterstützung. Schließlich hatte er sein Amt mit den Worten angetreten: »Solche Kriege wie im Irak werden wir nicht mehr führen.«

Dass Syrien für die allgemeine Rebellion anfällig geworden war, hatte ähnliche Gründe wie anderen Orts. Viel Armut herrschte im Land, soziale

Ungleichheit und Vetternwirtschaft sowie die Bereicherung der korrupten Herrschenden.

Das Regime hatte ethnische und konfessionelle Unterschiede der Bevölkerung gegeneinander ausgespielt, daraus erwuchsen permanent Spannungen. Die Willkür des Sicherheitsapparates zur Machterhaltung der Eliten wurde unerträglich. Aus zunächst friedlichen Demonstrationen entwickelten sich schließlich blutige Aufstände.

General Jamil Hassan, Chef des Geheimdienstes der syrischen Luftwaffe, war sich sicher, dass der Volksaufstand in sich zusammengefallen wäre, hätte ihm der Staatspräsident, wie einst sein Vater, mehr Härte entgegengesetzt. Die Minderheit der Alawiten, zu denen auch die Präsidentenfamilie gehört, saß in allen Schlüsselpositionen des Staates und hatte die Mehrheit der Bevölkerung über vier Jahrzehnte nach ihrem Willen geführt. Das Zaudern des Präsidenten, den aufkeimenden Unmut zu bekämpfen, hatte den Aufstand nach Meinung des Generals erst groß werden lassen. Ab da wäre jeder Versöhnungsversuch ein Zeichen von Schwäche gewesen und hätte die Gegner nur weiter angespornt. Assad hatte keine andere Wahl mehr, als bis zur letzten Patrone zu kämpfen.

Der Diktator hatte noch einen weiteren fatalen Fehler begangen. Schon als die Oppositionellen noch weitgehend friedlich agierten, nannte er sie sunnitische Terroristen.

Das brachten die Sunniten aller Anrainerstaaten gegen ihn auf. Sie hatten die Alawiten, die zum Spektrum der Schiiten gehörten, schon immer mit Misstrauen belauert.

Bald erhielten die Konfliktparteien im Land finanzielle und materielle Hilfe von anderen Staaten. Die versteckten sich hinter dem Deckmantel: Krieg gegen den Terror. In Wirklichkeit griffen sie aus Eigeninteresse ein. Der Krieg zwischen den Syrern wurde zu einem Stellvertreterkrieg für ihre Ziele. Der Iran, Russland und der Libanon standen unerschütterlich an der Seite Assads. Russland genoss, dass es militärisch wieder ein Machtfaktor auf der Weltbühne wurde, und schützte gleichzeitig seinen einzigen Hafen im Nahen Osten, der an der syrischen Küste lag.

Der Iran, im kalten Dauerkrieg mit Israel, brauchte den Nachschubweg über Syrien zu der verbündeten Hisbollah-Miliz im Libanon. Er stand außerdem mit seinem regionalen Führungsanspruch in einem sich ständig verschärfenden Konkurrenzverhältnis zu Saudi-Arabien und zur Türkei.

Die USA und Europa hatten fälschlicherweise auf einen schnellen Niedergang des Assad-Regimes gesetzt und mit den Aufständischen geliebäugelt. Das wurde für sie umso problematischer, je mehr Dschihadisten zu denen überliefen.

Die reichen sunnitischen Regime Saudi-Arabien und Katar, aber auch Israel unterstützten die Anti-Assad-Koalition. Sie taten das, schon weil ihre Länder Gegner der Schiiten im Iran und im Libanon waren. Der syrische Bürgerkrieg wurde durch diese Einflüsse gestützt und unerbittlich geführt. Mit allen erdenklichen Menschenrechtsverletzungen, wie Einsatz von Giftgas und Fassbomben gegen die eigene Bevölkerung, verlor der Krieg jegliche moralische Legitimation. Selbst vor dem Aushungern der Zivilbevölkerung machte man nicht halt.

Im Kriegsgeschehen ergaben sich immer wieder Pattsituationen. Wenn eine Seite die Oberhand gewann, wurden der schwächelnden Seite von ihren Unterstützern frische Mittel zugeführt. Berater, Waffen, Geld. Bei den diametral auseinandergehenden Interessen der Gegner blieb es bis heute unmöglich, eine Basis für Frieden zu finden.

Am 26. Januar 2011 rief die islamische Aktionsfront in Jordanien zu Protesten auf. König Abdullah bin al-Hussein kam Entwicklungen wie in Tunesien und Syrien zuvor. Er entließ die Regierung unter Ministerpräsident Samir ar-Rifai und mahnte Reformen an. Erdrückende Flüchtlingsströme aus Syrien verlangten jedoch finanzielle Kraftakte und führten zu Einsparungsnotwendigkeiten im Haushalt. Subventionskürzungen auf Gas, Benzin und Diesel trafen besonders die Ärmeren und ließen zum Jahreswechsel 2012 auf 2013 erneut Unruhen aufkommen. Ausländische Dschihadisten suchten das noch vergleichsweise wohlhabende Land heim und deckten sich nicht nur mit Luxusgütern ein, die es sonst nirgendwo mehr gab, sondern zeigten auch mit Terrorakten ihre Präsenz und Ziele. Dagegen befahl der König rigides Vorgehen. Er setzte mit Erfolg auf seinen berüchtigten Geheimdienst Muchabarat. Ihm gelang es, den Status quo fürs Erste zu bewahren. Ob dieser Erfolg nachhaltig sein wird, ist abzuwarten.

Eine Massenbewegung wurde in Ägypten erst durch die neuen Medien möglich. Schon 2010 schuf der Ägypter Wael Ghoneim die Facebook-Gruppe: Wir sind alle Khalid Said. Sie hatte schnell drei Millionen Anhänger.

Khalid Said war einer der ersten Blogger gewesen und im Juni 2010 auf offener Straße zu Tode geprügelt worden. Er wurde zum Fixpunkt für alle Unzufriedenen im Land.

Der offene Aufstand in Ägypten begann am 25. Januar 2011 mit dem Tag des Zorns. Er brachte aber die erhofften Veränderungen nicht. Staatspräsident Husni Mubarak hatte, trotz allem, was man ihm moralisch vorwerfen konnte, für eine halbwegs stabile Grundordnung gesorgt, auch wenn seit nahezu 30 Jahren Notstandsgesetze in Kraft waren. Nun trat er zurück. Ein Militärrat übernahm die Macht und versprach freie Wahlen. Bei denen gewannen die Muslimbrüder und andere islamistische Parteien zwischen 2011 und 2012 über 70 % der Stimmen und damit die Mehrheit im Parlament.

Viele der Gewinner träumten von Vereinigten Arabischen Staaten mit der Hauptstadt Jerusalem und outeten sich als Dschihadisten. Muslimbrüder waren in früheren Zeiten als Terroristen verboten gewesen. Mohammed Mursi, selbst ein Muslimbruder und nur ein wenig geläutert, gewann die Präsidentschaftswahl. Die Landbevölkerung hatte zum wiederholten Mal die gebildeten Städter und die Arbeiterschaft überstimmt. Mit einer neuen Verfassung wurde, ganz im Sinne der Altvorderen, das Gesetz der Scharia eingeführt. Dadurch entstanden nun auch in Ägypten fundamentale Abweichungen zum abendländischen Rechtsverständnis.

Mursi stolperte über den Versuch, sich zusätzliche Machtbefugnisse gegenüber der Justiz einzuräumen. Durch das Militär kam der ehemalige Beamte Mubaraks, Adli Mansur, als Interimspräsident an die Macht. Ihm folgte nach Neuwahlen im Mai 2014 Abd al-Fattah as-Sisi. Auch unter seiner Regierung blieb das ägyptische Volk gespalten. Terrorakte als Zeichen des Unmuts blieben die Regel.

Die christlichen Kopten wurden besonders zum Ziel muslimischer Gewalt. Sie hatten zuvor als Minderheit mit den Moslems friedlich zusammengelebt. Die Wirtschaft lag am Boden. Eine Scheinstabilität wurde nur mithilfe westlicher Finanzströme, besonders als Militärhilfe, vorgegaukelt. Der gebeutelte, rückläufige Tourismus, eine wichtige Quelle der Staatseinnahmen, sprach eine andere Sprache.

Am 18. Februar 2011 kam es zu Massendemonstrationen in der libyschen Hafenstadt Banghazi und durch den harten Eingriff des Militärs gegen den Widerstand der Straße zu Dutzenden von Toten. In einigen Landesteilen Libyens ergaben sich schnell bürgerkriegsähnliche Zustände.

Ein nationaler Sicherheitsrat, unterstützt mit Luftschlägen von NATO-Truppen, die auf zweifelhafter Rechtsgrundlage eingriffen, bekam die meisten Regionen einschließlich der Hauptstadt Tripolis unter Kontrolle. Die Aktion der NATO hatte durchaus neokolonialistische Züge, und Muammar al-Gaddafi wurde gestürzt. Er hatte in einem Interview mit dem französischen Journal du Dimanche bis zum bitteren Ende vor dem Eingriff gewarnt: »Wenn ihr mich destabilisiert, werdet ihr Verwirrung stiften und Rebellenhaufen begünstigen. Ihr werdet von einer Immigrationswelle aus Afrika überschwemmt werden, und Al-Qaida wird sich in Nordafrika einrichten. Die Anarchie wird sich von Pakistan und Afghanistan bis nach Nordafrika ausbreiten.« Die Warnung blieb ungehört. Im Oktober wurde al-Gaddafi nahe seiner Heimatstadt Sirte aufgegriffen und kam durch Schussverletzungen zu Tode.

Seine Vorhersage zum neu entstandenen politischen Umfeld war eher zu optimistisch gewesen. In Libyen stand man vor einem Scherbenhaufen. Nach 42-jähriger diktatorischer Herrschaft gab es im Land keinerlei Erfahrung mit politischen Parteien und demokratischen Strukturen. Schnell entschloss man sich zu Altbewährtem. Nach den Wahlen 2012 führte die neue Regierung die Scharia ein. Immer noch instabile Verhältnisse verlängerten den Bürgerkrieg bis 2015. Erst dann schloss man einen Friedensvertrag und vereinbarte, bis 2018 das Stadtgefüge auf neue, sichere Grundlagen zu stellen. Man wird sehen!

Demonstrationen nach den Freitagsgebeten trafen die Herrscherfamilie Saudi-Arabiens am 26. Januar 2011 völlig unerwartet. Auftretende Infrastrukturprobleme nach heftigen Regenfällen waren die Hauptgründe dafür. »Die Demonstrationen und Kundgebungen widersprechen islamischem Recht«, wurde offiziell erklärt, und das Militär griff hart ein. Bescheidene Geldzuwendungen an die Bevölkerung und kleinere Zugeständnisse, besonders gegenüber Frauen, gingen damit einher. Beruhigt wurde die Stimmung im Hauptbollwerk der sunnitischen Glaubensrichtung wohl nur an der Oberfläche. Die Furcht vor dem Hegemonialstreben und dem Atomprogramm des Irans bestimmte jedoch alsbald wieder die allgemeine Stimmung und hielt die Feindschaft gegen den Syrer Assad hoch.

Abu Bakr al-Baghdadi wird Kalif Ibrahim

Ein Ereignis am 1. Mai 2011 machte al-Baghdadi über Nacht zum wichtigsten Chef aller islamistischen Organisationen.

Seit August 2010 hatten die Amerikaner erste Hinweise auf den Unterschlupf von Osama bin Laden gehabt. Die CIA hatte nach vielen Fehlversuchen einem Kurier des Al-Qaida-Chefs folgen können und dessen Aufenthaltsort entdeckt. Abu Ahmad al-Kuwaiti wurde für seinen Chef zum Kurier des Todes.

Die CIA fokussierte sich nun auf einen stark gesicherten Gebäudekomplex in Abbottabad, 55 Kilometer nördlich der pakistanischen Hauptstadt Islamabad. Der Komplex stand, wie ein Fremdkörper, etwas abgesondert von anderen Gebäuden des Ortes. Dann wurden allerlei Planspiele vorgenommen, wie man den Terroristenführer endgültig aus dem Spiel nehmen könnte.

Am 1. Mai 2011 war es so weit. Die CIA hatte einen Militäreinsatz vorbereitet und US-Präsident Barack Obama seine Durchführung befohlen. Der CIA waren für die Aktion Extraeinheiten des United States Joint Special Operations Command (JSOC) unterstellt worden. Die Operation erhielt den Namen Neptune's Spear, denn der Dreizack des römischen Meeresgottes Neptun war Bestandteil der Insignien der Spezialeinheit Red Squadron, der United States Navy Seals, die für die Aktion ausgewählt worden war.

Vizeadmiral McRaven leitete die Operation von der Bagram Air Base, dem Hauptquartier der Vereinigten Staaten in Afghanistan, aus.

In der Nacht vom 1. auf den 2. Mai wurde für 79 Soldaten und einen Minenhund von dort aus ein Lufttransport Richtung Abbottabad organisiert.

Die Soldaten wurden mit vier Kampfhelikoptern in das Zielgebiet geflogen. Zwei Hubschrauber flogen das Anwesen an, zwei sollten in der näheren Umgebung in Wartestellung bleiben. Beim Anflug ereignete sich ein Unfall. Eine Maschine kam in einen Sog, musste notlanden und prallte mit einem Heckrotor gegen eine Mauer. Sie wurde so sehr beschädigt, dass die Besatzung sie zurücklassen und sprengen musste.

Die Hubschrauber verfügten über Tarnkappentechnik, was erklärte, dass sie unbemerkt den pakistanischen Luftraum bis nach Afghanistan queren konnten.

Jeweils zwölf Mann seilten sich aus zwei der Hubschrauber ab, landeten im Innenhof und sprengten sich den Weg in die Gebäude frei.

Abu Ahmad al-Kuwaiti entdeckte sie aus dem Fenster im Parterre eines Nebengebäudes und eröffnete das Feuer auf sie. Er wurde, wie auch seine Frau, nach kurzem Gefecht erschossen. Alle Amerikaner blieben unverletzt. Die zweite Gruppe der Red Squadrons stürmte das Hauptgebäude, traf dort auf den Bruder al-Kuwaitis und erschoss auch ihn, genauso wie ein Sohn bin Ladens, der über das Treppengeländer schaute.

Nun war der Weg bis in das zweite Stockwerk frei, wo sich das Schlafzimmer bin Ladens befand. Der Rebellenführer hielt sich dort mit seiner jüngsten Frau und einer Tochter auf. Als bin Laden eine unkontrollierte Bewegung machte, erschossen die Soldaten ihn sofort von der Tür aus. Bin Laden, seine Frau und die Tochter starben im Kugelhagel. Die Tötung entsprach den erteilten Vollmachten. Der US-Präsident hatte der Sicherheit der Soldaten höhere Priorität eingeräumt als dem Überleben des Rebellen. Die gesamte Aktion wurde mithilfe von Helmkameras aufgezeichnet und ins Weiße Haus übertragen.

Der Nationale Sicherheitsrat verfolgte das Vorgehen der Spezialeinheit von dort aus. Die Red Squadrons trafen auf circa 25 Personen, darunter einige Frauen und Kinder. Sie durchsuchten akribisch alle Gebäude, fesselten die Überlebenden, sammelten wichtiges Material, wie Waffen, Computer, Speichermedien und Mobiltelefone ein und requirierten alle schriftlichen Unterlagen.

Die Aktion dauerte nur 40 Minuten, dann zog die Gruppe mit der Leiche des Al-Qaida-Chefs ab und flog zum Flugzeugträger USS Carl Vinson. Dem Leichnam bin Ladens wurden Gewebeproben entnommen, um über einen DNA-Vergleich mit seiner Schwester seine Identität 100%ig bestätigen zu können. Bin Ladens Körper wurde sodann nach islamischem Brauch gewaschen und an unbekannter Stelle im Arabischen Meer beigesetzt.

Noch am 1. Mai, 23:35 Uhr Ortszeit, hielt der US-Präsident eine Pressekonferenz ab und erklärte den Staatsfeind Nummer eins Amerikas für tot. Zunächst setzte weltweit Erleichterung ein, dann mehrten sich die Stimmen, bin Laden hätte vor ein Gericht gehört. Zusätzlich wuchs die Angst vor Racheakten. Weltweit verschärfte man die Sicherheitsmaßnahmen.

Zwischenzeitlich veröffentlichten die Amerikaner das Tagebuch des Chefterroristen, das sie bei der Tötungsaktion mitgenommen hatten. Es hat 228 Seiten und ist noch nicht aus dem Arabischen übersetzt. Es werden wichtige Erkenntnisse erwartet, doch die Auswertung des umfangreichen Materials wird noch lange Zeit beanspruchen.

Im August 2011 begann al-Baghdadi damit, sein angekündigtes Ziel zu verwirklichen. Seine Organisation expandierte Richtung Syrien.

Samir al-Khleifawi, der inzwischen den Kampfnamen Haji Bakr führte, wurde zu al-Baghdadis Stellvertreter in Syrien. Er brachte große taktische Erfahrung aus der Zeit als Colonel in Saddams Armee mit und war inzwischen Kopf des Militärrats und strategischer Vordenker des ISI geworden. Nun übernahm er es, in Syrien eine Schwesterorganisation zu führen.

Man nannte sie Dschabat al-Nusra. Ihre Mitglieder sollten Seite an Seite mit anderen Rebellen gegen Assad kämpfen. Al-Baghdadi hatte vorgegeben, sich zunächst mit Grausamkeiten zurückzuhalten, wie man sie von Zarqawi gewohnt gewesen war. Er wollte nicht auf der Grundlage von Angst herrschen, sondern suchte das Vertrauen und die Billigung der Bevölkerung zu gewinnen.

Samir al-Khleifawi griff trotzdem in den von Rebellen kontrollierten Gebieten Syriens auf das Netzwerk Zarqawis zurück. Er infiltrierte kleinere Städte und gewann mit wohldurchdachten Maßnahmen das Vertrauen der Bevölkerung.

Assad hatte gerade eine Amnestie ausgesprochen, und bald standen al Chlifawi viele potentielle Kämpfer zu Verfügung. Er konnte überwiegend auf Syrer zurückgreifen, um die junge Organisation zu stärken.

Die eintretenden Erfolge hatten unerwünschte Nebeneffekte. Im Oktober erklärten die Amerikaner al-Baghdadi zum Topterroristen und setzten auf ihn eine Kopfprämie von 10 Millionen Dollar aus. Im Dezember wurde die Summe auf 25 Millionen erhöht. Es existierten allerdings nur zwei sehr verschwommene Fahndungsbilder von ihm. So blieb er das Phantom, der unsichtbare Scheich, und wurde nicht gefasst.

Zu Beginn 2012 war die al-Nusra-Front bereits ein starker Partner im Kampf gegen Assad und setzte zunehmend Zeichen. Ein Bombenanschlag direkt vor einem Sicherheitsbüro des Diktators brachte nicht nur 40 Tote, sondern zeigte, dass es al-Nusra ernst war. Sie gab ihre Behutsamkeit immer mehr auf und warb bald sogar mit einem Videoclip von dieser blutigen Tat. Ausländische Sympathisanten wurden davon angesprochen und strömten zuhauf über die türkische Grenze, um bei al-Nusra mitzukämpfen.

Schüsse an der Grenze zwischen Syrien und der Türkei waren für diese Rekruten beim Grenzübertritt keine Gefahr. Darüber belehrte schon das Empfangskomitee die neuen Kämpfer: »Die sind auf unserer Seite und schießen nur in die Luft!«

Al-Baghdadis Aktionen erregten nicht nur Aufmerksamkeit, auch die Geldtaschen mächtiger Sympathisanten öffneten sich nun. Ein wahrer Geldsegen kam aus den reichen Ölländern, insbesondere aus Katar, Kuwait und Saudi-Arabien. Jordanien beunruhigte diese Entwicklung. Der König ordnete an, alles zu tun, um weitere Terroristen aus seinem Land fernzuhalten. Er konnte aber nicht verhindern, dass viele Bürgerkriegsflüchtlinge aus Syrien in Jordanien Asyl suchten. Das Flüchtlingslager Zaatari beherbergte Mitte 2012 bereits 30.000 Menschen und schwoll bis Ende des Jahres auf 150.000 Bewohner an.

Dem Drängen des Königs auf Hilfe gaben die Amerikaner nur zögerlich nach. Sie bezahlten den Männern 150 Dollar pro Monat, wenn sie nach Syrien zurückzukehrten und gegen Assad kämpften. Wer diesen Weg ging, schloss sich meist dem ISI an. Dort wurde nochmals gut bezahlt. Die wachsende Zahl von ISI-Kämpfern sollte für Jordanien später zum Bumerang werden.

Der Werdegang eines Kämpfers verdeutlicht, wie ISI solche Kämpfer umwarb:

Ein 27-jähriger Programmierer erhielt ein gutes Handgeld, dann wurde er, im Stil seines Idols Zarqawi, mit schwarzer Kampfkleidung ausgestattet. Wie im Koran beschrieben, trat er mit langem strähnigen Haar, schwarzer Kappe und Bart den Dienst beim ISI an und durfte sich einen Kampfnamen wählen. Er entschied sich für den Namen Abu Wahib. Seine Ausbildung war nur kurz. Dann kam schon der Einsatzbefehl. Er wurde zur Sicherung der Schnellstraße zwischen dem Irak und Syrien abgestellt. Man räumte ihm das erste Mal in seinem Leben viele Freiheiten ein. Er war rasch von der eigenen Machtfülle berauscht. Lkw-Fahrer, die seine Überprüfung nicht bestanden, tötete er selbst mit Schüssen in den Rücken und ließ sich dabei sogar filmen. Mit Vorliebe wurde er zum Mörder, wenn er Fernfahrer als Schiiten entlarven konnte. Er fragte dafür Korantexte ab, und wenn er falsche Antworten zu hören bekam, tötete er sofort. Seine Eitelkeit wurde Abu Wahib zum Verhängnis. Er stellte die Filme ins Netz. Ein speziell auf ihn ausgerichteter Gegenschlag kostete ihn das Leben. Wie es mit ihm zu Ende gegangen war, wurde bei der Rekrutenanwerbung natürlich verschwiegen.

Das Dschihadistenleben war meist nur kurz. Schnell musste Ersatz rekrutiert werden. Videos ihrer Mordbrennerei glorifizierten ihr Heldenleben und halfen, für die Toten Ersatz zu finden. Werbemaßnahmen dafür wurden von ISI ständig optimiert. Die Einzelschicksale der getöteten Kämpfer spielten für sie keine Rolle.

ISI entwickelte sich zu einem mächtigen Gegner Assads. Aus aller Welt schlossen sich die Islamisten an. Diese Männer aus Afghanistan, Bosnien, Libyen und auch Syrien brachten Jahre an Kampferfahrung mit. Da sich die Pattsituation auf dem Schlachtfeld ständig zu Ungunsten Assads verschob, nahm dessen Unterstützung aus dem Iran und aus Russland zu.

Die amerikanische Außenministerin Hillary Clinton glaubte zu wissen, wohin die Reise ging. Sie warnte vor einer regionalen Katastrophe, einem Ausufern der Kämpfe auf das gesamte Gebiet zwischen Irak und dem Libanon und sagte enorme Flüchtlingsbewegungen vorher. Auch vor dem Zuzug ausgebildeter Dschihadisten nach Europa und in die USA warnte sie. Für einen Moment sah es danach aus, als würde sich Präsident Obama umstimmen lassen und den gemäßigten Rebellen in Syrien Waffenhilfe leisten, damit weder Assad noch die Terroristen Vorteile zögen. Doch letztlich hielt sich der amerikanische Präsident zurück.

Im März eroberten ISI, mit anderen Aufständischen gemeinsam, Rakka. Damit wurde die Ansage al-Baghdadis, eigenes Territorium zu erobern, auch für eine Großstadt wahr. Rakka lag im Osten Syriens am nördlichen Ufer des Euphrats. Rakka war Provinzhauptstadt und hatte über 220.000 Einwohner. Zeitweilig waren zusätzlich bis zu 800.000 Flüchtlinge in Auffanglagern. Rakka platzte aus allen Nähten.

Die Gruppe Ahrar al-Scham hatte den Eroberungszug angeführt. Allen teilnehmenden Kämpfern war die Feindschaft mit den Schiiten gemein. Als eine erste Strafmaßnahme wurden die schiitische Moschee Ammar ibn Yasir entweiht und deren Schreine zerstört.

Bald folgte jedoch auch die christlich-orthodoxe Kirche Sayyida al-Bishara. Sie wurde in Brand gesetzt, nachdem zuvor Kreuze und Bilder von den Wänden gerissen worden waren.

Am 9. April 2013 wagte al-Baghdadi die nächste Machtprobe. Er proklamierte einseitig die ISIS, den islamischen Staat im Irak und Syrien und ließ darin ISI und die al-Nusra-Front aufgehen.

Der syrische Anführer von al-Nusra, Jabhat an-Nusra, und Ayman al Zawahiri, der neue Chef von Al-Qaida, wehrten sich gegen diese Vereinigung. Al-Baghdadi gab nicht nach, und bald wütete ein Verdrängungskampf zwischen den Organisationen, bei dem er Sieger blieb. Er brachte die meisten gegnerischen Kämpfer auf seine Seite und konnte sich mit ihrer Hilfe vermehrt dem wirklichen Feind widmen. Die al-Nusra-Front blieb trotz der vielen Fahnenflüchtigen bestehen.

Für seine Territorialpläne brauchte er eine Verwaltung. Er schuf Ablaufdiagramme für Verwaltungsgänge wie das Einholen von Genehmigungen für Bestellungen, Käufe und Verkäufe. Dabei konnte er auf bewährte Vorlagen von Al-Qaida zurückgreifen.

Er nahm entsprechende Umstrukturierungen in der Organisation vor. Der islamische Staat bekam, wie andere Staaten, eine Regierung. Al-Baghdadi bildete mit zwei Stellvertretern, einem für den Irak sowie einem für Syrien, die Exekutive. Nebengeordnet wurden sieben Gouverneure für die Provinzen im Irak und fünf für die in Syrien. Das angeschlossene Kriegsbüro stand für Ausrüstung, Anschläge und Selbstmordattentäter. Der Führungsrat war für Gesetze und Strategien, der Schura-Rat für religiöse und militärische Angelegenheiten zuständig.

Er benannte Sonderabteilungen für Sicherheit, Finanzen, Ausbildung, Rekrutierung, Provinzen, Logistik, Social Media und sogar für die Beaufsichtigung von Selbstmordattentäter. Die sollten von den regulären Kämpfern abgeschirmt bleiben, damit sie besser zu indoktrinieren waren.

Spätere Ergänzungen der Führungsebene zeigten die Flexibilität des Systems. Bald kamen ein Ölminister, ein PR-Manager, ein Sachverständiger für Hinrichtungen und ein Beauftragter für Enthauptungen hinzu.

Er setzte unter den Gouverneuren Scharia-Berater und Militärkommandanten ein, die alle Aktivitäten im Irak und Syrien vor Ort überwachten und leiteten.

Im August übernahm ISIS allein die Macht in Rakka und vertrieb die anderen Rebellen. Es mutete wie ein Wunder an, dass nur 4000 Kämpfer diesen Kraftakt schafften. Aber sie waren die Bestausgebildetsten und hatten zu allem bereite Selbstmordattentäter in ihren Reihen.

Nach dem Sieg fuhren die Dschihadisten jubelnd durch die Straßen. Der Emir der al-Nusra-Front, der in Rakka verblieben war, wurde hingerichtet und ein Emir des ISIS eingesetzt. Per Twitter verbreitete ein Sprecher die Ruhmestat: »ISIS hat den Willen Gottes auf den Emir der al-Nusra angewandt«, teilte er mit.

Das von ISIS kontrollierte Gebiet erstreckte sich nun schon über 300 Ki-

lometer den Euphrat entlang Richtung irakische Grenze. Auch die öl-
reiche syrische Provinz Deir ez-Zor mit ihren Raffinerien nahm ISIS in
Besitz. Mit Rohölverkäufen bis in die Türkei und selbst an die Armee von
Assad füllte er, wie mit Schutzgelderpressung, die Kriegskasse auf.

Er hatte beim Vormarsch oft leichtes Spiel. Zu viele Kampfparteien zer-
fleischten sich untereinander so lange, bis beide Seiten zu schwach waren,
die Stellung zu halten. Dann konnte ISIS kampflos in den von den anderen
freigegebenen Raum vorstoßen.

Der neue ISIS-Emir kehrte mit hartem Besen. Rakka wurde zur ersten
Stadt, deren gesamte Bevölkerung sich den Regeln des Islamischen Staates
unterwerfen musste. Rund um die Stadt wurden Checkpoints eingerichtet. Dort patrouillierten langhaarige, bärtige Krieger mit finsterer Mienen,
Kalaschnikows und Pistolen. Alle, die passieren wollten, verstummten bei
ihrem Anblick und senkten ängstlich die Augen. Papiere wurden bereit-
gehalten und Paare waren angehalten, eine Heiratsurkunde vorweisen.
Ohne sie war ein Zusammenreisen von Mann und Frau unschicklich
und wurde bestraft.

Eine Behörde für alle Verwaltungsakte und alle Überwachungsmaß-
nahmen wurde gegründet. Sie unterhielt ein eigenes Gericht, natürlich
streng nach der Scharia ausgerichtet. Seine Zuständigkeit galt schlussendlich für alles. ISIS herrschte mittels Angstmache. Alles wurde reglemen-
tiert, und Übertretungen wurden rigoros bestraft.

Am schlimmsten traf es die Frauen. Für sie galt Vollverschleierung.
Jedwede Fortbildung war verboten. In öffentlichen Verkehrsmitteln durften sie nicht einmal neben ihrem Gatten sitzen. Ohne männliche Begleitung war das Flanieren in der Öffentlichkeit ein Sakrileg. Medikamente
wurden an Frauen ohne zulässige männliche Begleitung überhaupt nicht
verkauft. Apotheker durften sich nämlich nicht mit ihnen allein in der
Apotheke aufhalten.

Das Einhalten der Gebote überwachten verschleierte Soldatinnen, die
auf der Straße patrouillierten. Wenn denen der Burkastoff junger Mädchen zu dünn erschien, wurden die geschlagen oder verhaftet.

Vergewaltigungen durch Kämpfer, speziell durch ausländische, wurden zur Tagesordnung. Man fahndete nicht nach den Vergewaltigern, sondern strafte die geschändeten Frauen. Sie wurden gesteinigt. Unverheiratete, die schwanger wurden, erlitten das gleiche Schicksal.

Das Rauchen, der Genuss von Alkohol und das Hören von weltlicher Musik waren verboten. Äußerstenfalls hört man im Radio Hymnen, die den Führer al-Baghdadi priesen: »Du verbreitest Furcht unter deinen Feinden«, erscholl es in den Gesängen. »Die Frauen des Paradieses rufen, ich melde mich freiwillig als Märtyrer. Unsere Schwerter glänzen.« …

Jedes Freizeitvergnügen in Cafés, Bars, Kinos und Theatern wurde untersagt. Zuwiderhandeln wurde mit dem Tod bestraft.

Auch Fußball und andere Sportarten galten nach den ISIS-Zensoren als zu westlich und wurden verboten.

Vier beliebte Spieler wurden auf dem Stadtplatz vor den Augen von Kindern enthauptet. Der Platz war nach außen hin gut abgegrenzt und fast wie eine Arena gestaltet. Mitten in der Stadt gelegen, pulsierte auf ihm das Leben. Was dort passierte, wurde der ganzen Stadt bekannt. Deshalb wurde er als Hinrichtungsstätte ausgewählt.

Öffentliche Exekutionen wurden zur Tagesordnung. Journalisten, Juristen und Ärzte gehörten in besonderem Maße zu den Delinquenten. Ihre abgeschlagenen Köpfe wurden zur Abschreckung auf Zaunspitzen gesetzt.

ISIS-Rebellen erschossen gefangene Soldaten des Assad-Regimes auf offener Straße. Das Auspeitschen von Schuldigen sowie das Abhacken der Hände von Dieben wurden von ihnen als öffentliche Schauspiele zelebriert.

Christen erfuhren eine verschärfte Behandlung. Sie wurden mit einer besonderen Kopfsteuer belegt und durften nicht öffentlich beten. Viele wurden wie Sklaven behandelt oder getötet, wenn sie nicht konvertierten.

Der Handel und das Handwerk wurden durch Auflagen lahmgelegt, auf jeden Fall behindert. Schaufensterpuppen mussten die Gesichter verhängt werden. Auf den Märkten verschwanden Gesichter von Frauen auf Verpackungen, zum Beispiel von Haarfärbemitteln. Die Anweisungen zum Übermalen der Verpackungen kamen von der Hisbah, der islamischen Polizei. Das Tragen von Jeans, das Benutzen von Haargel, westliche Haarschnitte sowie das Rasieren der Bärte standen unter Strafe. Westliche Nahrungsmittel wie Energiedrinks, Brühwürfel und Dosensuppen kamen auf den Index. Die darin verarbeiteten Tiere waren nicht nach den Regeln des Islams geschlachtet.

Kinder erfuhren eine äußerst einseitige Ausbildung. Man lehrte sie den Koran und verherrlichte den Dschihad.

ISIS brauchte schließlich ständig neue Rekruten, und wenn nur als Kanonenfutter. Jungen wurden von Kämpfern auf der Straße angesprochen, zu Rundfahrten in die Wagen gelockt und mit Geschenken und Versprechungen neugierig gemacht. Unter ihnen waren viele verwaist und ohne ein Zuhause. Halb verhungert und verwahrlost ließen sie sich gern überzeugen.

Sie fuhren dann willig mit in die Jugendcamps außerhalb der Stadt. Nötigenfalls wurde auch Zwang auf sie ausgeübt. In Schnellkursen brachte man ihnen bei, Gewehre abzufeuern oder als Selbstmordattentäter Lastwagen in Ziele zu steuern. Für die jungen Menschen war das zunächst ein spannendes Spiel. Sie übersahen das Ende nicht.

Die Erkenntnis und die Ängste kamen erst in allerletzter Minute. Keiner der Jungen schlief in der Nacht vor dem Einsatz. Sie verstanden auf einmal, dass sie am nächsten Tag anderen Menschen den Tod bringen sollten und auch selbst vor dem Tod standen. Das machte ihnen Angst und hielt sie wach. Sie hatten kein Entscheidungsrecht, an der Aktion teilzunehmen oder nicht. Ihre Ausbilder gaben mit einem Mal alles Schmeicheln auf, sie sahen sie grimmig an und ihr Ton wurde rau. Furcht band die Jungen an die eingebläuten Ideale und machte sie zu folgsamen Mördern.

Die brutalsten Kämpfer des ISIS waren Ausländer. Ihnen wurden viele Vorteile eingeräumt. Sie wohnten in den besseren Häusern und Villen, und auch die Verbote für Tabak und Alkohol wurden bei ihnen nicht genau kontrolliert. Sie fuhren die besseren Pkws und mussten selten an vorderster Front kämpfen. ISIS pflegte eine Zweiklassengesellschaft, was bald zu Querelen führte.

Viele Einwohner Rakkas hatten eine ehrliche Schulung nach dem Koran erhofft. Doch die Ungerechtigkeit, Gängelungen und Grausamkeiten machten sie, zuerst heimlich, bald offen, widerspenstig.

Neben der Gebietseroberung war al-Baghdadi eine weitere Großtat wichtig. Er nannte sie die Zerstörung der Tore. Schon im Juli griffen mehrere Selbstmordattentäter und Kämpfer mit Mörsergranaten die zwei größten Gefängnisse im Irak an. Über 500 Häftlinge wurden befreit, darunter viele Dschihadisten, die zu ISIS überliefen.

Im Januar 2014 erschütterte den Irak ein Aufstand, an dem sich ISIS beteiligte. Zunächst musste al-Baghdadi jedoch einen herben Rückschlag hinnehmen. Haji Bakr wurde von schiitischen Rebellen in Aleppo getötet. Unterlagen, die man in seinem Haus fand, belegten seine enorme Bedeutung für die Terrororganisation. Er hatte genaue Pläne für die Eroberung und spätere Verwaltung der Gebiete Syriens und des Iraks hinterlassen. Al-Baghdadi schwor, sie in die Tat umzusetzen.

Im April, nach den 3. Parlamentswahlen nach Saddam, erhielt Ministerpräsident Maliki keine Mehrheit für eine weitere Amtszeit. Eine Pattsituation bescherte ein Machtvakuum, in das ISIS mit einer Angriffswelle stieß. Nun konnte al-Baghdadi auch im Irak beweisen, wie ernst es ihm mit dem Heiligen Krieg und seinem Hunger auf einen Territorialstaat war. Seine Kämpfer waren, anders als die islamistischen Milizen im Syrienkrieg, nicht zuletzt dank Haji Bakr, straff organisiert, verfügten über ausgebildete Soldaten der ehemaligen Saddam-Armee und zehrten von der Kampferfahrung Hunderter ausländischer Dschihadisten.

Schnell besetzte ISIS die Stadt Tal Afar, die zwischen der syrischen Grenze und Mossul lag.

Nun war Sommer im Nordirak. Doch die Hitze dämpfte die Kampfbereitschaft des ISIS nicht. Mossul, die zweitgrößte Stadt des Landes, wurde am 10. Juni 2014 das Angriffsziel.

Al-Baghdadi hatte nur wenige tausend Kämpfer für die Eroberung der Stadt zur Verfügung. Das war für eine Terrororganisation eine stolze Zahl. Da den Terroristen jedoch eine Armee entgegenstand, mutete sie eher bescheiden an.

Doch Al-Baghdadi hatte sinnvolle Vorbereitungen getroffen. Ihm kam zudem die Lähmung der Regierung nach dem Wahlergebnis zupass. In Mossul hatte er vorplanend geheime Zellen aufgebaut, die nun auf seinen Ruf hin erwachten. Zu ihnen gehörten mehrere frühere Top-Kommandeure des Saddam-Regimes. Schläferzellen im Hinterland griffen mit Bombenattentaten unterstützend in das Kampfgeschehen ein. Mit sunnitischen Stammeskriegern schloss er kurzzeitig Bündnisse.

Mossul war schon immer eine Hochburg sunnitischer Anhänger der früheren Baath-Partei gewesen. Viele Exsoldaten, die nach dem Sturz des Diktators von der neuen, schiitisch dominierten Zentralregierung in Bagdad entlassen worden waren, liefen mit wehenden Fahnen zu den ISIS-Kämpfern über und verstärkten ihre Reihen mit militärischer Kompetenz. Die irakische Armee setze diesem Kampfeswillen nichts Vergleichbares entgegen. Hunderte Soldaten desertierten sogar und liefen ebenfalls über. Die Offiziere waren ihren Soldaten dabei die denkbar schlechtesten Vorbilder.

Reichlich Beute, Waffen, Kampfwagen, Panzer, Fahrzeuge und Munition fielen ISIS kampflos in die Hände. Allein 2300 eroberte Panzerfahrzeuge, die die Amerikaner erst kürzlich geliefert hatten, waren mehrere 100 Millionen Dollar wert. Al-Baghdadis Männer durchbrachen mit einer Hit-and-Run-Taktik auf Pick-ups und erbeuteten Humvees die Frontlinie. Gefangene wurden nach Religionszugehörigkeit getrennt. Sunniten wurden begnadigt, wenn sie sich ihnen anschlossen, Schiiten, Jesiden, Christen und Kurden zu Tausenden getötet.

Die schlecht geführten Soldaten der irakischen Armee waren bald auf der Flucht, und die Stadt fiel in die Hände der Dschihadisten. In den Straßen jubelte man den Eroberern zu. Es gab allerdings auch Tausende Menschen mit Vorbehalten, speziell Andersgläubige. Sie flüchteten und suchten in einem Flüchtlingslager von Erbil, der Hauptstadt des kurdischen Autonomiegebiets, Unterschlupf. Sie zogen ein Leben in ungezieferverseuchten Zelten der Gefahr marodierender Terroristen in Mossul vor. In der Stadt wütete das Regime nicht so extrem wie in Rakka. ISIS passte sich den lokalen Gegebenheiten an. Doch die Zurückgebliebenen lebten auch hier ständig in der Angst, von Zuträgern als Gegner des Islamischen Staates angeschwärzt zu werden. Dann wurden auch sie von Dschihadisten verschleppt, verhört, gequält und getötet. Nur sehr selten wurden sie nach erlittenen Torturen wieder freigelassen. Horrorberichte über Untaten schürten die Angst in der Stadt. Bilder standen im Internet, auf denen die Terroristen 1700 Studenten einer Luftwaffenhochschule massakrierten.

Neben diesen Willkürmaßnahmen kümmerten sich ISIS-Kämpfer aber auch um den Wiederaufbau der zerstörten Infrastruktur. Straßen wurden repariert, der öffentliche Busverkehr neu organisiert und Krankenhäuser instandgesetzt. Suppenküchen für Arme wurden errichtet. Günstige Preise für Grundnahrungsmittel wurden festgesetzt.

Noch im Juni kam auch Tikrit unter al-Baghdadis Kontrolle. Der Anfang einer Verbindungslinie Mossul–Bagdad war geschafft. Tikrit mit über 100.000 Einwohnern, die Stadt des Saddam-Hussein-Clans und dessen Geburtsstadt, war ebenfalls stark sunnitisch geprägt und zunächst nicht unzufrieden mit den neuen Herren. Das Verhältnis zwischen den unterschiedlichen Religionsgemeinschaften verschlechterte sich aber auch hier.

Christen, die nach Erbil geflohen waren, wurden von sunnitischen Nachbarn um ihr Hab und Gut gebracht. Immer öfter hörte man schiitische Klagen: »Heutzutage traue ich keinem sunnitischen Araber mehr.«

So nahm es kein Wunder, dass auch Karakosch, die größte christliche Stadt im Irak, den Islamisten bald zum Opfer fiel.

35 Kilometer südöstlich von Mossul lebten dort in der Ninive-Ebene immerhin 40.000 Christen, mehr als irgendwo sonst im Irak. Kirchtürme von zwölf Kirchen ragten stolz in den Himmel. …

Viele Menschen schliefen, als ihre Mörder über sie kamen. Muslimische Nachbarn, mit denen sie friedlich zusammengelebt hatten, erschienen vor ihren Türen und forderten Schutzgeld. Sie versprachen dafür, ihnen gegenüber den Dschihadisten den Status von Schutzbefohlenen zu gewähren. Wenn Terroristen in ihre Häuser drangen, stellten sie die Bewohner vor die Wahl, zum Islam zu konvertieren oder zu sterben. Sie zwangen sie, Marienbildnisse und Kreuze zu bespucken. Die Kirchen wurden zerstört und Friedhöfe geschändet. Es wurde erschossen, erwürgt, erschlagen und verschleppt. Die Wenigen, die sie verschonten, mussten Frondienst leisten und Schutztunnels unter der Stadt graben. Mehr als 30 Röhren hatte das Tunnelsystem am Schluss. Eine Röhre führte durch die Berge bis Mossul.

Jesiden waren aus der Vergangenheit Pogrome gegen sich und ihre Religion gewöhnt. Dabei war ihr Glaube älter als der des Christentums und des Islams. Die Islamisten sahen in ihnen Teufelsanbeter. Am 3. August 2014 überrannten sie die jesidische Region um das Sindschar-Gebirge. Die wenigen wirklichen ISIS-Kämpfer, die eindrangen, passten in zwei Kampfwagen. Die meisten Männer, die zu Tätern wurden, hatten mit den Jesiden vorher friedlich Tür an Tür gewohnt. Die Gegenwehr der Jesiden war minimal. Sie hatten fast keine Waffen, denn ihr Glaube verbot das Töten. Sie wurden nach der Gefangennahme unterschiedlich behandelt. Männer und Frauen wurden getrennt eingesperrt. Dann hörten die Frauen Schüsse und ahnten, dass ihre Männer ermordet worden waren. Sie selbst wurden nochmals nachsortiert. Junge Frauen schafften die Islamisten mit Wagen fort. Sie waren als Sexsklavinnen für die Kämpfer in Mossul bestimmt und wurden dort bis zum bitteren Ende von einem Milizionär zum nächsten weitergereicht. Die Alten wurden getötet, wenn sie für keine Arbeit mehr gut erschienen.

Nach dem Überfall im Dorf Kocho blieb eine menschenleere Trümmerwüste zurück. Die meisten Männer, geschätzt über 7000, waren getötet worden. 5000 Frauen und Kinder wurden versklavt. Wem die Flucht gelang, blieb nur der Weg in die Flüchtlingslager, in denen inzwischen unmenschliche Bedingungen herrschten.

Der rasante Erfolg der ISIS ließ Militärexperten erstaunen. Doch schnell waren die wahren Schuldigen für den Fall von Mossul und Umgebung ausgemacht.

Ein iranischer Sender zitierte den immer noch als Ministerpräsident agierenden Maliki: »Saudi-Arabien und Katar sind für unsere Sicherheitskrise verantwortlich. Speziell das saudische Königshaus ist einer der wichtigsten Unterstützer des globalen Terrorismus.«

Der von Dubai aus sendende Fernsehsender Al-Arabiya zeigte mit dem Finger auf die Türkei und nannte ISIS Ankaras verzogenes Kind.

Nach der libanesischen Zeitung As Saphir beobachteten syrische Oppositionelle kurz vor dem Angriff auf Mossul Hunderte von ausländischen Kämpfern, die aus der Türkei die Grenze nach Syrien passierten durften, um in den Irak weiterzuziehen. Außerdem duldeten die Türken, nach ihrer Verlautbarung, Waffenlieferungen an alle in Syrien kämpfenden Parteien. Sie standen schließlich gegen den verhassten Staatschef Baschar al-Assad.

Der US-Verteidigungsminister Carter schimpfte über die schlechte Kampfmoral der irakischen Armee. »Wir können ihnen modernste Waffen liefern, wir können sie ausbilden, aber wir können ihnen keinen Kampfgeist einflößen«, klagte er. Nach Meinung von US-Experten waren höchstens 50.000 Mann der Armee wirklich einsatzfähig. Der Rest der 280.000 Soldaten existierte nur auf dem Papier, damit korrupte Offiziere deren Sold einstreichen konnten. Irakische Soldaten flüchteten vor ISIS, weil sie im Land nichts mehr für verteidigungswert hielten. Die an die Macht gekommenen schiitischen Clans bereicherten sich an den amerikanischen Rüstungsmilliarden, und Waffen erreichten immer seltener das vorgesehene Ziel.

Jede Seite beschimpfte diese Entwicklung entsprechend der eigenen Interessen.

Von alldem unbeirrt beschlossen die Amerikaner, die Ausbildungshilfen für Soldaten im Irak zu erhöhen. Sie wollten mehr Sunniten für den Kampf gegen ISIS gewinnen, stockten die US-Militärkräfte auf und richteten Ausbildungscamps ein. Bis dahin hatten nur 3000 Ausbilder Dienst getan und ungefähr 10.000 Kämpfer ausgebildet.

Amerika musste bei diesen Bemühungen leidvoll erfahren, wie schwer es war, weitere irakische Männer zu rekrutieren. Im neuen Ausbildungszentrum al-Asad in der Provinz Anbar blieben bis zu 100 Ausbilder ohne

Arbeit. Die irakische Regierung war schuld an dieser schlechten Auslastung. Sie zog von al-Asad willige Rekruten ab, um mit ihnen anderenorts schiitische Pilger zu schützen.

Nun wusste eine breite Öffentlichkeit, dass ISIS über eine Truppe verfügte, die durchaus einer Armee standhalten konnte. Nach dem Sturm auf Mossul kehrten viele der ISIS-Kämpfer im Eiltempo mit erbeuteten Waffen nach Syrien zurück, um dort weiterzukämpfen. Ihr Kampf richtete sich überwiegend gegen andere Gotteskrieger, weshalb die syrische Armee sie gewähren ließ. Ihr nützte, wenn sich ihre Gegner gegenseitig umbrachten.

Al-Baghdadi benötigte nur wenige Wochen, um sein nächstes Ziel zu erreichen. Al-Adnani, ein ranghohes syrisches Gründungsmitglied der Organisation, rief für ihn am 29. Juni 2014 per Audiobotschaft das Kalifat des Islamischen Staates aus. Gleichzeitig benannte sich ISIS in Islamischen Staat (IS) um und machte damit den Anspruch deutlich, alle Moslems weltweit zu vereinen und zu führen. Al-Baghdadi wurde zum Kalifen proklamiert. Seine Anhänger nannten ihn von nun an Kalif Abu Bakr, Kalif al-Baghdadi oder Kalif Ibrahim.

Kalif Abu Bakr meldete seine Forderungen zunächst per Audiobotschaft an. Am 1. Juli verwies er auf die Pflicht aller Moslems, sich dem Islamischen Staat anzuschließen. Besonders Ingenieure, Verwaltungsfachleute und Ärzte sowie islamische Rechtsgelehrte und Richter forderte er auf, beim Aufbau des Staatswesens mitzuhelfen.

Ein Kalif brauchte jedoch für seine endgültige Anerkennung einen öffentlichen Auftritt. Den suchte Kalif Ibrahim am 4. Juli in der großen Moschee des an-Nuri in Mossul:

Die gesamte Zeremonie war symbolgeschwängert. Kalif Abu Bakr war mit schwarzem Turban und Umhang gekleidet. So hatte sich Mohammed auch bei der Rückeroberung Mekkas im Jahr 630 gezeigt. Kalif Ibrahim stieg in gemessenen Schritten die Stufen zur Kanzel hinauf. Dabei verbarg er das leichte Humpeln nicht, es war ein Relikt seiner Teilnahme am Heiligen Krieg. Er wand sein Gesicht seinen Anhängern zu und setzte sich. Zunächst befolgte er die Sitte der Salafisten, sich den Mund zu reinigen, bevor er das Wort Allahs in den Mund nahm. Er tat dies mit einem Zahnputzhölzchen.

Um 12:20 Uhr begann er mit seiner Rede in klassischem Hocharabisch und erklärte sich selbst zum Kalifen. Er gab sich demütig als Gleicher unter Gleichen und ließ die Kalifenwürde eher als Bürde erscheinen: »Gehorcht mir, so wie ich Gott und seinem Gesandten gehorche. Wenn ich Gott und seinem Gesandten nicht gehorche, so müsst auch ihr mir nicht gehorchen.«

Mit diesen Sätzen folgte er wiederum den Regeln der Salafisten, die verboten, einen Menschen kritiklos als Heiligen zu verehren oder gar neben Allah zu stellen. Der Kalif blieb kurz und prägnant. Um 12:40 Uhr war seine Rede bereits beendet.

Mit seinem Schachzug hatte sich Kalif Ibrahim in den Augen der meisten Islamisten einen entscheidenden Vorsprung gegenüber Al-Qaida erarbeitet. Der war bis zum Tag keine vergleichbare territoriale Staatsgründung gelungen.

In Europa banden zunächst große Sportereignisse die ganze Aufmerksamkeit. Dort waren die Fußball-Weltmeisterschaft in Brasilien, die Tour de France und Wimbledon von größerem Interesse. Auch die USA übersahen die Provokation, die in dem gewählten Datum lag, das Kalif Ibrahim für seinen Auftritt nutzte: Es war der amerikanische Nationalfeiertag!

Anfangserfolge des Islamischen Staates

Die Erweiterung und Absicherung des Kalifatgebiets im Irak

Über den Sommer 2014 hinweg eroberte der IS ein Gebiet, das größer als Großbritannien war. Es bestand allerdings mehrheitlich aus Wüstenregion. Zudem schlossen sich dem neu gegründeten Kalifat zahlreiche Länder mit wortstarken Erklärungen als Provinzen an. Regionen in Afghanistan, Algerien, Jemen und Pakistan gehörten dazu. Die nigerianischen Boko-Haram-Rebellen schworen Kalif Ibrahim ebenfalls die Gefolgschaft und machten sich in ganz Nordafrika auf einen blutigen Weg. Selbst Europa stand plötzlich im Fokus. Es gab für den Kalifen genug zu tun, das Staatsgebiet zu erhalten, wenn nicht sogar auszubauen. …

Und der IS beschäftigte sich kraftvoll mit der Absicherung und Erweiterung seines Staatsgebiets. Das vorderste Ziel war, Bagdad unter Kontrolle zu bekommen. Inzwischen waren die Kampfhandlungen in der Umgebung des internationalen Flughafens angelangt. Dass sie dort ins Stocken kamen, war weniger ein Verdienst der irakischen Armee, sondern war den kurdischen Peshmerga-Milizen zuzuschreiben. Für ihren Kampfesmut stellten sie jedoch schnell Bedingungen, welche die Regierung von Nuri Al-Maliki nicht akzeptieren wollte. Sie drängten nicht nur auf eine Garantie für ihr Autonomiegebiet, sondern wollten dessen Erweiterung um die bevölkerungsreichen Städte Mossul, Tikrit, Kirkuk und die umliegenden Ölfelder, wenn sie zurückerobert waren. Sie wiesen auf die Pflicht der Regierung hin, ein Referendum für die Kurdenregionen durchzuführen, wie es Artikel 140 der irakischen Verfassung vorsah. Die Amerikaner hatten den Artikel nach dem Sturz von Saddam in der Verfassung verankern lassen. Die Provinzen Kirkuk, Salaheddin, Ninive und Dijala waren davon betroffen.

Al-Maliki zögerte eine Zusage, nicht nur wegen seiner Interimsstellung, immer wieder hinaus.

Die zweitgrößte Stadt, Falludscha, hatte der IS seit Anfang 2014 in Händen. Die Zahl seiner Kämpfer wurde mittlerweile auf 50.000 geschätzt. Die Männer waren gut trainiert und verfügten aus den Beständen der mehrfach geschlagenen Armee über Panzer, Artilleriegeschütze, Raketenwerfer und tragbare Flugabwehrraketen. Kampfhubschrauber modernster amerikanischer Bauart waren vorhanden und konnten von den vormaligen Saddam-Piloten geflogen werden. Die rigorose Kampfweise des IS verschlang allerdings viele Kämpfer. Die mussten immer wieder ersetzt werden.

Für das Rekrutieren junger Milizionäre bewährten sich die sozialen Medien. Kontaktaufnahme, Anwerbung und Tipps für die Anreise konnten im Internet bis ins Ausland gemanagt werden. Bei der endgültigen Erfassung der Rekruten allerdings verzichtete der IS nicht auf das von Al-Qaida übernommene ausgefeilte Formularwesen. Familienstand, Blutgruppe, Beruf, Militärerfahrung, Koran- und Schariakenntnisse wurden akribisch festgehalten, genauso wie der Betätigungswunsch beim IS. Verwaltungskraft, Kämpfer, Amokläufer oder Selbstmordattentäter standen zur Auswahl.

Mit dem erfolgreichen Vormarsch erfüllte sich das Ziel, die wirtschaftliche Unabhängigkeit zu erlangen, fast von selbst. Geld war nun genügend vorhanden. Man hatte Banken geplündert. Der militärische Erfolg bescherte enorme finanzielle Zuwendungen aus den arabischen Staaten. Schutzgelderpressung, Geiselnahme und Wegezölle füllten die Kriegskasse monatlich mit Millionen. Selbst Erlöse aus Leichenverkäufen und dem Handel mit aus Museen und Grabungsstätten geraubten Antiquitäten waren reichlich zu verbuchen.

Im Sommer 2014 hatte der IS das Grab des Propheten Jonas in Mossul zerstört und transportable kleinere Gegenstände in den Verkauf gegeben. Das war ein Schock für alle drei Religionen gewesen, denn Christen, Juden und Moslems verehrten den Heiligen gleichermaßen.

Zur wichtigsten Einnahmequelle wurden die eroberten Gas- und Ölfelder des Nordiraks. Rohöl konnte über Mittelsmänner an Kurden, die
Truppen des Assad-Regimes und in die Türkei verkauft werden. Kolonnen
von Tankwagen fuhren am helllichten Tag unbehindert über die Fern-
straßen. Der IS brauchte aus dem Rohöl erhebliche Einnahmen, denn
er war mangels genügender Fachkräfte nur bedingt in der Lage, das Öl
selbst zu raffinieren und musste Benzin und Diesel für den Vormarsch
teuer zurückkaufen.

Mit dem Geld konnte man auch junge Männer als Kämpfer anlocken.
Nicht alle ließen sich vom Heiligen Krieg allein überzeugen. Alles schien
jedoch im Sinne des IS zu laufen. …

Der IS legte großen Wert darauf, seine Taten immer wieder durch Fund-
stellen im Koran zu rechtfertigen:

Sure 5,35: Ihr Gläubigen! Fürchtet Allah und trachtet danach, ihm nahe
zu kommen, und führet um seinetwillen Krieg.

Sure 9,123: Ihr Gläubigen! Kämpft gegen diejenigen von den Ungläubigen, die euch nahe sind! Sie sollen merken, dass ihr hart sein könnt.

Sure 4,90: Sie möchten gern, ihr würdet ungläubig, wie sie ungläubig sind,
sodass ihr ihnen gleich würdet. So nehmt euch niemanden von ihnen zum
Freund, bis sie auf dem Weg Gottes wandern. Wenn sie sich abkehren, dann
greift sie und tötet sie, wo immer ihr sie findet, und nehmt euch niemanden
von ihnen zum Freund oder Helfer.

Der IS behauptet von sich gebetsmühlenartig, nur den Prophezeiungen
und dem Beispiel Mohammeds zu folgen. Er blieb damit besonders für
junge Moslems glaubhaft und attraktiv. Die IS-Propaganda präsentierte
folgerichtig alle gewonnenen Rekruten als heilige Krieger, die das Kalifat ausbauen und den Islam mit Gewalt durchsetzen durften. Attentäter
wurden als Endzeitboten verherrlicht und Engeln gleichgesetzt, die in den
letzten Tagen der Welt in den Kampf eingriffen. Der Tod der Märtyrer
wurde zum Glücksfall hochstilisiert und umworben.

Der IS konnte jedoch viele muslimische Geistliche nicht überzeugen.
Die vorgetragenen Suren waren, ihrer Meinung nach, aus dem Kontext

gerissen, um sie passend zu machen. Suren, die dies klarstellten, wurden bewusst unterschlagen. Große Teile der sunnitischen Bevölkerung akzeptierten die Herrschaft des IS trotzdem. Seine Leistungen im Bereich von Sicherheit und Verwaltung überzeugten und erschienen besser als die Willkürmaßnahmen der alten Herren. Scharia-Gerichte sprachen ehrlicher Recht, Sittenpolizei überwachte die Straßen besser und Steuereintreiber sorgten für mehr Steuergerechtigkeit.

Trotzdem formierte sich Widerstand, meistens jedoch von außen. Im September 2014 schaffte es der amerikanische Außenminister John Kerry, eine Koalition gegen den IS zusammenzubringen. Beim NATO-Gipfel am 5. September im walisischen Newport wurde sie ins Leben gerufen. Die Gründungsmitglieder waren: Amerika, Australien, Dänemark, Deutschland, Frankreich, Großbritannien, Italien, Kanada, Polen und die Türkei. Überraschend schlossen sich Saudi-Arabien, Katar, Jordanien, Bahrain und die Vereinigten Arabischen Emirate an. Nicht alle traten der Allianz sofort aktiv bei. Die Beigetretenen einigten sich zunächst nur auf Aktionen aus der Luft. Bodentruppen wollte keines der Länder stellen.

Eine Resolution der Vereinigten Nationen schien den Amerikanern entbehrlich. Sie beriefen sich auf Art. 51 der UN-Charta, nach der der Irak um Hilfe zur Selbstverteidigung nachgesucht habe.

Die Vereinigten Staaten wurden durch die Koalition ein Stück weit entlastet. Sie hatten vorher Luftschläge allein ausgeführt. Schon im August hatten die Kosten dafür täglich 7,5 Milliarden Dollar betragen. Die Androhung Zarqawis, der Irak solle für Amerika ein viel größeres Desaster als Vietnam werden, wurde finanziell zur Gewissheit.

Die Erfolge der Koalition waren gering. Zunächst gelang ihr nur die Vertreibung des IS aus dem Sindschar-Gebirge.

Für eine Beteiligung der deutschen Bundeswehr standen noch Beschlüsse der Regierung und des Bundestags aus.

Seit September 2014 lieferte Deutschland, entgegen sonstiger Übung für Krisengebiete, immerhin schon Waffen an die kurdische Regionalregierung im Nordirak.

Der Jahreswechsel wurde mit einer Meldung eingeleitet, die den Gegnern des IS gut in den Ohren klang. Am 11. November 2014 gab das irakische Innenministerium bekannt, der Kalif sei während eines Luftangriffs getötet worden. Schnell kam jedoch der Widerruf. Am 13. November veröffentlichte der IS eine Audiobotschaft, die beweisen sollte, dass der Kalif noch am Leben war und sich bester Gesundheit erfreute. Die Botschaft, ohne aktuelle Bilder von ihm, ließ Mutmaßungen über sein Ableben nicht verstummen. Der ungebrochene Vorwärtsgang des IS sprach aber eher dagegen.

Einige Analysten verstiegen sich in die These, ein Ableben des Kalifen sei sowieso ohne Belang. Ihrer Meinung nach waren die wichtigen Strippenzieher hinter dem IS die geschulten Militärs und Geheimdienstler aus der Zeit Saddams. Im Kalifen sahen sie nur ein Aushängeschild für die Kämpfer und die Sympathisanten in der muslimischen Welt. Ein Kalif schien ihnen leicht ersetzbar.

Deutschland übernahm ab Januar 2015 die Ausbildung von Kurdenkämpfern. Deutsche, die für den Heiligen Krieg ausreisen wollten, machte man dieses Vorhaben nahezu unmöglich. Sie bekamen Personalausweis und Reisepass entzogen.

Zum wichtigsten Zugewinn des IS wurde die Stadt Ramadi. Sie brachte die Kontrolle über die gesamte Provinz Anbar, deren Grenze an Jordanien stieß. Für den Durchbruch in das Stadtinnere setzte IS auf eine perfide Kriegslist. Glattrasierte und wohlfrisierte Kämpfer wurden in Uniformen der irakischen Armee gesteckt und konnten so unbehelligt mit sprengstoffbeladenen Kampfwagen in die Verteidigungsstellungen ihrer Gegner rasen und diese zerstören. Die Eroberung Ramadis löste eine neue Flüchtlingswelle von Zehntausenden Menschen Richtung Bagdad aus.

Auch im Kampf um die größte Ölraffinerie in Baidschi nahe Tikrit erlitt die irakische Armee eine Schlappe. Bald waren mehr als 80 % der Anlagen von den Islamisten erobert. Eine Rückeroberung Mossuls war damit in weite Ferne gerückt, denn die Anlage produzierte rund ein Drittel des nationalen Kraftstoffbedarfs, und der wurde militärisch dringend gebraucht.

Die Eroberungen des IS erwiesen sich jedoch nicht als nachhaltig. Ende August waren die Städte Baidschi, Ramadi und Falludscha schon wieder von regierungsstreuen Truppen belagert. Im Oktober gewannen diese sogar die Stadt Baidschi zurück. Iraks größte Ölraffinerie gehörte wieder dem Regierungslager. Im November wurde durch kurdische Milizen Sindschar gänzlich zurückerobert. Im Dezember befand sich Ramadi wieder in Händen der Regierungstruppen.

Der Irak blieb trotzdem mit weiten Gebieten unter der Kontrolle des IS und erlebte keine Befriedung.

Der IS-Vormarsch hatte die ethnische und religiöse Zerstückelung des Landes beschleunigt. Die Amerikaner hatten die Unruhen durch eine unbegründete Invasion angezettelt und das Land viel zu früh wieder mit ihren Bodentruppen verlassen. Der dann einsetzende Bürgerkrieg zwischen Sunniten und Schiiten nahm kein Ende. Immer mehr Stimmen wurden laut, dass ein Frieden nur mit Hilfe von Luftschlägen nicht zu erreichen war.

Die Erweiterung und Absicherung des Kalifatgebiets in Syrien

Mittlerweile hatte sich der IS mit allen syrischen Rebellengruppen, die gegen Assad kämpften, entzweit. Dazu gehörten die islamische Armee und die ehemals verbündete al-Nusra-Front. Mit der Türkei kam der IS ebenfalls auf Konfrontationskurs, besonders als er die Räumung der türkischen Exklave bei Qalʿat Dschaʿbar mit der Grabstätte des Sulaiman Schah forderte. Die Türkei drohte mit militärischen Gegenschlägen.

Die kurdischen Volksverteidigungseinheiten YPG und YPJ (weibliche Soldaten) verteidigten ihre Gebiete gegen die IS-Kämpfer weitgehend erfolgreich. Teilregionen wurden jedoch vom IS belagert. Seit März 2014 rollte eine Angriffswelle des IS gegen die Stadt Kobanê. Der profitierte in Syrien, wie im Irak, von der verworrenen Bürgerkriegssituation.

Ein stillschweigendes Übereinkommen zwischen Kalif Ibrahim und dem syrischen Machthaber Baschar al-Assad, sich gegenseitig zu schonen, schien zu bestehen und erleichterte den Vormarsch der Islamisten. Beide Seiten sahen sich zwar als Feinde, aber gleichzeitig auch als Verbündete gegen die syrischen Rebellen. Der stillschweigende Pakt funktionierte, weil Assad und al-Baghdadi fest daran glaubten, den jeweilig anderen zum späteren Zeitpunkt besiegen zu können.

Die Expansionsbemühungen des IS verfolgten das Ziel, das erwünschte Kalifatgebiet zu verwirklichen, waren aber auch notwendig, um Einnahmequellen hinzuzugewinnen. Aus diesem Grund blieb, trotz aller strategischen Überlegungen, manchmal ein Kampf gegen die Assad-Truppen nicht aus. Im Juli führte der IS schwere Kämpfe gegen sie und eroberte zeitweilig das Schaar-Erdgasfeld bei Homs. Die Dschihadisten töteten fast 300 syrische Soldaten, mussten sich aber schon Ende Oktober unter gegnerischem Druck wieder zurückziehen. Dafür vereinnahmten sie in Al-Omar, im Osten des Landes, eines der größten Ölfelder und beherrschten das Tanak-Ölfeld östlich der Stadt Deir ez-Zor. Der Reingewinn aus diesen Eroberungen konnte vorsichtig auf circa 300.000 Dollar pro Tag geschätzt werden. Die im Euphrattal gelegene Hauptstadt Deir ez-Zor der gleichnamigen Provinz hatte zur Hälfte noch in den Händen anderer Rebellen gelegen, wurde nun aber vom IS vollständig eingenommen.

Im August eroberten IS-Kämpfer auch strategisch wichtige Ortschaften in der Provinz Aleppo, die zuvor von der al-Nusra-Front gehalten worden waren. Die sechs kleineren Orte in der Nähe der Stadt Asas lagen nur 10 Kilometer vom Hauptgrenzübergang zur Türkei entfernt. Mit Ausnahme von Kobanê kontrollierte der IS nun den gesamten Grenzstreifen zur Türkei zwischen Ra's al-ʿAin und Aleppo. Dieser militärische Erfolg beeinträchtigte die Versorgungswege der gemäßigten Opposition. Der Kampf um Kobanê trat in eine entscheidende Phase. Bald waren bis zu einer halben Million Menschen vom IS eingekesselt. Der wütete unter ihnen in bekannter Manier. Nur nach heftigen internationalen Protesten öffnete die Türkei für Flüchtlinge ihre Grenzen. Salih Muslim Mohamed, ein Vertreter der syrischen Kurdenbewegung, hatte die USA zu Hilfe gerufen und vor einer schlimmen ethnischen Säuberung des Kurdengebiets durch die Islamisten gewarnt. Sein Ruf hatte nur geringen Erfolg. Die von den USA geführte Allianz aus Saudi-Arabien, Bahrain, Arabische Emirate und Jordanien griff zwar ein und bombardierte Stellungen des IS, auch Drohnen kamen zum Einsatz, doch die militärischen Erfolge hielten sich in Grenzen.

Der IS beantwortete die Luftschläge mit einer teuflischen Strategie. Er benutzte die Eingeschlossenen als Schutzschilde. Die Koalition kam deshalb immer öfter in die Kritik, mit ihren Bomben Unschuldige zu töten. Die Versorgung der Eingeschlossenen war äußerst schwierig, weil die Türkei den syrischen Kurden feindlich gesinnt war. Für sie strebten diese zusammen mit den türkischen Kurden einen autonomen Staat an. Von der Türkei kam also keine Unterstützung. Immerhin drangen mehrere 100 kurdische Türken über die Grenze, um ihren syrischen Brüdern beizustehen.

Im Oktober hatten die Dschihadisten die meisten Stadtgebiete von Kobanê eingenommen und nahmen blutig Rache für den langen Kampf. Viele kurdische Kämpfer wurden enthauptet. Die Arrondierung des besetzten Grenzstreifens zur Türkei währte jedoch nicht lange. Im Oktober begannen die Amerikaner aus Flugzeugen vom Typ Lockheed C-130 Waffen, Munition und medizinisches Gerät für die kurdischen Kämpfer abzuwerfen. Damit gelang es denen, die Islamisten aus Kobanê wieder zurückzudrängen. Im Ostteil der Stadt behielt der IS jedoch die Kontrolle. Andere Stadtteile wurden von allen Kämpfern gemieden, denn die Terrormilizen hatten sie vermint. Auch das Erdgasfeld Schaar bei Homs fiel wieder an Syrien. Assads Luftwaffe bombardierte mit Fassbomben die vom IS gehaltenen Städte al-Bab und Qabaseen. Sie setzten ihre Flugzeuge nunmehr verstärkt in Gebieten ein, die nicht unter ihrer militärischen Kontrolle lagen. Assad wollte den Anspruch auf das gesamte Syrien dokumentieren.

Ende des Monats versuchte der IS mit einem Propagandavideo seine Rückschläge herunterzuspielen. Der britische Journalist John Cantlie, der Geisel der Islamisten war, musste diese Aufgabe unter Zwang übernehmen. Die Rückschläge gingen trotzdem weiter.

Im Dezember nahm die islamische Front dem IS Azaz ab, eine größere Grenzstadt zur Türkei. Für die kurdische Bevölkerung brachte das Erleichterungen. Die neuen Herren ließen wenigstens freien Grenzverkehr zu.

Heiligabend kam es für die Anti-IS-Allianz über Rakka zu einem tragischen Vorfall, der den IS wieder triumphieren ließ:

Der 26-jährige jordanische Kampfpilot Maas al-Kassasbeh befand sich auf dem Rückflug von einer Strafmaßnahme der Koalition. Jordanien flog mit seinen Verbündeten schon länger Luftangriffe gegen den IS.

Der Pilot hatte einen äußerst effektiven Einsatz hinter sich, auf den er stolz war. Nun fühlte sich der Oberleutnant erschöpft und ausgelaugt. Ein Sekundenschlaf nahm ihm die Herrschaft über seine Maschine und ließ sie nach unten trudeln. Nahe der Hochburg des IS stürzte er ab. Bevor seine Maschine am Boden zerschlug, konnte sich Kassasbeh mit Schleudersitz und Fallschirm retten. Die vermeintliche Rettung sollte er allerdings bereuen. Das Absturzgebiet befand sich nämlich unter Kontrolle der Dschihadisten.

Kassasbeh fiel in die Hände einiger finsterer Krieger, die ihn vom Himmel kommend, als Geschenk Allahs empfanden und freudig entgegennahmen. Der Jordanier war in einen See gestürzt. Dort fanden ihn die IS-Milizionäre und zogen ihn aus dem Wasser. Es war ein Wunder, er war völlig unverletzt. Nur einige Tropfen Blut klebten an seinem Mund und zeugten vom Absturz. Ein starkknochiger Mann wandte sich ihm zu. Hasserfüllte Augen, wie aus schwärzester Kohle, leuchteten in seinem von Wind und Wetter gegerbten Gesicht. Er rief: »Allah ist groß!«, und zeigte vier ausgestreckte Finger und einen eingeknickten Daumen. Das war der Erkennungsgruß der Dschihadisten. Als der Mann wieder zu sprechen begann, war sein Mund zwischen den langen Barthaaren nicht mehr zu sehen: »Du Hund, du Sohn einer stinkenden Hure, jetzt hat dich Allah für deine Schandtaten bestraft. So wird es jedem ergehen, der sich gegen ihn und uns stellt.«

Kassasbeh unterschied sich von seinen Gegnern schon durch den akkuraten militärischen Kurzhaarschnitt. Er wirkte soldatisch, diszipliniert und furchtlos. Er sah den Kerl trotzig an und antwortete: »Ich bin ein gläubiger Moslem, religiös und kenne den Koran. Ich kann sogar daraus zitieren.«

Bevor er sich's versah, traf ihn eine sehnige Faust mitten ins Gesicht. Er sackte zusammen, und aus seinem Mund rann Blut. Ein weiterer Krieger, wohl der Anführer, bremste seinen Kumpan ein: »Lass von dem Schwein ab, wir wollen ihn unseren Feinden so vorführen, dass sie ihn noch erkennen.« Ein teuflisches Lächeln begleitete den Satz und ging auf das Gesicht seines Gefährten über, als der die Tragweite des Gesagten verstand. Trotzdem versetzte er dem Gefangenen noch einen Tritt und meinte dazu mit breitem Grinsen: »Den Tritt sieht man nicht, aber mir tut er gut.«

Der Pilot ging in die Knie und stöhnte leise, dann richtete er sich mühsam wieder auf. Er hatte die rüde Sprache seiner Gegner verstanden und schwieg ab jetzt.

Seine Häscher hielten ihre Heldentaten auf Fotos fest. Sie waren für den Kampf auch propagandistisch geschult worden. Ein Beweis für ihre wundersame Geiselnahme war für Propagandazwecke Gold wert. Der Pilot war schließlich der Erste des gegnerischen Militärbündnisses, der ihnen in die Hände fiel.

Sie verspotteten und demütigten Kassasbeh mit Bildern, auf denen er nackt, schmutzig und wehrlos zu sehen war.

Der Weg zum Basislager war nicht weit. Dort wurde für das Internet eine Triumphmeldung zusammengestellt. Die ging über das Rakka-Medienzentrum alsbald in den Äther.

Die Milizionäre prahlten darin mit der Gefangennahme des Jordaniers. Die eingefügten Fotos waren von beklemmender Authentizität. Auf Twitter verbreitete man sie zusammen mit einem Abbild des jordanischen Militärausweises, der dem Oberleutnant gehörte.

Im Text brüsteten sich die Terroristen fälschlicherweise damit, das Kampfflugzeug mit einer tragbaren, wärmesuchenden Flugabwehrrakete getroffen und abgeschossen zu haben.

Die Weltgemeinschaft war nach der Ausstrahlung des Videos paralysiert, ganz in Schockstarre verfallen. Der jordanische Geheimdienst prüfte fieberhaft die Richtigkeit der vorliegenden Fakten. Dass der IS über Flugabwehrraketen verfügte, war bekannt. Die sogenannten MANPADs waren allerdings bisher nur gegen tieffliegende Luftziele eingesetzt worden. Die Terroristen hatten damit schon mehrfach Hubschrauber der irakischen Armee zerstört. Der Geheimdienst hatte nachgewiesen, dass der IS Modelle chinesischer und russischer Bauart besaß.

Man mutmaßte, dass sie aus Beständen der irakischen Armee stammten. Natürlich stand dem IS auch der internationale Waffenschwarzmarkt offen. Nach dem Sturz von Muammar al-Gaddafi waren aus dessen Waffendepots unzählige Waffen dorthin geflossen und standen zum Weiterverkauf zur Verfügung. Solche Waffen kamen immer öfter zum Einsatz. Viele internationale Passagierflugzeuge machten deshalb bereits einen Bogen um den syrischen Luftraum.

Eine Pressemeldung der dpa brachte einen vermeintlichen Beweis für die Richtigkeit der Behauptung der Dschihadisten. Ein Aktivist aus Rakka erklärte im Interview, die IS-Kämpfer hätten das Flugzeug wirklich abgeschossen. »Man konnte eine laute Explosion hören und einen orangefarbenen Feuerball sehen, der die Maschine traf«, erklärte der Mann.

Die Agenten unterrichteten ihren Generalstab, und der gab über die amtliche jordanische Nachrichtenagentur Petra die folgende Meldung in den Äther: Ein Kampfjet der jordanischen Luftwaffe wurde bei einem Einsatz in der Nähe von Rakka im Nordosten Syriens abgeschossen. Der IS und seine Unterstützer sind dafür verantwortlich. Diese Meldung wurde vom Regierungssprecher Mohammed al-Momani übernommen. Er ergänzte, der Versuch, den Piloten zu retten, bevor er in die Hände der Terroristen fiel, sei fehlgeschlagen. Die amerikanischen Verbündeten nahmen die Meldung nicht so einfach hin. Sie führten selbst eine Untersuchung durch und kamen zu einem anderen Schluss. Ihre Beweismittel besagten eindeutig, dass der IS das Flugzeug nicht abgeschossen hatte.

Das für die US-Einsätze im Nahen Osten zuständige Militärkommando Centcom setzte die jordanische Regierung über diese Feststellung ins Bild.

Al-Momani lenkte notgedrungen gegenüber den Nachrichtenagenturen ein: »Neuere Bewertungen zeigen, dass ein Abschuss nicht sicher ist. Es spricht mehr dagegen als dafür. Unsere amerikanischen Verbündeten kommen mit eindeutigen Belegen zum gleichen Schluss.«

Zunächst wurde es still um den Piloten. Alle warteten sehnlichst auf Verhandlungen über seine Freilassung. Man rechnete mit Geldforderungen oder einem Gefangenenaustausch. Viele erwarteten aber auch Schlimmeres. Die Dschihadisten hatten in der Vergangenheit oftmals gefangene Soldaten getötet. In ihrer Auslegung des Korans sahen sie Andersdenkende, selbst sunnitische Moslems, als Ungläubige an, die den Tod verdienten.

Der Vater des Kampfjetpiloten, Scheich Safi Jussef al-Kassasbeh, eilte nach Amman und bat auf einer Pressekonferenz die Extremisten um Gnade für seinen Sohn.

Die Milizionäre reagierten vorerst nicht, und über das Schicksal des Piloten wurde nichts Neues bekannt.

In seiner Heimatstadt Karak zogen derweilen Freunde und Familienmitglieder mit seinem Foto und brennenden Kerzen in den Händen an seinem Elternhaus vorbei und beteten für ihn.

Der Gefangene kam aus einer einflussreichen Familie. Er gehörte dem Stamm der Bararsheh an, und die hatten in den vergangenen Tagen stark mobilisiert. Immer mehr Menschen forderten die Regierung auf, die Koalition mit dem Anti-IS-Bündnis aufzukündigen, um Kassasbehs Leben zu retten.

Innerhalb des Königshauses und der Regierung wurden Jordanier, die einem Stamm angehörten, als treu und ergeben angesehen. König Abdullah II. wollte deshalb mit einem so berühmten Stamm keine Spannungen. Er lud die Familie in den Ragadan-Palast nach Amman ein, um sich an ihrer Seite zu zeigen. Seine Regierung beteuerte, alles in ihrer Macht Stehende zu tun, um Kassasbeh zu retten.

Der Außenminister Nasser Dschuda nannte den 26-Jährigen einen Helden.

Endlich kam es zu verdeckten Verhandlungen. Der IS schlug vor, den

Piloten gegen die einsitzende Islamistin Sadschida al-Rischawi freizulassen, die im November 2005 am Hotelattentat in Amman beteiligt gewesen war und immer noch auf ihren Tod wartete. Die Jordanier verlangten zunächst einen Beweis dafür, dass ihr Pilot noch lebte. Der Islamforscher Hassan Abu Hanyieh ging schon zu diesem Zeitpunkt davon aus, dass der IS nur noch einen psychologischen Krieg gegen Jordanien führte. Er hielt den Piloten längst für tot.

Als die Terroristen keinen Beweis lieferten, dass Kassasbeh noch lebte, brach die Regierung die Verhandlung ab.

Die geringe noch bestandene Hoffnung auf ein Überleben Kassasbehs schwand. Wie sich später zeigte, war der Pilot wirklich bereits am 3. Januar 2015 getötet worden. Ein Video über seine Hinrichtung wurde ins Internet eingespielt. Die Terrormiliz des IS veröffentlichte es ohne Ankündigung. In den schaurigen Bildern sah man den jungen Piloten brennend in einem schwarzen Käfig sterben.

Jetzt schoss man aus allen Rohren gegen die Terroristen. Der König brach eine Amerikareise ab und reiste nach Amman zurück. Er verurteilte die Tat einer feigen, fehlgeleiteten Verbrecherbande, die nichts mit dem Islam zu tun habe. Er kündigte einen gnadenlosen Krieg gegen die Extremisten an und kondolierte der Familie des Opfers. »Unsere Rache ist notwendig, um uns selbst vor weiterem Schaden zu bewahren.«

Kassasbehs Vater stand in diesem schrecklichen Moment loyal an der Seite des Monarchen und übte keine Kritik an dessen zögerlichen Verhalten. Über den Nachrichtenkanal Al-Arabiya rief er allerdings auf, scharfe Rache am IS zu nehmen. Seine Landsleute forderte er auf, in den schwierigen Zeiten zusammenzustehen.

US-Präsident Obama, der noch kürzlich auf Hilfsbegehren des jordanischen Herrschers verhalten reagiert hatte, lief nun zur Hochform auf: »Das Video wird die Entschlossenheit unserer Allianz stärken. Wir als die Vereinigten Staaten werden alles dafür tun«, sagte er den Reportern. Er bezeichnete die Tat als »außerhalb aller zivilisatorischen Normen« und vertrat die Meinung, dass, welche Ideologie der IS auch immer vertrete, sie nun bankrott sei.

»Dies ist das erste Mal, dass der IS eine Geisel öffentlich verbrannt hat, was große Beachtung in den Medien gefunden hat«, bewertete das auf Terrorismus spezialisierte Intel Center aus Alexandria bei Washington die Tat. »Dies zeigt, dass die Gruppe fortlaufend ihre Methoden weiterentwickelt, um die größte Publicity zu erzielen.«

Einzelheiten über den ermordeten Piloten waren bis dahin kaum bekanntgegeben worden, doch nun wurden sie in den Medien breitgewalzt. Er war eines von acht Kindern. Auf privaten Bildern zeigte man den jungen Mann als Helden in Uniform. Kassasbeh war stets akkurat rasiert und gekleidet. Sein gestrenger Blick war auf den Betrachter gerichtet. Sein hoher Ausbildungsstand wurde gelobt. Seinen Abschluss hatte er am King Hussein Air College gemacht. Man beschrieb ihn als bescheiden und religiös.

Die versprochene Rache ließ nicht auf sich warten. Jordaniens Armee teilte schon bald mit, dass Waffendepots und Lager des IS beschossen worden seien. »Dies ist erst der Anfang. IS wird für jedes Haar vom Körper unseres Helden den Preis zahlen«, hieß es in einer Regierungserklärung. Mindestens dreizehn Extremisten wurden bei der ersten Angriffswelle getötet. Der Sachschaden war immens.

Die japanischen Geiseln Haruna Yukawa und Kenji Gotō wurden daraufhin vom IS mit Videobeweis hingerichtet. Der IS agierte wieder so gnadenlos wie zu Zarqawis Zeiten.

Nun ließ die Hinrichtung von Sadschida al-Rischawi nicht mehr auf sich warten. Zusätzlich vollstreckten die jordanischen Behörden auch das Todesurteil an dem ranghohen Al-Qaida-Mitglied Siad Karbuli. Jordanien reagierte auch neben dem Bombardement sofort. …

Der Vollmond leuchtete hell, und es war schrecklich schwül. Sie hatte die Taschenbuchausgabe des Korans längst weggelegt, es war schon zu dunkel zum Lesen in der Zelle. Nun stand sie am vergitterten Fenster und schaute hinaus, zierlich, 65 Kilo schwer, zum Tode verurteilt. Die Vollstreckung war ihr für den nächsten Morgen angekündigt worden. Nach so vielen Jahren des Wartens, konnte sie es kaum fassen.

Alles trat nochmals vor ihr inneres Auge. Ihr Bombengürtel hatte versagt, doch das Attentat fand auch ohne ihre Hilfe erfolgreich statt. Man hatte nur sie lebend erwischt.

Drei Hotels waren die Anschlagsziele gewesen. Sie lagen in Ammans noblem Westviertel. In Gedanken rechtfertigte sie nochmals die Tat. Die Hauptstadt Jordaniens dafür auszuwählen, war richtig gewesen. Dass der verstorbene König einen Friedensvertrag mit Israel abgeschlossen hatte, war Grund genug für die Wahl. Sure 5,83 sagte: Du wirst finden, dass unter allen Menschen die Juden und Götzendiener den Gläubigen am meisten Feind sind. … Wer mit ihnen paktierte, gehörte also bestraft!

Die Cyclonitbombe ihres Gefährten, die lose Metallteile enthielt, war mitten im Radisson Hotel explodiert. Sie hatte die gewaltige Detonation mitbekommen.

Die Etagendecken waren in sich zusammengekracht und hatten unter ihrem Schutt eine ganze Hochzeitsgesellschaft begraben. Kurz zuvor hatte sie noch die Holzbläser und Trommeln einer arabischen Tanzkapelle gehört. Danach hörte sie nur noch Überlebende, die nach alter Tradition klagten und sich geißelten. Kurz darauf war sie auf der Flucht gefasst worden.

Ihr Vernehmungsbeamter hieß Al Bourzak. Er gab sich freundlich und verbindlich. Trotzdem wollte er detaillierte Informationen von ihr. Er appellierte an sie als gute Moslima, ihm die Wahrheit zu sagen. Sie hatte zunächst geschwiegen, doch der Beamte wiederholte seine Fragen immer wieder. Schließlich hatte sie ihr Schweigen gebrochen und ihm mit Rechtfertigungen geantwortet. Auch seine Frage, wer sie angeleitet habe, beantwortete sie schließlich. Der Name des Großen Kalifen Zarqawi war zusätzliche Rechtfertigung. Sie wollte Al Bourzak nicht glauben, dass ihr großes Vorbild als Rauschgiftdealer am gleichen Ort in der Zelle gesessen hatte und nur durch eine Amnestie des Königs freigekommen war. Ihre Mittäter verriet sie ihm nicht.

Ihre Verurteilung kam rasch: Tod durch den Strang! Mit der Exekution hatte sich der Staat inzwischen so viel Zeit gelassen, dass der Tod für sie wieder abstrakt geworden war. Sie hatte Jahre in der Zelle vor sich hin gedämmert und ihr Hirn mit den Worten des Propheten gefüllt. Sie hatte den Kontakt zu anderen Häftlingen gemieden, kein Wort mit den Aufsehern gewechselt und keinen Besuch empfangen. Sie war mit Allah und dem Propheten allein geblieben. Jeder Blick, der sie getroffen hätte, hätte ihre eigene kleine Welt zerstört. Das wollte sie nicht. Nun war eine drastische Änderung eingetreten. Der Gefängnisdirektor persönlich hatte sie aufgesucht und ohne Umschweife mitgeteilt: »Dies ist deine letzte Nacht. Vor dem Morgenrot wirst du gerichtet.«

Sie blieb aufrecht auf dem Gebetsteppich sitzen, den sie ihr nach mehrfachem Fordern zugestanden hatten, und nahm die Botschaft äußerlich unbeeindruckt entgegen.

Sie schwieg, doch innerlich war sie von den Worten aufgewühlt. Das steigerte sich, als der Direktor die Zelle wieder verlassen hatte und sie allein war mit sich und ihrem Los. Sie fühlte sich ungerecht behandelt. Sie hatte doch keinerlei Schuld. Sie hatte nur das Gebot des Propheten befolgt. Schnell fand sie Trost. Sie konnte mit dem Paradies rechnen. Das erfüllte sie sogar mit Vorfreude. Die Morgenröte konnte ruhig kommen.

Sie hatte nicht geschlafen. Ihr Kommen hörte sie schon auf dem Gang. Dass sie zu ihr wollten, zeigte das Rasseln des Schlüssels im Türschloss. Sie kamen zu dritt. Zwei Wärter und ein kleiner Mann im Habit eines Imam. Einer der Wärter trug eine rotfarbene Uniform über dem Arm. Ihre Bedeutung kannte sie. Die Todgeweihten trugen solche Anzüge am Tag ihrer Exekution. Sie zog sie ohne Widerstand an. Danach verhüllten sie ihren Kopf und das Gesicht mit einem Sacktuch. Sie hatte den letzten Blick in die Welt getan. Im Hintergrund hörte sie leise den Imam, der ein Gebet murmelte. Sie versuchte erst gar nicht, die Worte zu verstehen, sondern holte sich selbst eine Sure des Korans vor das innere Auge. 4. Sure, 70: Wer Allah und seinem Gesandten gehorcht, der wird zu denen kommen, gegen welche Allah gnädig gewesen ist, zu den Propheten und Gelehrten, zu den Märtyrern und Frommen. Das ist wahrlich die beste Gesellschaft.

Man packte sie am Arm und führte sie fort. Es wurde ein weiter Weg. Eine solche Strecke war sie schon lange nicht mehr gegangen. Man hatte sie nie aus der Zelle gelassen. Er wollte gar nicht enden, dann geschah es doch.

Man hieß sie stehen zu bleiben, packte sie an den Schultern und stellte sie zurecht. Unter dem Galgen? Diese Vermutung war richtig, aber sie ließ sie kalt. Sie war mit der Welt längst fertig und wartete auf etwas Besseres. Sie hörte ein metallisches Geräusch. Der Henker hatte die Metallklammer an der Schlinge gesichert. Die schob er nun über ihren Kopf und zog sie um den Hals fest. Der Imam sprach immer noch leise Gebete. Eine Stimme wandte sich an sie. Sie konnte sie keinem der Personen zuordnen, vermutete aber, dass sie vom Henker stammte. »Hast du noch einen letzten Wunsch?«

Sie hatte keinen und antwortete nicht auf die Frage. Dann wurde es plötzlich still um sie. Selbst der Imam hatte aufgehört zu beten. Als Letztes vernahm sie ein Knirschen und Krachen. Die Falltür unter dem Galgen und ihr hatte sich geöffnet, und sie stürzte. Ich falle über den Rand der Welt direkt ins Paradies, war ihr letzter Gedanke, und nur noch die Zurückgebliebenen hörten das Knacken ihres Genicks. …

Abschied vom Nationalstaat

Gründe für den Niedergang und dessen Ausmaß

Die größte Gefahr für den IS stellte die rasante Ausdehnung des Staatsgebiets dar. Die bescheidene Anzahl eigener Leute reichte nicht, ein solches Gebiet nachhaltig zu verwalten, die fundamentalistische Ideologie in alle Köpfe zu hämmern und die Legitimität des IS nach innen und außen zu zeigen. Man musste sogar notgedrungen Arbeiter der ehemaligen Stadtverwaltung zwingen, ihren Dienst weiter zu versehen.

Der Spiegel-Journalist Christoph Reuter verwies auf ein weiteres wichtiges Problemfeld. Wenn von den alten Geheimdienstprofis und Saddam-Offizieren immer mehr ums Leben kämen, ändere sich mit der Zeit das qualitative Verhältnis innerhalb der IS-Organisation. Die gut ausgebildeten Baath-Leute waren schließlich in ihrer Anzahl begrenzt. Nur die Fanatiker wuchsen wie Pilze im September nach. Die würden, mangels fehlender Ausbildung, irgendwann Fehler machen. Sie würden sich auf Kämpfe einlassen, die sie nicht gewinnen konnten. Die weggestorbenen Eliten konnten sie nicht davor bewahren.

Ab Februar musste der IS vermehrt Schlappen hinnehmen. Kurdische Kämpfer meldeten Kobanê als vollständig zurückerobert. Auch kleinere umliegende Ortschaften waren wieder in kurdischer Hand. Wie in Ramadi blieb auch in Kobanê fast kein Haus unbeschädigt. Die Wiederaufbaukosten würden immens sein.

Ende des Monats erzielten die Kurden einen Teilerfolg in der Provinz Rakka. Die Stadt Tall Hamis fiel an sie zurück. Die Bombardements der Alliierten auf Rakka kosteten der amerikanischen Entwicklungshelferin Kayla Mueller, die seit 2013 in Geiselhaft des IS war, das Leben. Die

Amerikaner untersuchten die Meldung der Rebellen und fanden traurige Bestätigung.

Im gleichen Monat schlossen sich mehrere Rebellengruppen gegen den IS zusammen. Sie nannten sich Burkān al-Furāt. Ihr Ziel war es, durch die Kontrolle über die Straße zwischen Rakka und Aleppo für den IS den Nachschub zu erschweren. Sie hatten Erfolg.

Der Türkei gelang es, die vom IS eingeschlossene Exklave Qalʿat Dschaʿbar durch eine Militäraktion zu evakuieren.

38 Wachsoldaten, die Gebeine Sulaiman Schahs und antike Gegenstände konnten in Sicherheit gebracht werden. Das Mausoleum wurde gesprengt. Auf weitere Kampfhandlungen ließ sich die Türken vorerst nicht ein.

Der IS zeigte im Gegenzug in der Provinz al-Hasaka seine ganze Grausamkeit. 350 assyrische Christen wurden in die Sklaverei verschleppt, einige von ihnen sofort hingerichtet.

Für das syrische Regime machte sich im März bemerkbar, dass es gegen viele Feinde kämpfen musste. Die Stadt Idlib wurde von moderaten islamischen Rebellen eingenommen. Das Regime verlor damit nach Rakka eine zweite Provinz.

Der IS brauchte, wie der syrische Diktator, dringend einen Erfolg. Den suchte er in der Wüste und hatte kurzzeitig Fortüne:

Die Oasenstadt Palmyra war von Palmen umgeben und zweigeteilt. Die eine Seite glänzte mit den berühmten Ruinen als Weltkulturerbe, die andere Seite beherbergte in neu erbauten Häuserblocks 70.000 Bewohner. Der alte Teil galt als einer der bedeutendsten Komplexe antiker Bauten im Nahen Osten.

Die Bewohner des modernen Teils der Stadt mussten im Mai 2015 erleben, wie schwarz gekleidete Männer unter Waffen einmarschierten, während sich das eigene Militär und die Politiker längst zurückgezogen hatten.

Die Eroberungsfahrt der IS-Milizionäre in eine strategisch wenig bedeutende Wüstengegend war schlicht ein Racheakt gegen die westlichen

Staaten der Allianz. Die schwärmten nach IS-Überzeugung in kranker Romantik von den dortigen Altertümern und konnten mit deren Zerstörung im Mark getroffen werden. Der IS nahm dafür sogar in Kauf, die erste Stadt unter der Kontrolle Assads zu erobern und auch von ihm Gegenwehr zu riskieren. Das Gebiet des syrischen Regimes ragte hier sowieso nur wie ein schmaler Finger in die Wüste hinein, war vorher schon von drei Seiten durch den IS umstellt. Auf der mehrere 100 Kilometer langen Fahrt blieben die Kämpfer völlig unbehelligt. Assads Armee zeigte sich demoralisiert und nahm rasch Reißaus. Sie gab den Stützpunkt des Militärgeheimdienstes, das Gefängnis der Stadt sowie den Militärflughafen auf und ließ wertvolle militärische Ausrüstung zurück. Auch die alliierten Flugzeuge griffen weder den Aufmarsch noch die Aktion vor Ort an.

Viele der Invasoren kannten die Stadt überhaupt nicht. Sie waren von Rakka aus mit ihren Kampfwagen durch die Wüste gefahren, so lange, bis am Horizont Ruinen und Säulen vor ihre Augen traten, die sie so noch nie gesehen hatten.

Für die Einwohner begannen die üblichen Torturen. Ausgangssperren wurden verhängt. Namenslisten von Funktionären des Regimes, von Soldaten der syrischen Armee und der Polizei wurden zusammengestellt. Man durchkämmte die Häuser nach Regimeanhängern. Bald kursierten im Internet grausame Fotos von Enthauptungen und Erschießungen. Alle Frauen mussten sich verschleiern. Fundamentalistische Verordnungen traten in Kraft. Der Strom fiel bald aus, Wasser wurde knapp und die medizinische Versorgung lag am Boden. Dem glücklicheren Teil der Bevölkerung, es handelte sich um mehr als die Hälfte, gelang die Flucht nach Homs, der Hauptstadt der Provinz, zu der auch Palmyra gehörte. Dort trafen sie auf eine Vielzahl geflohener syrischer Soldaten, die nicht daran dachten, wieder in den Kampf zu ziehen.

Nach Verlautbarung der staatlichen Nachrichtenagentur Sana konnten vor dem Einmarsch der Dschihadisten noch zahlreiche antike Statuen in Sicherheit gebracht werden. Auch der massige Löwe aus Kalkstein, der viele Tonnen wog und vor dem Eingang der Stätten die Besucher begrüßt hatte, konnte gerettet werden. Der Satz, der auf seine Pfote geschrieben war, klang nun völlig unsinnig: Gott segne denjenigen, der in diesem Heiligtum kein Blut vergießt.

Dieser Löwe wurde auf einer abenteuerlichen Lastwagenfahrt in die Hauptstadt gebracht. Palmyra lag nur 215 Kilometer nordöstlich von Damaskus.

Seine Beschädigungen waren beträchtlich. Ein Riss ging durch seine Mähne, und wo Nase und Maul gewesen waren, klaffte nun ein großes Loch. Zudem hatte das Tier überall Einschusslöcher und Kratzer.

In der Ruinenstadt begann bald die Zerstörung. Der IS ging genauso brutal vor wie seinerzeit in der alten Stadt Nimrud und bei den Grabungsstädten Ninives. Der Archäologenchef Khaled Asaad stellte sich den Terroristen entgegen und wurde enthauptet. Die beiden größten Tempel wurden gesprengt, der Baalschamin-Tempel und der Baal-Tempel. Auch das Hadriantor wurde zertrümmert. Nur kleinere, transportable Fundstücke wurden verschont. Ihr Verkauf auf den Antiquitätenmärkten der Welt musste die IS-Kriegskasse dringend füllen.

Nach der Einnahme der Stadt kontrollierte der IS etwa 50 % des syrischen Staatsgebiets. Dabei handelte es sich überwiegend um Wüstenfläche, allerdings mit bedeutenden Öl- und Gasfeldern.

Im Juni rächte sich der IS in der verlorenen Stadt Kobanê mit einer Attentatsserie. Über 150 Menschen wurden getötet.

Im Juli griff die türkische Luftwaffe mit mehreren Bombardements gegen den IS in Nordsyrien ins Geschehen ein. Nach anderer Berichterstattung wurden bevorzugt Stellungen der syrischen Kurden bombardiert. Eigene Interessen gingen wieder mal vor. Die Türken hatten in ihrem Land genug Probleme mit den Kurden und wollten auf jeden Fall deren Zusammenschluss mit den Kurden in Syrien vermeiden.

Im September veränderte sich das Gleichgewicht der militärischen Kräfte dramatisch. Russland begann mit einer Militärintervention gegen den IS und andere syrische Rebellengruppen. Man intervenierte nicht nur mit Waffenlieferungen, sondern schickte Militärberater, eigene Soldaten, Flugzeuge und Schiffe. Sprachgebrauch für diesen Kraftakt wurde, man wolle eine Schutzbarriere zwischen den Islamisten und den muslimischen Einwohnern in den Republiken der ehemaligen Sowjetunion schaffen, um ein Überschwappen der Unruhen ins eigene Staatsgebiet zu verhindern. Die russischen Luftschläge beschädigten jedoch mehrheitlich Rebellenbastionen und nicht Gebiete unter Kontrolle des IS.

Ebenfalls im September ließ der englische Premier David Cameron die Royal Air Force ohne den üblichen Parlamentsbeschluss in der Nähe von Rakka mit Drohnenoperationen IS-Terroristen töten. Es handelte sich um konvertierte Briten, die in England Terrorakte geplant hatten. Damit begründete der Premierminister auch den Alleingang.

Mitte November konnte die syrische Armee die Belagerung des Militärflugplatzes Kuweyres durch den IS durchbrechen. Ende des Jahres verlor der seine Nachschubroute über den Euphrat. Kurdische Kampfverbände eroberten die Tischrin-Talsperre sowie einige Anrainerorte.

Die Zeiten der andauernden Siege für den IS waren vorbei.

Ein Zwischenfazit war zu ziehen: Der Krieg in Syrien hatte schon mehr als 250.000 Menschenleben gefordert. Die Hälfte der Bevölkerung war auf der Flucht.

Nach Terroranschlägen in Paris hatte der Deutsche Bundestag einem Bundeswehreinsatz in Syrien zugestimmt. Maximal 1200 Soldaten durften als Besatzung einer Fregatte, bei der Luftbetankung von Flugzeugen und bei Aufklärungsflügen deutscher Tornados zum Einsatz kommen. Die Bundeswehr stellte sechs Aufklärungstornados, ein Tankflugzeug zur Unterstützung der Anti-IS-Kampfeinsätze und die Fregatte. Das Schiff sollte den französischen Flugzeugträger Charles de Gaulle schützen, der im östlichen Mittelmeer patrouillierte. Zusätzlich stellte man einen Aufklärungssatelliten. Damit beteiligt sich Deutschland zum ersten Mal am Kampfeinsatz gegen die Terrormiliz. Das Abwerfen von Bomben blieb allerdings außen vor.

Der »IS-2016« war in der Krise. Die Zeiten des Überraschungsfeldzugs mit großen Gebietsgewinnen wie in 2014 waren endgültig vorbei. Dies hatte sich schon 2015 abgezeichnet. Das IS-Territorium schrumpfte. Die internationale Allianz schätzte den Gebietsverlust allein im Irak seit August 2014 auf 56 % ein. In Syrien sah es noch nicht ganz so schlimm aus. Man nannte für denselben Zeitraum aber ein Abschmelzen der Gebiete von immerhin 27 %. Nach US-Angaben verminderte sich das Gesamtgebiet des Kalifats von 90.800 Quadratkilometer Anfang 2015 auf 68.300 Quadratmeter in 2016. Auch wenn unter den verlorenen Quadratkilometern viele aus unbewohntem Wüstengebiet bestanden, zeigte diese Entwicklung Folgen. Verbindungswege wurden unterbrochen, Gas und Ölfelder gingen verloren. Das führte zu erheblichen Budgeteinbrüchen. 2014 wurden die Einnahmen des IS noch auf 1, 9 Milliarden Dollar geschätzt. 2016 sprach das Londoner International Centre for the Study of Radicalisation, vorsichtig gerechnet, nur noch von 520 Millionen.

Es stellte sich die Frage, wie lange die »Marke IS« noch für internationale Geldgeber attraktiv blieb und für neue Rekruten Glanz behielt. Letzteres wurde immer wichtiger, weil sich der IS auf die Verteidigung seiner Gründungshauptstadt Mossul vorbereiten musste.

Im März 2016 wurde ihm, unter starker russischer Beteiligung, die Wüstenstadt Palmyra wieder aus den Händen gerissen. Die Offensive gegen das vom IS als Hauptstadt in Syrien ausgerufene Rakka lief an.

Zahlenmäßig waren die Dschihadisten ihren Gegnern immer unterlegen gewesen. Sie konnten aber lange den enormen Blutzoll durch neue Rekruten ersetzen. Das hatte sich mittlerweile auch geändert. Der Zustrom von neuen Kämpfern war nach Angaben der US-Regierung um nahezu 90 % gesunken. Die Sogwirkung des Erfolgs war dahin. Junge, kampfbereite Moslems blieben aus. Das war beileibe nicht das einzige Personalproblem. Die Führungsebene brach dem IS weg und war noch schwerer zu ersetzen als die getöteten Kämpfer.

Das US-Verteidigungsministerium gab bekannt, dass amerikanische Truppen am 25. Juni 2016 nahe Mossul den stellvertretenden Kriegsminister des IS, Basim Muhammad Ahmad Sultan al-Badschari, und den Kommandeur und Chef der Militärpolizei, Hatim Talib al-Hamduni, mit Präzisionswaffen getötet hatten.

Ebenfalls im Juni konnte der irakische Ministerpräsident Haider al-Abadi, der Nachfolger von Nuri al-Maliki, die vollständige Einnahme von Falludscha vermelden. Der IS hatte dort Angreifern aller Lager gegenübergestanden, der irakischen Armee, paramilitärischen Milizen, kurdischen Peshmerga-Kämpfern und der US-geführten internationalen Koalition, die die Bodentruppen ohne Unterlass mit Luftschlägen unterstützte. Die Terrororganisation hatte sich zu viele Feinde gemacht.

Der größte Schlag gegen den IS war jedoch der Tod von Abu Mohammed al-Adnani am 30. August 2016. Er hatte den Beginn des Kalifats verkündet und war zum zweitwichtigsten Mann der Organisation aufgestiegen. Nun starb er bei einem Luftangriff in der Nähe von Aleppo. Al-Adnani hatte schon seit geraumer Zeit mit Todesahnung gelebt. Um nicht geortet zu werden, benutzte er keine elektronischen Kommunikationsmittel mehr. Seine Unterschlupfe wählte er stets in der Nähe von Zivilisten. Er verließ seine Verstecke nur in der Dunkelheit. An größeren Besprechungen nahm er gar nicht mehr teil. Erst als die IS-Kämpfer immer stärker unter Druck gerieten, bestieg er ein Fahrzeug, um notgedrungen wieder Führungsaufgaben zu übernehmen. Die CIA hatte ihn dabei ausgespäht. Das US-Militär lenkte mit einem MC-12-Flugzeug eine mit EMARSS-Aufklärungstechnik ausgerüstete Hellfire-Rakete in seinen Wagen und zerstörte ihn mit dem Terroristenchef und seinem Fahrer.

Noch im August eroberten irakische Truppen mit ihren Verbündeten al-Qayyara zurück sowie im September Shirqat.

Die Rückeroberung von Mossul erschien auf einmal wieder möglich.

Al-Adnanis Nachfolger Wa'il Adil Hasan Salman al-Fayad wurde nicht viel älter als sein Vorgänger. Er starb schon am 7. September bei einem Luftangriff in Rakka.

Solche Spezialisten waren nicht zu ersetzen.

Im Oktober eroberten syrische Rebellen die Stadt Dabiq, in der, nach der Überlieferung, die letzte Schlacht zwischen Gläubigen und Ungläubigen stattfinden sollte. Türkische Kampfjets und Artillerie trugen mit dazu bei, dass sich die Islamisten zurückziehen mussten. Sie ließen eine verminte Stadt zurück. Beim Entschärfen der Sprengsätze gab es viele

Tote unter den Siegern. Die Stadt hatte zwar keine große militärische Bedeutung, war aber, wegen der Weissagung, von hohem Symbolwert. Der IS hatte deshalb sein auf Hochglanzpapier gedrucktes offizielles Organ nach ihr benannt.

Die Zeitschrift wurde bald darauf eingestellt. So wie der Ort stand sie nun für den Niedergang des Territorial-Kalifats.

Schließlich liefen die Vorbereitungen für den Kampf um Mossul an. »Die Zeit des Sieges ist gekommen und die Operationen zur Befreiung von Mossul haben begonnen«, meinte Ministerpräsident Haider al-Abadi in einer Ansprache am 17. Oktober im Staatsfernsehen. Man rechnete mit vielen Flüchtlingen und richtete für sie Auffanglager ein.

Kritiker hielten die Vorsorgen für viel zu gering.

Am 20. Oktober stand die Koalition vor der Stadt und hatte bereits vorgelagerte Dörfer eingenommen. Dass sich die Türkei an dem Angriff beteiligte, führte bei den Peshmerga zu Protesten und zu Unruhen in der Koalition. Sie selbst vergingen sich beim Vormarsch an Sunniten, um für ein späteres Kurdenreich Fakten zu schaffen.

Im Dezember erzielte der IS kurzzeitig einen Erfolg. Ihm gelang es, in Palmyra wieder einzumarschieren und umliegende Gasfelder zurückzuerobern. Doch solche kleineren Erfolge blieben für die Gesamtentwicklung bedeutungslos, denn auch die Gegner konnten Siege vorweisen:

Im Januar 2017 befreiten irakische Streitkräfte die östlich des Tigris gelegenen Stadtteile von Mossul und damit die Ruinen von Ninive und die Universität.

Die Türkei und die Sowjetunion flogen erstmals gemeinsam Luftangriffe über Syrien. Stellungen des IS in al-Bab wurden bombardiert.

Im Februar konnte die Stadt durch einen Belagerungsring von den weiteren IS-Gebieten abgeschnitten werden. Ein tragischer Unfall ließ jedoch kurzzeitig zwischen Russland und der Türkei eine konfliktbeladene Situation entstehen. Bei einem russischen Luftangriff wurden drei türkische Soldaten versehentlich getötet und elf verletzt.

Östlich von Aleppo rückte die syrische Armee gegen den IS vor. Schon

Anfang März konnte der IS Palmyra gegen die russisch-irakische Übermacht nicht mehr halten und musste sich endgültig aus der Stadt zurückziehen. Ende März riefen die Islamisten die Bevölkerung ihrer Hochburg Rakka auf, die Stadt zu verlassen. US-Luftschläge hätten die Tabqa-Talsperre beschädigt und eine Flutwelle gefährde die Bewohner.

Kalif Ibrahim blieb nichts anderes mehr übrig, als die Niederlage seiner Organisationen einzugestehen. In einer Abschiedsrede forderte er die Anhänger auf, sich in die Berge von Syrien und des Iraks zurückzuziehen und sich dort zu verschanzen.

Ein Giftgasangriff der Assad-Armee auf die Kleinstadt Chan Scheichun im Gouvernement Idlib im Nordwesten von Syrien ernüchterte viele irakische Schiiten. Ihre Bereitschaft, Assad zu stützen, nahm drastisch ab. Der Schiitenführer Muktada al-Sadr in Bagdad forderte sogar Assads sofortigen Rücktritt.

Der französische Geheimdienst war zu dem Ergebnis gekommen, das Gift sei aus hoher Höhe aus einem syrischen Kampfjet geworfen worden. Bei dem eingesetzten Gas handelte es sich um das Nervengas Sarin. »Syrien hat wiederholt seine Zusage verletzt, keine Waffen mehr zu benutzen, die von der internationalen Gemeinschaft geächtet wurden«, prangerte der französische Außenminister Assad an. Dieser Kampfstoff war schon 2013 vom syrischen Regime bei einem Angriff auf Sarakeb in die Kritik gekommen. Weitere Untersuchungen solcher Kriegsverbrechen wurden in der UN durch das Veto der Sowjetunion immer wieder blockiert.

Trotz der Rückschläge suchten IS-Rebellen selbst in Rückzugsgefechten ständig den offenen Schlagabtausch. Sie griffen Anfang April bei at-Tanf einen Stützpunkt amerikanischer und britischer Spezialeinheiten an. Der Überfall konnte mithilfe von Luftunterstützung abgewehrt werden, kostete aber mindestens acht Kämpfern der ständig schrumpfenden IS-Kampfverbände das Leben.

Am 10. Mai eroberten syrisch-demokratische Kräfte (SDF) die Tabqa-Talsperre und trieben die Dschihadistenmiliz aus der Stadt.

Der neue Präsident der USA, Donald Tramp, gab gegen den IS eine andere militärische Taktik vor als Barak Obama. Deren Kämpfer sollten nicht mehr aus von ihnen kontrollierten Orten vertrieben werden, sondern in den Orten eingekesselt und aufgerieben werden.

Am 30. Mai vermeldeten SDF-Kämpfer, dass sie im Norden vor der Stadt Rakka stünden. Sie kontrollierten inzwischen auch die östlichen und westlichen Zugänge. Der südliche Zugang war durch Luftangriffe zerstört. Die Amerikaner schafften immer mehr Kampfmittel herbei. Aus Jordanien wurden zwei HIMARS-Raketen-Artilleriesysteme auf den Stützpunkt at-Tanf im Süden Syriens verlagert. Assads russische Verbündete opponierten, sie befürchteten, diese Waffen kämen auch gegen die syrische Armee zum Einsatz.

Die Russen starteten ihrerseits am 23. Juni von einem Kriegsschiff sechs Marschflugkörper und griffen damit IS-Einrichtungen im Gouvernement Hama an. Anfang Juli wiederholten sie diesen Angriff aus einem Langstreckenbomber. Bald gaben sie bekannt, sie hätten drei große Waffenlager und einen Kommandoposten nahe der Stadt Aqarbat zerstört.

Syrische Bodentruppen, einschließlich der 18. Panzerdivision, sowie Volkswehr-Milizen nahmen den Ort Dschabab Hamad ein und brachten das Gasfeld al-Hail unter ihre Kontrolle.

Am 15. Juli verlor der IS die Ölfelder Wahab, al Fahd, Dbaysan, al-Qseer, Abu al Qatat und Abu Qatash und damit enorme Einnahmequellen.

Am 17. Juli folgten die Ölquelle Daylaa, das Gasfeld Zamla, und gegnerische Truppen standen vor Deir ez-Zor.

As-Suchna hatte der IS seit Mai 2015 in Händen und musste die Stadt am 6. August wieder syrischen Truppen überlassen.

Am 5. September gelang es syrischen Einheiten, endlich durch den Kessel der IS-Kämpfer einen Korridor zu den eigenen eingeschlossenen Soldaten der 137. Brigade zu öffnen. Diese Truppen mussten über Jahre aus der Luft mit Lebensmitteln und Waffen versorgt werden. Eine russische Fregatte hatte die Offensive von See her mit mehreren Lenkflugkörpern unterstützt. Kommando- und Kommunikationsstützpunkte des IS sowie ein Munitionslager waren zerstört worden. Eine große Anzahl seiner Kämpfer wurde getötet. Der IS stand vor dem Verlust seiner letzten großen Stadt in Syrien.

Auch im Irak rundete ein militärischer Erfolg der Armee die Gesamtentwicklung ab. Ende August eroberte sie das Zentrum von Tal Afar zurück. Die Stadt war eine der letzten Hochburgen der Dschihadisten gewesen. Mit einstmals über 200.000 Einwohnern war sie inzwischen auf 20.000 Bewohner geschrumpft. Noch immer verschanzten sich etwa 2000 IS-Kämpfer in einzelnen Vierteln. Die irakische Armeeführung war sich jedoch sicher, dass die bald weichen mussten. Tal Afar stand davor, vollständig unter ihre Kontrolle zu fallen. Danach war dem IS die gesamte Provinz Ninive entrissen.

Terrorakte als Ausgleich ausbleibender militärischer Erfolge

Die militärische Niederlage des IS war nun absehbar. Er konnte an den vielen Kampforten nicht genügend Truppen entgegensetzen und besann sich auf seine schon früher bewährte Methode punktueller Terrorangriffe. Ihr Kalif hatte mit dem Aufruf, sich in die Berge zurückzuziehen, ausdrücklich keine totale Niederlage eingestanden, sondern zum Guerillakampf aufgerufen. Die Gefahr des IS war lange nicht gebannt. Lokale Terrorakte nahmen parallel zum Verlust der Territorien zu:

Am 13. Mai 2016 starben durch einen IS-Selbstmordattentäter 19 Besucher eines Straßencafés im irakischen Balad.

Am 17. Mai griffen Selbstmordattentäter das neu gebaute Gaskraftwerk im irakischen Tadschi an. 11 Menschen starben, 22 wurden verletzt.

Am 9. Juni verloren durch ein gleichartiges Attentat in Bagdad 27 Menschen ihr Leben. 60 wurden verletzt.

In Tadschi, rund 25 Kilometer nördlich von Bagdad traf ein Sprengstoffanschlag mit einem Pkw fünf irakische Soldaten eines Kontrollpostens sowie sieben Zivilisten.

Im Juli tötete eine Autobombe in einem Bagdader Einkaufszentrum

75 Personen, 130 wurden verletzt. Wegen des Ramadan waren besonders viele Menschen unterwegs gewesen.

Am 27. Juli machte ein Attentat deutlich, auf welche Weise IS-Kämpfer darauf reagierten, dass sie für Angriffe mit Kampfwagen nicht mehr zahlreich genug waren. Sie vereinzelten sich und kämpften auf Motorrädern. Sie fuhren einen Blitzangriff auf ein Dorf in der Nähe von Rakka, töteten SDF-Kämpfer und Zivilisten und nahmen einige von ihnen als Geiseln mit, um sie später hinzurichten. Dieser mobile Einsatz bewährte sich.

Die meisten Militärexperten veranlasste die Taktikänderung zu der Bewertung, man dürfe den IS noch lange nicht abschreiben. Auch wenn der Territorialstaat verloren ginge, wäre der IS noch längst nicht unschädlich gemacht. Vielmehr wäre eine Änderung seiner Strategie und der Kampfesziele nun weltweit zu erwarten. ...

Einzelne Blicke auf den Niedergang

Jesidischer Widerstand

Die Jesiden, eine religiöse Minderheit der Kurden, waren ein beredtes Beispiel für den Umgang des IS mit Minderheiten. Sie waren aus der Vergangenheit Pogrome gegen sich und ihre Religion gewöhnt und mussten sie nun vom IS erneut erdulden. Ihr Glaube war älter als der des Christentums und des Islams. Vielleicht half ihnen der Stolz darüber, auch diese neue Verfolgung zu überleben.

Am 3. August 2014 hatte der IS ihre Region um das Shingal-Gebirge, wie sie das Sindschar-Gebirge nannten, überrannt. Die wenigen Fremden unter den Angreifern passten in zwei Kampfwagen. Die meisten, die zu Tätern wurden, hatten Tür an Tür mit ihnen friedlich zusammengewohnt.

Zurück blieb eine Trümmerwüste.

Die Islamisten sahen in den Jesiden Teufelsanbeter. Die meisten Männer, circa 7000, wurden sofort getötet. 5000 Frauen und Kinder wurden versklavt. Zehntausenden, denen die Flucht gelang, blieb nur der Weg in die Flüchtlingslager. Dort vegetierten sie unter unmenschlichen Bedingungen vor sich hin. Überall, wo der IS gewütet hatte, waren die Lebensgrundlagen zerstört. Die wenigen Männer, die sich dem IS entziehen konnten, kämpften nun aus dem Untergrund. Aus dem Ausland, so auch aus Deutschland, kamen jesidische Männer, um den Glaubensbrüdern zu helfen. Der 64-jährige Kasim Shesho Khalaf gehörte dazu. Er hatte in Deutschland in den neunziger Jahren vor Saddam Hussein Asyl und die deutsche Staatsbürgerschaft gefunden und als Gärtner gearbeitet. Er kam mit seinem 27-jährigen Sohn Fahim, der in Bad Oeynhausen geboren worden war und für die Reise in die Gefahr seine Ausbildung abbrach.

Beide Männer wollten helfen, ihren Glauben zu verteidigen, waren bereit, an die Front zu gehen. Ihre neue Heimat Deutschland wollten sie jedoch nicht aus dem Auge verlieren. Sie beschlossen, zwischen den beiden Ländern hin und her zu pendeln.

Fahim brachte etwas Besonderes mit. Er war in der Bundeswehr geschult worden und konnte nun seinen weniger ausgebildeten Glaubensbrüdern ein Lehrer sein.

Kasim Shesho Khalaf hatte inzwischen den Oberbefehl über 8000 Kämpfer. Das reichte, um in Sherfedin ihren wichtigsten Tempel vor der Zerstörung zu bewahren. Die beiden Deutsch-Jesiden wurden von ihren Brüdern als Retter jesidischer Kultur verehrt.

Der IS wurde inzwischen überall bedrängt, selbst in seiner Hauptbastion Mossul. Die jesidischen Kämpfer halfen dabei mit, sie hatten von den kurdischen Peshmerga Hilfe erhalten, logistische Hilfe, Waffen und Verpflegung und ihren Glaubensgrundsatz längst aufgegeben, nicht zu töten.

Kasim Shesho Khalaf verhandelte immer wieder erfolgreich mit Peshmerga-Generälen und hohen Offizieren um weitere Hilfe. Langsam, aber sicher war es gelungen, den IS aus den jesidischen Gebieten zurückzudrängen. Doch der Druck von allen Seiten machte die Dschihadisten aggressiver.

Als Selbstmordattentäter stahlen sie sich hinter die Linien ihrer Gegner und brachten den Tod. Die 70 Kilometer lange Front war durch die jesidischen Milizen nur schwer zu kontrollieren. Taktik, nicht mehr der Kampf Mann gegen Mann, war zur neuen Herausforderung geworden. Man konnte jede Hand und jede Waffe brauchen, doch nur wenige Brüder kamen aus den Flüchtlingslagern zurück. Es hatte sich herumgesprochen, dass die Heimat in Trümmern lag. Die Kämpfer, die zurückgeblieben waren, zeigten sich jedoch einig: Das Jesidenland durfte nicht mehr unter fremde Herrschaft kommen. Im November 2015 waren die Islamisten endlich zurückgedrängt. Die Befreiung war auch das Ziel der beiden Deutsch-Jesiden gewesen. Ob sich aber alle ihre Träume nach Glaubensfreiheit, Sicherheit und Eigenständigkeit dauerhaft verwirklichen ließen, stand in den Sternen. …

Die Rückeroberung von Mossul

In einer Fernsehansprache am 17. Oktober 2016 kam der irakische Ministerpräsident auf Mossul zu sprechen: »Die Zeit des Sieges ist gekommen und die Operationen zur Befreiung von Mossul haben begonnen.«

Seit Wochen hatte man die Vorbereitungen für die Offensive vorangetrieben. Flugblätter waren über der Stadt abgeworfen worden, um die Bevölkerung vor der bevorstehenden Angriffswelle zu warnen.

Man wollte möglichst keine Zivilisten töten und forderte die Menschen auf, in den Häusern zu bleiben. Auf jeden Fall sollten sie die Nähe von Stellungen des IS meiden.

Die irakischen Truppen zeigten sich voll Hoffnung. Fast 100.000 Soldaten standen höchstens 7000 IS-Kämpfern gegenüber. Die mussten inzwischen eigene Leute hinrichten, da die versuchten zu desertieren. Kinder, die früher nur als Boten benutzt worden waren, wurden gezwungen, Lücken in den Reihen der Kämpfer zu schließen. Mit Sprengstoffgürteln am Leib wurden sie erbarmungslos in Richtung der irakischen Angreifer getrieben. Kalif Ibrahim war sich der schwierigen Lage seiner Männer bewusst. Anfang November meldete er sich seit langem wieder einmal zu Wort. Er verstieg sich auf Durchhalteparolen.

Der irakische Ministerpräsident verkündete am 16. Oktober gegen 23 Uhr den Beginn der Offensive. Der Angriff begann am 17. kurz vor 2 Uhr nachts, betraf aber zunächst vorgelagerte Ortschaften. Die ersten Kampfaktionen richteten sich gegen die vom IS besetzte Kleinstadt Kajara. Der Ort verfügte über ein Flugfeld. Bellender Artilleriebeschuss und das Rasseln schwer gepanzerter Fahrzeuge begleiteten den Vormarsch. Die Armee machte schnelle Fortschritte. Am 22. Oktober stand sie bereits 5 Kilometer vor Mossul. Die amerikanischen Verbündeten lobten den überplanmäßigen Erfolg des Angriffs auf die IS-Hauptstadt. Nicht nur der Leiter der Stiftung Wissenschaft und Politik, Volker Perthes, sah den Anfang vom Ende der territorialen Ausdehnung des Islamischen Staates gekommen. Am 1. November drangen irakische Einheiten in den Stadtteil Gogdschali ein. Am 24. November wurde durch Luftschläge die letzte der fünf Brücken zerstört, sodass Mossul in zwei Kampfgebiete geteilt war. Der Fluss Tigris trennte Mossul in einen östlichen und einen westlichen Teil. Am 8. Januar erreichten Peshmerga-Kämpfer und irakische Soldaten erstmals das Ostufer. Zu diesem Zeitpunkt hielt der IS nur noch 40 % der westlichen Stadthälfte, nur circa 1 % des Gesamtgebiets der Stadt. Nach der Befreiung von Ostmossul kehrten sogar die ersten geflüchteten Bewohner zurück. Etwa 2700 Menschen machten sich auf den Weg in die Heimatstadt. Die Gängelei der Bevölkerung durch den IS wurde, trotz seines Niedergangs, immer schlimmer. Besonders Christen litten unter den Willkürmaßnahmen. Nikodemus Daoud Matti Schara, der orthodoxe Bischof von Mossul, schimpfte über den Westen: »Die kümmern sich mehr um Frösche als um uns.«

Mossul war von jeher ein Schmelztiegel gewesen. In der Stadt lebten über Jahrhunderte Araber, Kurden, Assyrer, Moslems, Christen und Jesiden friedlich zusammen. Die Wut der Islamisten hatte sich in den Jahren der Besetzung besonders gegen diese religiösen Minderheiten gerichtet. Dazu gehörten auch die Christen.

Am 19. Februar verkündete die irakische Regierung den Beginn der Offensive im Westteil. Dort wurden die Kämpfe besonders hart geführt. Hier herrschte Endzeitstimmung. Viele Bewohner wollten aus dem Stadtteil fliehen, doch die Terroristen ließen das nicht zu. Bald lagen Leichen von Männern, Frauen und Kindern am Straßenrand. Sie wurden sofort mit Minen gespickt. Die Brutalität der Terrormiliz kannte keine Grenzen. Immer wieder mussten mit Sprengstoff beladene Wagen der Islamisten zerstört werden, bevor sie in die irakische Front fahren konnten. Fast 400.000 Bewohner wurden vom IS als Geiseln gehalten und dienten mit ihren Leibern und dem Leben gegen die Luftschläge der Koalition als Schutzschilde. Im März mussten die Amerikaner erneut ihre Mitschuld am Tod von Zivilisten einräumen. Ihre Kampfjets hatten mehr als 100 wehrlose Menschen mit Bomben zerfetzt. Der UN-Hochkommissar Seid Raad al-Hussein ermahnte die Koalition eindringlich, bei den Luftangriffen das perfide Vorgehen der Islamisten, Einwohner als Schutzschilde zu benutzen, zu beachten. Als Antwort auf die Bombenanschläge hatte der IS viele Ruinen in den Vierteln zu Sprengstofffallen gemacht. Der Sprengstoff entzündete sich unter dem Bombenhagel der Alliierten und sorgte für den Tod zusätzlicher unschuldiger Menschen.

Die irakischen Truppen hatten sich mittlerweile auf Sichtweite an die stark zerstörte Große Moschee von Al-Nuri herangekämpft, in der der Kalif im Juni 2014 das Kalifat ausgerufen hatte. Schon nach wenigen Tagen kontrollierten Spezialeinheiten das gesamte Moscheegelände sowie die Bezirke Al-Hadba und Sirdschchana. Die Islamisten hatten vor ihrem Rückzug die schwarze Fahne abgenommen und das Minarett gesprengt.

Der irakische Ministerpräsident schmückte sich mit Vorschusslorbeeren und erklärte das ausgerufene Kalifat für beendet.

Ebenfalls im März wurde das Museum zurückerobert. Als die Stadt 2014 an den IS fiel, war es gerade renoviert worden und stand vor der Wiedereröffnung. Nun gab es ein freudloses Wiedersehen. Durch die Löcher im Dach drangen das Dröhnen von Geschützfeuer sowie der Lärm von Kampfhubschraubern und Granatwerfern. Vitrinen waren zerstört, Bücher lagen im Schmutz, dazwischen Personalakten der Museumsmitarbeiter. Viele Statuen waren zertrümmert worden und nur schwer wieder zu restaurieren. Als Erinnerung an sie verblieben nur ihre schwarzen Sockel und die leeren Nischen. Die Haupthalle des Museums hatte der IS als Verwaltungszentrum genutzt. Viele Dokumente wurden vor dem Rückzug angezündet, und der Boden war zentimeterhoch mit Asche bedeckt. Wenige Unterlagen waren für die Auswertung der begangenen Gräuel zu gebrauchen. Der IS hatte sich im Museum bis zuletzt gegen die Luftangriffe geschützt. Man hatte aus dem Verhalten der Alliierten gelernt. Die Koalition vermied Luftschläge in Nähe wertvoller Altertümer und erkennbarer Ansammlungen von Zivilisten. Das Salam-Krankenhaus, das Vorzeigeobjekt für medizinische Versorgung der Stadt, wurde unbrauchbar zurückerobert. Alles war so zerstört, dass nie wieder Patienten aufgenommen werden konnten. Dabei verlangten die vielen Schwerverletzten so sehr danach. Die desolate Lage für den IS war nun offensichtlich und veranlasste den Kalifen zu einer Abschiedsrede. Er gestand die Niederlage im Nordwesten des Iraks zwar nur verklausuliert ein, forderte aber seine Leute auf, sich in die syrischen und irakischen Berge zurückzuziehen und von dort aus zu kämpfen. Die Zahl der IS-Kämpfer in Mossul war auf etwa 350 geschmolzen. Man vermutete den Kalifen längst im Grenzgebiet zu Syrien. Zum wiederholten Mal wurde sein Tod gemeldet. Der amerikanische Außenminister Tillerson war vorsichtiger mit einer Festlegung und prophezeite stattdessen, es sei nur eine Frage der Zeit, bis der Kalif den Tod fände. Derweilen zogen irakische Soldaten und Polizisten jubelnd durch die zerstörte Metropole. Die Stadt hatte unter den Haus-zu-Haus-Kämpfen gelitten, genauso wie nun unter Scharfschützen und Selbstmordattentätern, die immer noch Widerstand leisteten. Die Luftwaffe warf trotzdem schon Flugblätter ab: Mossul ist in den Schoß des Iraks zurückgekehrt. …

Ein Zwischenfazit zeigte folgendes Bild: Die Hälfte der Bevölkerung, circa 900.000 Menschen, waren vor den Islamisten geflohen oder tot. Im Flüchtlingslager Dibaga, etwa 40 Kilometer von Erbil entfernt, kamen täglich Hunderte Flüchtlinge aus Mossul und Umgebung an. Das Lager war bereits überfüllt. Der Winter nahte, und es gab weder Wasser- noch Energieversorgung in den Unterkünften. Eine weitere Flüchtlingswelle war wahrscheinlich. Mit der vollständigen Befreiung des Stadtgebiets sollte das Drama längst kein Ende finden. Am schlimmsten betroffen waren die Kinder. Viele von ihnen steckten in Körpern von Greisen. Sie bestanden nur noch aus Haut und Knochen. Die meisten waren traumatisiert. Fortwährende Gewalt und Verrohung sowie fehlender Schulbetrieb und vernachlässigte Erziehung hatten ihre Spuren hinterlassen. Erhängen, Enthaupten, Abtrennen von Gliedern und Denunziation gehörten, wie die Angst, zu ihrem Alltag. Ihre kleinen Seelen waren schwer zu reparieren. Für Resozialisierungsprogramme fehlte das Geld. Humanitäre Hilfe für diese Ärmsten der Armen war nicht zu finanzieren.

Auch die Erwachsenen litten Not. Alles fehlte, alles war in Trümmern. Das Sterben ging weiter. Sterben durch Hunger, Sterben durch Durst und Sterben wegen fehlender ärztlicher Hilfe. Nach Schätzung der Vereinten Nationen waren mindestens 32.000 Häuser zerstört. Die ersten Wiederaufbaumaßnahmen wurden von Korruption begleitet. Beim Aufspüren der in der Stadt noch versteckten Islamisten ging Frankreich als einzige westliche Nation einen besonders rigorosen Weg. Mit Fotos und digitaler Ortung spürten 40 Spezialkräfte vor Ort französische Dschihadisten auf und liquidierten sie. Auch irakische Kämpfer gingen gegenüber Gefangenen mit blutiger Rache vor. Der Sender Al-Dschasira strahlte Bilder aus, auf denen irakische Polizisten unbewaffnete Männer hinrichteten. Iraks Ministerpräsident Haider al-Abadi ordnete daraufhin eine Untersuchung an, um Menschenrechtsverletzungen aufzuklären.

Auch vier deutsche Frauen wurden als Terroristinnen festgenommen. Sie sollten für die Religionspolizei des IS gearbeitet haben. Ein optimistischer Blick in die Zukunft schien nicht angesagt. Allerdings feierten Christen erstmals nach dem IS-Abzug wieder Ostern. ...

Die Rückeroberung von Rakka

Um Rakka, das die Islamisten zu ihrer Hauptstadt in Syrien auserkoren hatten, zu befreien, musste zunächst der Weg dorthin unter Kontrolle gebracht werden.

Al-Bab, zu Deutsch das Tor, war der wichtigste Durchlass dafür. Die Kämpfe des IS mit der Freien Syrischen Armee und türkischen Truppen wurden seit Dezember 2016 unter dem Namen Schutzschild Euphrat geführt und gestaltete sich dramatisch. Der IS wusste um die Bedeutung des Kampfs und hatte aus dem Irak sogar Entsatztruppen herangeführt. Verteidigungsgräben wurden ausgehoben, Sprengstofffallen gelegt und mit Sprengstoff beladene Kampfwagen in die feindlichen Linien gelenkt und gezündet. Dann war die Stadt eingekesselt. Die Landroute zwischen den beiden kurdischen Provinzen Afrin und Kobanê war unterbrochen. Die Gefechte verliefen über die gesamten Weihnachtstage. Särge, die in den Farben des freien Bündnisses bemalt waren, sah man immer öfter. Die Toten hatten meist ohne Helm und Schutzweste gekämpft und waren nicht gegen die zurückgelassenen Minen gefeit gewesen. Viele unschuldige Zivilisten gerieten zwischen die Fronten und fanden den Tod. Die Angreifer lieferten sich ein Wettrennen mit Kräften der syrischen Armee, die von Süden aus vorrückten.

Assad sah die türkische Operation als völkerrechtswidrig an. Es kam zu einem militärischen Geplänkel zwischen dem Bündnis und Assads Truppen. Doch die waren nicht stark genug, um Paroli zu bieten.

Eine plötzliche Aufgabe des Widerstands der Islamisten und deren Rückzug aus Al-Bab Ende März gab Rätsel auf. Man vermutete, dass es zu einem Deal zwischen der Türkei und dem IS gekommen war. Die ließ wohl Waffenlieferungen aus Saudi-Arabien zu, die Erdogan höchstpersönlich bei einem Besuch am 14. Februar in Riad ausgehandelt hatte. Sein Augenmerk galt vorrangig dem Kampf gegen die syrische Führung und dem Traum von einem großen Neo-Osmanischen Reich, das sogar in weiter Ferne die Annexion von Teilen Griechenlands, des Balkans sowie im Osten, im Irak, den Landstreifen von Aleppo bis nach Kirkuk vorsah. Bald waren 19 Ortschaften in den Händen des Bündnisses. Aber danach ging der Vormarsch auf Rakka nur noch langsam vonstatten. Befreit sein hieß Verwüstung, Verletzte und Tote. Der IS hatte, trotz der einvernehmlichen Räumung Al-Babs, auf dem weiteren Weg alles vermint und Schläferzellen zurückgelassen, die sein blutiges Werk fortsetzten. Der Funkverkehr der Dschihadisten war spärlich geworden. Sie hatten Angst vor der Ortung und den danach folgenden Luftangriffen.

Das Bündnis eroberte nur noch kaputtes Land. Die vorgefundenen Menschen waren in einem desolaten Zustand. Der Wunsch zu leben, etwas zu essen und trinken zu haben, waren für sie zur Hauptsache geworden. Energie gab es nur aus Generatoren. Der Sprit, um sie zu betreiben, hielt oftmals nur wenige Stunden vor. Syrisches Geld, um Brennstoff nachzukaufen, hatte nur noch ein Zehntel des Wertes von vor dem Krieg, während die Preise für die benötigten Güter um ein Vielfaches gestiegen waren.

Im November 2016 begannen endlich die Kämpfe zur Rückeroberung Rakkas. Zuerst sicherte man die Tabqa-Talsperre am Euphrat. Man wollte auf jeden Fall vermeiden, dass der IS das Gelände flutete und den Vormarsch dadurch aufhielt. Auch galt es, das Trinkwasser zu schützen. Die syrischen demokratischen Kräfte (SDF) wurden von kurdischen Einheiten angeführt, sie stellten in etwa ein Viertel der Soldaten. Rakka war eine sunnitische Stadt, insofern war die kurdische Führungsrolle nicht unproblematisch. In dem Bündnis hatten sich jedoch, neben den kurdischen Volksbefreiungseinheiten, sunnitisch-arabische, christlich-arabische und turkmenische Milizionäre zusammengefunden und mittlerweile aneinander gewöhnt.

Amerika, Großbritannien und Frankreich unterstützen die SDF mit Waffenlieferungen und Spezialkräften. Sie verfolgten auf Tablets mit entsprechender Software die ständig aktualisierte Gefechtslage. – Wo gab es IS-Kämpfer? Welche Gebiete waren als vermint bekannt? Welche Gebiete waren von Minen geräumt? – Über all das informierten sie die verbündeten Bodentruppen. Sie ließen auch Kameradrohnen aufsteigen, um Terroristennester auszumachen. Die internationale Koalition flog dann gezielt Luftangriffe. Mit Beginn der Offensive wurden mehr als 9000 Menschen aus der Metropole vertrieben. Im März 2017 entrissen die Befreier dem IS nach heftigen Kämpfen den wichtigen Flughafen. Danach war eine Kampfpause dringend vonnöten. Die Luftschläge der Verbündeten hatten die Talsperre getroffen, und der Staudamm drohte zu brechen. Reparaturarbeiten waren vorrangig angesagt. Auch die Brücken über den Euphrat waren durch Bomben zerstört. Aber immerhin war die Straße zwischen Rakka und Deir ez-Zor eingenommen worden. Die Gelder des IS aus Erdölverkäufen dieser Provinz brachen weg. Auf den Straßen mussten die Kämpfer Umwege in Kauf nehmen, weil kratertiefe Löcher im Straßenbelag den kürzesten Weg unmöglich machten.

Die vorrückenden Truppen hatten zudem mit den Kampfwagen gewissenhaft Spur zu halten, denn überall auf den Straßen waren Minen ausgelegt. Nur wo der vorausfahrende Wagen passieren konnte, war die Chance für den folgenden Wagen groß, unbeschadet durchzukommen.

Wieder wurden Leichen am Wegesrand vermint. Die Auslöser der Minen waren Trittzünder, Bewegungsmelder und dünne Fäden. Schon kurz nachdem die Einnahme der Stadt Deir ez-Zor verkündet wurde, bäumte sich der IS mit einem brutalen Anschlag nochmals auf. Durch die Explosion einer Autobombe wurden 75 Menschen getötet und mehr als 140 verletzt. Die Bombe explodierte inmitten von Flüchtlingen, die sich am Ufer eines Flusses versammelt hatten.

Die Umgebung von Rakka wurde durch die Zerstörung technischer Ausrüstung ein großes Funkloch.

Im Mai waren die Terroristen schon so in der Defensive, dass sie tiefer liegende westliche Gebiete mit Euphratwasser fluteten, um den unaufhaltsamen Vormarsch des Bündnisses zu stoppen.

Im Juni vermeldeten die Angreifer die Eroberung des westlichen Stadtviertels Romanija. Bei den zweitägigen Kämpfen waren zwölf Soldaten der Terrormiliz gefallen. Das war bei der verbliebenen Zahl sehr viel. Nachdem die Offensive auch im Osten begonnen worden war, konnte man endlich gegen die Islamisten einen Zweifrontenkrieg führen.

Bald kontrollierten die Belagerer das Viertel Maschlab und drangen in den Bezirk Sabahija vor. Durch den Lärm einschlagender Bomben, Granaten und Kugeln schrien ihnen Bewohner aus zerschossenen Fenstern entgegen, um auf sich aufmerksam zu machen. Sie wollten verhindern, zu guter Letzt noch durch die Befreier getötet zu werden.

Drohnen mit Sprengsätzen fürchteten sie besonders, auch wenn sie von den eigenen Leuten gelenkt wurden. Die waren ferngesteuert und verstanden ihre Warnrufe nicht. Um ihnen zu entgehen, verstärkten sie die Türen und kauerten sich unter massive Treppen, um Leib und Leben vor einsetzenden Detonationen zu schützen.

Die eingeschlossenen Menschen besaßen nur noch wenige Brotreste und tranken schmutziges Wasser aus dem Euphrat. Ab und zu sah man einen mutigen Mediziner zu einem Verwundeten eilen, um seine Schusswunde zu versorgen. Allzu schwer durften die Wunden jedoch nicht sein, denn das nächste Hospital lag in Kobanê, drei Stunden entfernt, und war, in einem solchen Fall, nicht schnell genug erreichbar.

Anfang Juli drangen Soldaten der syrischen demokratischen Kräfte in die Altstadt vor, hinter deren Stadtmauer sich die letzten Kämpfer des IS verschanzt hatten. Alle Durchgänge hatten sie vermint. Die Angreifer mussten deshalb Lücken in die Stadtmauer schlagen. Das kostete viele Tote, denn der IS leistete starken Widerstand.

Mit Schlamm getarnte Pick-ups brachten Munition und Nahrung an die vorderste Front, und manchmal nahmen sie total erschöpfte Kämpfer für eine Ruhepause mit zurück.

Im August waren die IS-Kämpfer in der Defensive. Man schätzte sie nur noch auf 2000 Milizionäre ein, aber die kämpften verbissen um jeden Häuserblock. Sie kämpften um eine Verlängerung ihrer Leben, ahnten, dass sie wohl umkommen würden. Sie hatten keinen Rückzugsraum mehr. Das machte sie besonders gefährlich.

Ihre Anführer versuchten trotzdem, sich mit ihren Familien abzusetzen. Sie suchten die Flucht mit nächtlichen Bootsfahrten über den Euphrat. Ende August vermeldete die syrische Beobachtungsstelle für Menschenrechte, dass binnen 24 Stunden auf beiden Seiten insgesamt 64 Kämpfer getötet worden waren. Davon entfielen 38 auf den IS.

Am 1. September erklärte ein Sprecher des Bündnisses, man habe nunmehr die gesamte Altstadt eingenommen.

Die UNO ging davon aus, dass noch circa 25.000 Zivilisten in der Stadt ausharrten und täglich 27 von ihnen das Leben verloren. Dafür machte man nicht nur den IS, sondern auch wiederum die Luftschläge der Allianz verantwortlich. Das Pentagon hatte anscheinend entschieden, im Luftkampf um Rakka zivile Opfer in Kauf zu nehmen.

Am 17. Oktober 2017 meldeten die Medien die endgültige Niederlage des IS in Rakka und damit das bevorstehende Ende seines Territorialreichs. Zurück blieb eine zerstörte Stadt mit verminten Vierteln und nur wenigen Bewohnern, die in ihr ausgeharrt hatten. Einige wenige ausländische Terroristen versteckten sich noch in den Ruinen. Sie hatten keine Fluchtmöglichkeit mehr.

Schon vor der totalen Befreiung der Stadt richtete das Bündnis im nahen Dorf Ain Issa eine Übergangsverwaltung für Rakka ein. Nach der Eroberung sollten von hier aus Wahlen und der Wiederaufbau organisiert werden. Der Glaube an eine bessere Zukunft war noch nicht aufgegeben. Trotzdem grübelten viele darüber nach, was nach dem Sieg über den IS folgen würde. Kam Assad zurück? Konnte sich das Bündnis auf eine faire Regierungsform einigen? Folgte dem Sieg ein Krieg?

Die zweite Rückeroberung von Palmyra

Die Ruinenstadt Palmyra durchlitt in den letzten zwei Jahren ein Wechselbad der Gefühle. Die Milizen des IS hatten die Stadt erstmals 2015 eingenommen und viele Baudenkmale, die unter UNESCO-Weltkulturerbe standen, zerstört und Kunstschätze geraubt. Man nannte die einzigartige Stadt das Venedig der Wüste. Russische und syrische Einheiten eroberten sie im März 2016 zurück und verschafften sich damit für einen kurzen Moment vor der Welt das positive Gesicht von Kulturbewahrern. Der syrische Kultusminister drückte dies mit pathetischen Worten aus: »Die ganze Welt schuldet dem syrischen Präsidenten und Führer Dank, weil er die Altertümer schützen ließ.«

Besonders die westlichen Nationen hatten ein großes Herz für die Schätze oder waren sogar an deren Ausgrabung beteiligt gewesen. So konnten auch sie den militärischen Erfolg schweren Herzens nur begrüßen.

Assad und Putin hatten ihre Karten bestens ausgespielt und deutlich gemacht, dass in Syrien selbst gegen den IS nichts ohne sie ging. Mit anderen Worten: Es ging nichts ohne das Assad-Regime. Russland und Syrien sonnten sich jedoch nur kurz in dieser allgemeinen Anerkennung. Im Herbst 2016 überrannten 4000 Islamisten ihre Verteidigungslinien erneut. Der IS hatte sie aus Mossul, Rakka und Deir ez-Zor zusammengezogen. Über Palmyra wehte wieder die schwarze Flagge. Diese Terroristen setzten in der Wüstenstadt ihre Verwüstungen fort. Unter anderem wurden drei berühmte Grabtürme gesprengt. Nun erklärte Präsident Wladimir Putin die Errettung Palmyras zur eigenen Herzensangelegenheit. Er wies seinen Verteidigungsminister Sergej Schoigu an, den Rückschlag zu korrigieren. Schnell rückten syrische Regierungstruppen mit sowjetischer Unterstützung auf Palmyra vor.

144

Schwere Panzerwagen und Geschütze mit vermummten Soldaten zogen erneut durch den wehenden gelben Sand in den Wüstenkrieg. Es ging vorbei an einem sinnlosen Hinweis auf Audioguides in Französisch, Englisch und Arabisch. Die gab es längst nicht mehr. Auf einen Ruinenstein hatte jemand in arabischen Schriftzeichen gesprüht: Zutritt nur mit Erlaubnis des Islamischen Staates! Am 2. März meldeten russische Medien, Palmyra sei komplett zurückerobert. Die Armee hatte die Stadt nach nächtlichen Kämpfen unter ihre Kontrolle gebracht. Die IS-Kämpfer hatten sich zurückgezogen. Über die Verwüstungen galt es nochmals Inventur zu machen. Die Terroristen hatten den berühmten Triumphbogen sowie antike Tempel und Statuen zerschlagen und einen Teil der Anlage vermint. Sie hatten den Baal-Schamin-Tempel gesprengt, ein Wahrzeichen für die Versöhnung der Weltreligionen. Kleinere Schätze waren nochmals geplündert worden. Solche Diebstähle hatte es jedoch immer gegeben. Unter der Herrschaft der Syrer, des IS und auch unter der der Russen fanden kostbare Gegenstände den Weg in die Kunsthäuser internationaler Metropolen. Beträchtliche Teile der Ruinenstadt, Tempel, Theater und kilometerlange Säulenreihen hatten jedoch die Wut der Dschihadisten glimpflicher überstanden als gedacht. Fachleute veranschlagten, man könne mithilfe der UN Palmyra innerhalb fünf Jahren wieder so aufbauen, wie es vorher gewesen war. Andere gaben den Rat, weitere Ausgrabungen zu verbieten. Die Kunstschätze sollten unter der Erde bleiben, geschützt vom Sand und vor den Menschen. Andere empfahlen, finanzielle Mittel bevorzugt für lebenswichtigere Dinge einzusetzen.

Die Befreiung der nahen Wüstenstadt Al-Karjatain dauerte etwas länger und offenbarte Grausames. Der IS hatte in den letzten 20 Tagen vor seiner Niederlage fast 120 Bewohner getötet, weil er ihnen Zusammenarbeit mit dem syrischen Regime vorwarf. In den letzten zwei Tagen ihrer Herrschaft haben die IS-Milizen die meisten Menschen erschossen und mit Messern getötet.

Das Leben in Bagdad 2017

Bagdad war im 13. Jahrhundert die Hauptstadt des Orients. 37 Jahre Krieg und Terror, nahezu ohne Unterbrechung, hatten das dramatisch geändert.

Bagdad war 2017 nur noch, was Gewalt und Terror betraf, eine Stadt der unbegrenzten Möglichkeiten.

Die Stadt war allerdings zweigeteilt. Da gab es die Stadteile der Sicherheitszonen und solche, die sich überlassen worden waren. Zu den Sicherheitszonen gehörten das Gebiet um den Flughafen und die Grüne Zone, wo sich, auf der Westseite des Tigris, das Regierungsviertel befand. Hier stand schon der Palast von Saddam Hussein. Für die Zeit danach haben die Amerikaner dem heutigen Regierungsapparat eine Festung mitten im Stadtbild errichten lassen. Diese Zone wurde mit fast drei Meter hohen Stahlbetonmauern in einer Breite von über einem Meter umschlossen. Dieses Verteidigungswerk wurde dann noch mit Stacheldraht gekrönt. MG-Stellungen, gepanzerte Fahrzeuge, Artillerie und eine Unmenge von Soldaten wiegten die Bewohner, die wie Gefangene lebten, in Sicherheit. Wer von außen als Fremder hineinwollte, brauchte Passierscheine und feste Besuchstermine. Einige Botschaften hatten eigene Sicherheitszonen. Die deutsche Botschaft lag als Festung für sich im bürgerlichen Stadtteil Mansur. Vor dem Tor des Komplexes standen irakische Soldaten. Hinter der Betonmauer wachten gedungene Sicherheitskräfte. Dann führte ein Fußweg durch mehrere Schleusen aus Stahltoren, Mauern und Stacheldraht. Schwer bewaffnete Beamte der deutschen Bundespolizei patrouillierten noch vor der Botschaftsvilla, die im orientalischen Stil gehalten war. Der Botschafter und seine Mitarbeiter lebten unter sich. Sie kannten weder den Besuch eines Cafés noch einen Einkauf auf dem Basar. Termine außerhalb des Botschaftsgeländes wurden wie Fahrten in Kriegsgebiete organisiert. Dazu benutzte man, wie auch Fremde, die zu Besuch kamen, Sicherheitsdienste. Durchtrainierte Männer in Pseudouniformen, ausgerüstet mit Schusswesten, Kalaschnikows und Funkgeräten übernahmen in stahlverstärkten Landcruisern mit Panzerglasfenstern den Begleitschutz. Ihre Gäste durften den Wagen nicht ohne ihre Aufforderung verlassen.

Stopps an Sicherheitscheckpoints oder bei Pannen wurden ebenfalls allein vom Begleitschutz gemanagt. Im Wageninneren befand sich ein Rufknopf für ein Rettungskommando. Dieses Leben war so schwer zu ertragen, dass dem Botschafter und seinem Stellvertreter abwechselnd sechs Wochen Bagdad und sechs Wochen Deutschland zustanden. Die Stadt außerhalb der Sicherheitszonen verkam zusehends. Wohnhäuser standen leer, zeigten Kriegsspuren und blinde Fenster. Neubauten waren oft unvollendet. Ehemalige Luxushotels, insbesondere am Ufer des Tigris, hatten längst ihren Charme verloren. Selbst die Raschid-Straße, die alte Prachtstraße, zeigt ein tristes Bild. Geschäfte waren verrammelt, Cafés, die es zuhauf gab, geschlossen und Flaneure waren kaum unterwegs. Am ehesten ließen sich Reste früherer Kultur und Gelehrsamkeit noch in der Mutanabbi-Straße, in der Straße der Buchhändler, erahnen. Hier im Zentrum der Stadt fand sich auf einigen 100 Metern Buchladen an Buchladen. Dort kaufte man Nachdrucke großer westlicher Schriftsteller und Poeten. Die Lesefreudigkeit der Bevölkerung war geblieben, in der Mutanabbi-Straße herrschte Trubel. Diese Oase scheinbaren Friedens konnte jedoch das Gesamtbild nicht beschönigen. Die Stadt wurde ständig von Anschlägen erschüttert. In kürzester Zeit tötete auf einer früheren Flaniermeile eine Autobombe 80 Personen.

Drei Autobomben in den nächsten vier Tagen kosteten nochmals zig Menschenleben. Mehrere Passanten blieben verletzt zurück. Die armen Seelen waren einfach zur falschen Zeit am falschen Ort gewesen. Wenn der Premierminister al-Abadi vor Ort erschien, um sein Beileid auszudrücken, wurde er von der aufgebrachten Menge ausgebuht und mit Steinen und Unrat beworfen. Niemand nahm ihm echte Anteilnahme ab. Seine Regierung stand weder für Rechtsstaatlichkeit noch für Sicherheit. Sie bot keinen Ausgleich zwischen Sunniten und Schiiten. Viele ihrer Gesetze waren das Papier nicht wert, auf dem sie geschrieben wurden. Bagdad blieb, trotz vermeintlicher Anstrengungen, ein Nährboden für Terroristen.

Klassischer Terrorismus

In der Führung des IS hatte sich schon des längeren die Erkenntnis breitgemacht, dass der Versuch, einen eigenen Territorialstaat zu bilden, ein Fehler gewesen war. Die Übermacht der Gegner war dafür zu groß. Der Verlust eroberter Gebiete im Irak und in Syrien war noch nicht zu Ende.

In seiner Videobotschaft Anfang November 2016 hatte dies der Kalif zugegeben. Ibrahim äußerte aber auch Durchhalteparolen und warnte vor Fahnenflucht. Er forderte seine Anhänger auf, zunehmend außerhalb des IS-Gebiets den Kampf zu suchen. Gänzlich Aufgeben war für ihn keine Alternative, bewährtes Vorgehen musste wieder her.

Arnold Joseph Toynbee, der bekannte britische Kulturtheoretiker und Geschichtsphilosoph, hatte zur Lösung solcher Krisensituationen eine konkrete Hilfe angeboten: Eine »flexible Response« musste gegeben werden.

Auf eine solche Antwort besann sich nun der IS. Für den regionalen Bereich belebte man den erfolgreichen Guerillakrieg aus sicheren Verstecken mit schlagkräftigen Terrorgruppen wieder.

In den feindlichen Ländern des Westens, speziell in den USA und in Europa, verstärkte man bewährte, blutige Nadelstiche in Form von Attentaten. Aufgebaute Schläferzellen in den einzelnen Ländern wurden erweckt. Man stellte ihnen geschulte Helfer zur Seite. Viele von ihnen waren vorher in den Orient gekommen, um vor Ort zu kämpfen. Nun ließ man sie in Todeslisten sterben und schickte sie mit falschen Papieren in den Flüchtlingsströmen nach Europa zurück. Mit neuer Vita und völlig unbescholten fanden sie problemlos Einlass. Inzwischen versuchten Hunderttausende Flüchtlinge über die östliche Mittelmeerroute die Länder der EU zu erreichen. Sie schifften sich in der Türkei ein und gelangten über Griechenland, Bulgarien und Zypern in die bevorzugten Länder. In dieser Völkerwanderung Terroristen zu entdecken, war fast unmöglich.

Das Kalifat zog inzwischen viel weniger Kämpfer von außen an als früher. Baghdadi war das recht, er rief seine Sympathisanten im Westen sogar offen dazu auf, nicht mehr in den Irak oder nach Syrien zu kommen, sondern zuhause die Ungläubigen zu attackieren, wo immer es ging. Dieser Aufruf erwies sich als flexible Antwort.

Wie schnell sie funktionierte, zeigt der Auszug aufgelisteter Anschläge. Die jüdische Rundschau sowie das Informationsportal für politische Bildung haben sie seit 2002 zusammengestellt und bis 2017 fortgeführt:

Auflistung von Anschlägen in den Jahren 2002 bis 2017

2002 begingen an der Westküste der USA zwei zum Islam konvertierte Afroamerikaner eine monatelange Serie von Scharfschützenanschlägen an ahnungslosen Passanten. 17 Tote und 10 Verletzte waren zu beklagen.

Am 5. Juli 2003 sprengten sich in Moskau während eines Rockkonzerts zwei muslimische Selbstmordattentäter in die Luft. 14 Tote, 24 Verletzte waren die Folge.

Am 6. Februar 2004 sprengten ebenfalls Selbstmordattentäter eine Moskauer U-Bahn in die Luft. 40 Tote und 134 Verletzte nahmen sie mit.

Am 11. März 2004 zündeten Islamisten in Spanien zehn Bomben in Passagierzügen und töten über 200 Menschen. Drei Wochen später wurden sieben der Täter aufgespürt und sprengten sich unter dem Ausrufen von Koranzitaten in die Luft. 202 Tote und 1852 Verletzte machten den zunächst eingetretenen Fahndungserfolg zunichte.

Am 1. September 2004 kam es in Beslan, Russland, zu einer Geiselnahme. Über einige Tage hin wurden hauptsächlich Kinder von einer Gruppe

Islamisten als Geiseln genommen. Letztendlich zündeten die Terroristen Bomben und töteten über 300 Kinder, Erzieher und Mütter. 360 Tote und 614 Verletzte waren zu beklagen.

Am 7. Juli 2005 sprengten sich drei muslimische Selbstmordattentäter in London mit ihren Rucksackbomben in drei Londoner U-Bahn-Zügen und in einem Doppeldeckerbus in die Luft. 56 Tote und 750 Verletzte waren das schreckliche Ergebnis ihrer Tat.

Am 25. Juni 2006 eröffnete in Denver, USA, ein Moslem das Feuer auf vier Kollegen und einen Polizisten. Ein Toter und fünf Verletzte waren die Folge.

Am 23. Oktober 2007 erstach in Leeds, England, ein Moslem eine 19-jäh-rige Katholikin, die ihm zu provozierend gekleidet war.

Am 28. Februar 2008 wurden im Odenwald, Deutschland, drei christ-lich-orthodoxe Geschäftsreisende aus Georgien von Moslems auf ein einsames Gehöft verschleppt. Dort erschossen die Täter zwei ihrer Opfer und schächteten das dritte. Einer der Täter wurde später als V-Mann des Landeskriminalamts identifiziert. Seine DNA ließ sich in Blutspuren in seinem LKA-Wagen nachweisen.

Am 5. November 2009 erschoss ein muslimischer Armeepsychiater in Fort Hood, USA, 13 unbewaffnete amerikanische Soldaten in ihrer Basis. Er lobte dabei Allah. 13 Tote und 31 Verletzte verschuldete er mit dem Anschlag.

Am 20. Februar 2010 erschlugen in Huddersfield, England, fünf Moslems einen Sikh mit einem Hammer.

Am 24. Januar 2011 nahmen zwei Selbstmordbomber am Flughafen Moskau-Domodedowo 36 Menschen das Leben, 152 Verletzte mussten versorgt werden.

Am 2. März 2011 erschoss ein Moslem unter Allahu-Akbar-Rufen am Frankfurter Flughafen zwei amerikanische Soldaten und verletzte zwei weitere schwer.

Am 11. September 2011 schnitt in Waltham, USA, ein Moslem drei Juden die Kehle durch.

Im März 2012 ermordete der muslimische Terrorist Mohammed Merah in Toulouse und Montauban über mehrere Tage verteilt französische Soldaten sowie einen jüdischen Thoralehrer und seine drei Kinder. Sieben Tote und fünf Verletzte waren zu beklagen.

Am 24. Dezember 2012 schnitten Islamisten in Bonn einem Inder die Zunge raus, weil er ihr Angebot ablehnte, zum Islam zu konvertieren.

Am 7. Februar 2013 köpfte ein Moslem in Buena Vista, USA, zwei christliche Kopten.

Am 15. April 2013 zündeten zwei Moslems in Boston zwei Bomben und warfen sie in die Menge. Sie lieferten sich anschließend eine mehrere Tage andauernde Verfolgungsjagd und eine wilde Schießerei mit der Polizei. Vier Tote und 265 Verletzte waren zu zählen.

Am 22. Mai 2013 stachen zwei Moslems in London den sich im Urlaub befindenden Soldaten Lee Rigby ab und posierten mit dem Toten vor der Kamera.

Am 28. Oktober 2013 ermordete ein Moslem in Essex, England, eine Prostituierte, da sie zu dicht an einer Moschee nach Freiern suchte.

Am 24. Mai 2014 erschoss in Brüssel ein IS-Terrorist vier Menschen vor dem jüdischen Museum.

Am 25. September 2014 köpfte in Moore, USA, ein muslimischer Scharia-Prediger eine Frau und verletzte einen anderen Passanten schwer.

Am 29. Januar 2015 erstach in Belfast ein Moslem einen Fußgänger unter Dschihad-Rufen.

Am 16. April 2015 warfen Moslems vor Sizilien ein Dutzend Christen aus einem Zuwandererboot ins Meer, wo sie jämmerlich ertranken.

Am 26. Juni 2015 köpfte ein Moslem in Lyon, Frankreich, einen ungläubigen Kollegen, spießte dessen Kopf auf einen Zaun und hisste davor die Fahne des IS.

Am 16. Juli 2015 beging ein Moslem in Chattanooga, USA, einen Angriff mit Schusswaffe auf eine Marinebasis. Fünf Tote und zwei Verletzte waren zu beklagen.

Am 2. Dezember 2015 massakrierte in San Bernardino, USA, ein muslimisches Ehepaar Gäste einer christlichen Weihnachtsfeier. 14 Tote und 21 Verletzte sorgten für eine sofortige Beendigung der Feierlichkeiten.

Am 27. Januar 2016 erstach in Tanum, Schweden, ein Islamist seinen 60-jährigen Arbeitskollegen.

Am 18. Februar 2016 wurde in Rochdale, England, ein liberaler Imam von muslimischen Fundamentalisten zu Tode geprügelt.

Am 29. Februar 2016 köpfte in Moskau ein muslimisches Kindermädchen ein Pflegekind und präsentierte dessen Kopf aus Rache für das vergossene muslimische Blut in Syrien.

Am 12. Juni 2016 massakrierte in Orlando, USA, ein Islamist 49 Menschen in einem Nachtclub für Homosexuelle. Weitere 53 Verletzte waren zu beklagen.

Am 14. Juli 2016 fuhr in Nizza ein muslimischer Einwanderer unter Allahu-Akbar-Rufen mit einem Schwerlaster zig Feiernde des französischen Unabhängigkeitstages zu Tode. 84 Tote und 202 Verletzte werden nie vergessen werden.

Am 24. Juli 2016 forderte in Ansbach, Deutschland, ein Selbstmordanschlag mit Rucksackbombe 15 Tote.

Am 26. März 2017 überfuhr auf der Westminster Bridge in London ein Attentäter drei Menschen und tötete anschließend einen Polizisten.

Am 22. Mai 2017 hat in Manchester ein Attentäter mit einem selbst gebauten Sprengsatz zum Ende eines Popkonzerts von Ariana Grande ein Blutbad angerichtet. Er tötete 22 Menschen, darunter viele Kinder.

Am 3. Juni 2017 rasten drei muslimische Männer über den Fußweg der London Bridge und erfassten dabei mehrere Menschen. Danach verließen sie ihren Van und stachen in einem Restaurant am nahe gelegenen Borough Market mit Messern auf weitere Personen ein. Sieben der Opfer starben, mehr als 50 wurden verletzt. Die Polizei erschoss alle drei Terroristen.

Am 17. August 2017 fuhr ein islamistischer Terrorist mit einem Lieferwagen durch eine Menschenmenge auf dem Boulevard La Rambla in Barcelona. 14 Menschen wurden getötet, etwa 120 verletzt. Auf der Flucht zu Fuß tötete der Attentäter noch einen Mann in seinem Pkw mit dem Messer. In der folgenden Nacht stellte die Polizei fünf der Verdächtigen in Cambrils. Die flüchteten in ihrem Pkw, töteten eine Frau und verletzten sieben weitere Personen. Die Polizei erschoss die Terroristen auf der

Verfolgungsjagd. Schon am Tag vor den Attentaten war in einer Bombenwerkstatt in Alcanar aus Versehen Sprengstoff detoniert und tötete den Kopf der Terrorzelle. Es ist zu vermuten, dass viel umfangreichere Anschläge geplant waren.

Besonders perfide Attentate

Paris, 7. Januar 2015:

Dieses Unglück spielte sich zwischen dem 7. und 9. Januar 2015 ab und erschütterte die gesamte Welt. Tatorte wurden die Redaktion der Satirezeitschrift Charlie Hebdo, ein koscherer Supermarkt in Montrouge und ein Park in Fontenay-aux-Roses.

Die Agentur von Charlie Hebdo war 2011 umgezogen, weil sie wegen Satire gegen den Islam von Islamisten durch einen Brandanschlag abgestraft worden war. Der neue Standort in der Rue Nicolas, Appartement Nummer 10, zweiter Stock, wurde, aus verständlichen Gründen, nicht bekannt gegeben. Dem Verlag gewährte man sogar fürs Erste Polizeischutz.

Der Vormittag, Mittwoch, 7. Januar 2015, war regnerisch. Ein Citroën mit abgedunkelten Scheiben fuhr in die Straße und parkte an der Ecke zur Allee Verte. Zwei Männer mit kugelsicheren Westen, schwarzen Hauben über dem Kopf und Sturmgewehren in den Händen stiegen aus. Es war 11:20 Uhr. Die Männer sahen sich um, der Polizeiwagen war nicht da. Er überprüfte die Straße nur alle halbe Stunde. Das Haus, das die Männer suchten, hatte zwei Eingänge, Nummer 6 und Nummer 10. Sie wählten zunächst den falschen Zugang. Zusammen mit der Postbotin gelangten sie in die Medienagentur Bayoo. Mit Drohgebärden und zwei Schüssen in die Fensterscheibe holten sie aus den verschreckten Mitarbeitern die Adresse von Charlie Hebdo heraus. Sie eilten wieder durch das Treppenhaus und liefen zur nächsten Tür. Das Glück war dieses Mal auf ihrer Seite. Weil die Cartoonistin Coco zu spät dran war, überwanden sie mit ihrer Hilfe den Sicherheitscode an der Eingangstür. Mit entsicherten Waffen stürmten sie zu den gesuchten Büroräumen hinauf. Auf der Treppe starb schon der Hausmeister unter ihrem Kugelhagel.

Der Webmaster Simon Fieschi trat ihnen im Eingangsbereich des Büros entgegen. Sie schossen ihn sofort in die Schulter und in die Lunge. Er überlebte. Die Redaktion tagte schon mehr als eine Stunde im Konferenzraum. Die Mitglieder reagierten unterschiedlich auf die Schüsse. Der Wachmann tastete nach seiner Waffe. Einige Redakteure krochen unter die Tische, zwei verzogen sich in hintere Räume.

Ein lautes Allahu Akbar ließ alle erkennen, mit wem sie es zu tun hatten. Der Chefredakteur war den Eindringlingen bekannt, ihn erschossen sie als Ersten. Die Cartoonistin Coco, ein Zeichner und drei Redaktionsmitglieder entkamen ihren ungenauen Kopfschüssen. Zu Madame Vinson sagte einer der Attentäter in gutem Französisch: »Wir töten keine Frauen«, und verschonte sie. Monsieur Legér und ein Layouter hatten sich in ein Hinterzimmer gerettet.

Als Vinson hörte, dass die Terroristen sich wieder davonmachten, griff sie zu ihrem Handy und rief Polizei und Feuerwehr an. Immer wieder rief sie voll Entsetzen in der Stimme: »Hier sind alle tot!«

Zwei Männer aus dem Nachbarbüro waren auf dem Dach, um zu rauchen. Dort hörten sie die Schüsse und zogen sich ängstlich aus dem Blickfeld zurück. Kurz darauf sahen sie die schwarz vermummten Männer aus dem Haus stürmen. Einer der Raucher hatte sein Mobiltelefon dabei und filmte die Flucht. Die Attentäter schossen eine Salve in eine enge Gasse und riefen triumphierend: »Wir haben den Propheten gerächt!«

Sie saßen kaum in ihrem Fluchtwagen, als der Polizeiwagen auf sie zukam. Sie stiegen sofort wieder aus, und zig Kugeln durchdrangen dessen Frontscheibe. Der Polizist überlebte und schoss sogar noch kniend hinter ihnen her. Auf der Flucht über die Boulevards töteten die Mörder einen Polizisten, der ihnen auf dem Fahrrad entgegenkam. Er war in Frankreich als Sohn algerischer Einwanderer zur Welt gekommen und wurde das zwölfte Opfer in kürzester Zeit. …

Ihre Flucht mit dem Wagen währte nicht lange. Am Place du Colonel Fabien verursachten sie einen Unfall. Sie kamen mit dem Wagen nur noch um die Ecke, dann wurde er fahruntüchtig. Sie ließen ihn mitten auf der Kreuzung stehen und flüchteten zu Fuß weiter. Die Polizei fand in dem zurückgelassenen Fluchtwagen zehn Molotowcocktails, eine Islamistenfahne und einen Personalausweis auf den Namen Said Kouachi. Die Spurensicherung identifizierte noch einen Fingerabdruck auf einer der Molotowflaschen, Chérif Kouachi zugehörig. Die beiden Identifizierten waren Brüder. Die Attentäter hatten inzwischen einen Renault Clio gekapert und befanden sich auf der Flucht Richtung Nationalstraße N2. An der Porte de Pantin wurden sie das letzte Mal gesehen. Dort entkamen sie fürs Erste ihren Verfolgern.

Am Abend wurde in der Gemeinde Fontenay-aux-Roses ein 32-jähriger Jogger lebensgefährlich verletzt. Über den Täter und den Grund des Mordes blieb die Polizei zunächst im Unklaren. Bei der Absuche des Tatorts fanden sie fünf Patronenhülsen. Sie stammten aus einer Tokarew-Pistole, einer typischen Terroristenwaffe. Erst zwei Tage später sollte klar werden, dass sie zu dem Islamisten Amedy Coulibaly gehörte. Am Donnerstagmorgen gegen 7:50 Uhr wurde in Montrouge die Stadtpolizei zu einem Autocrash gerufen. Ein Streifenbeamter regelte den Verkehr, eine Beamtin befasste sich mit den Unfallgegnern, als ein Mann auf der Bildfläche erschien und auf sie schoss. Die Polizistin wurde tödlich in den Hals getroffen, ihr Kollege schwer verletzt. Der Täter flüchtete zu Fuß; auch er war schwarz gekleidet und trug eine Sturmhaube sowie eine kugelsichere Weste.

Mit einer Skorpion-Maschinenpistole zwang er einen Autofahrer, ihm seinen Renault Clio zu überlassen. Den ließ er schon drei Kilometer weiter zurück. Dann verlor sich seine Spur. Die Polizei fand allerdings seine Sturmhaube und konnte an DNA-Spuren den Täter als Amedy Coulibaly identifizieren. Auch er war der Islamistenszene zuzuordnen. Erste Gedanken kamen auf, ob es zwischen den Morden einen Zusammenhang geben könnte.

Am gleichen Morgen, kurz nach 10 Uhr, wurden die flüchtigen Mörder vom Tatort Charlie Hebdo an einer Tankstelle wiederentdeckt. Ihre Fluchtrichtung war immer noch Nordost, vielleicht hin zur belgischen Grenze. Sie ergaunerten mit vorgehaltener Waffe Benzin, Nahrungsmittel und Getränke, dann setzten sie, unverständlicherweise, den begonnenen Fluchtweg nicht fort, sondern fuhren in die Richtung zurück, aus der sie gekommen waren. Die Polizei suchte sie in der falschen Richtung, sogar über Nacht mit Wärmebildkamera aus dem Hubschrauber.

Said und Chérif übernachteten in einem Waldgelände und tauschten in den Morgenstunden des Freitags erneut den Fluchtwagen. Sie raubten einer Lehrerin einen weißen Peugeot. Die Frau behielt die Nerven und informierte sofort die Polizei. Bald waren die Flüchtigen entdeckt, und das Netz um sie wurde immer enger. Sie grübelten krampfhaft nach einem Ausweg und dachten schon an einen Ort zum Sterben.

Gegen 13:35 Uhr trat auch Amedy Coulibaly wieder in Erscheinung. Er stürmte mit einer Handfeuerwaffe in den jüdischen Supermarkt Hyper Cacher an der Avenue de la Porte de Vincennes und schoss auf Kunden, die gerade ihre Sabbateinkäufe tätigen wollten. Er hatte ein Maschinengewehr und Sprengstoffstangen bei sich. Drei Kunden starben. Der Mörder nahm alles mit einer Kamera auf, die er sich um den Bauch gebunden hatte. Im Laden brach Panik aus. Amedy schoss unentwegt weiter. Einige Personen flohen in den hinteren Raum. Dort fanden sie im Boden eine Tür, die in den Keller führte. Die öffneten sie und stiegen hinab. Sie trafen dort auf einen betenden Moslem, der im Supermarkt angestellt war. Als der verstand, um was es ging, schleuste er sie in den Kühlraum, dunkelte ihn ab und stoppte die Kühlung.

Doch dem Terroristen war nicht entgangen, was da passierte. Er schickte eine der Geiseln mit der Drohung die Treppe hinunter, er würde oben alle erschießen, wenn die da unten nicht wieder heraufkämen. Vier Männer ließen sich überreden und stiegen hinauf. Ein junger Mann sah eine Waffe des Attentäters auf einem Karton liegen, nahm sie auf und versuchte ihn zu erschießen, doch der Terrorist war zu schnell und erschoss ihn.

Kurz darauf traf die Polizei ein. Sie riegelte den Gefahrenbereich weiträumig ab. Sie wusste nicht genau, wie viele Geiseln im Supermarkt festgehalten wurden, doch sie bekam bald genauere Informationen durch Auswertung der Überwachungskameras. Als Amedy das erkannte, ließ er deren Kabel durchschneiden. Der Kontakt nach außen war unterbrochen. Die Ausgänge wurden verrammelt und die Rollläden heruntergelassen. Einige der Geiseln versuchten mit Handys, den Kontakt wieder aufzunehmen.

Coulibaly entschloss sich, nun seine Forderungen zu stellen. Dazu rief er das Kommissariat an der Avenue Daumesnil an und verlangte, Frankreich solle seine Truppen aus sämtlichen muslimischen Ländern abziehen. Diese Forderung war natürlich irrsinnig. Danach bereitete er in aller Ruhe seine Videoaufnahmen auf, um sie ins Netz zu stellen. Er gab darin zu, dass er seine Taten mit den Kouachi-Brüdern abgestimmt hatte.

Die hatten sich derweilen in einer Druckerei in Dammartin verschanzt, und Amedy drohte damit, seine Geiseln zu töten, falls die Polizei die Druckerei stürme.

Dem muslimischen Angestellten des Supermarkts gelang die Flucht, und er fertigte für die Polizei einen Grundriss der Ladenräume an.

Für Amedy begann die Zeit des Gebets, er vernachlässigte seine Geißeln. Das versetzte diese in die Lage, der Polizei per Handy detailliert zu berichten. Die Beamten sahen den richtigen Moment für einen Zugriff bekommen. Gegen 17:20 Uhr rückten schwer bewaffnete Polizisten gegen den Laden vor. Unter Verwendung von Blendgranaten kamen sie an Amedy heran und erschossen ihn. Vier Geiseln und vier Polizisten wurden bei der Aktion verletzt.

Die beiden Brüder hatten sich in der Druckerei festgesetzt. Sie hatten das zweistöckige Bürohaus in der Rue Clément Ader sorgfältig ausgewählt. Als die beiden schwarzen Männer mit ihrem Waffenarsenal eindrangen, ahnte Monsieur Catalano, der Geschäftsführer, was auf ihn zukam. Er hatte die ganze Tragödie bis dahin im Radio mitverfolgt. Schnell forderte er seinen Grafiker auf, sich hinten im Haus zu verstecken. Der befolgte diese Anweisung nur allzu gern.

Das Eindringen der Attentäter verlief ganz anders, als von Catalano erwartet. Die Brüder beschwichtigten den Hausherrn und meinten, sie wollten ihm nichts tun, sondern nur hereinkommen. Catalano verspürte schnell, dass sie ihm wirklich nichts antun würden. Sie wirkten viel zu erschöpft. Er bot ihnen Kaffee an, und sie nahmen ihn dankend.

Was war mit ihnen geschehen? Was hatte sie in diesen fatalistischen Seelenzustand versetzt?

Psychologen halten so einen Weg hin zum Opferdrang besonders im Islam für verbreitet und konsequent. Stehen doch nach dem freiwilligen Opfer des eigenen Lebens das Versprechen auf ein viel schöneres Leben im Jenseits, wie im Koran zu lesen war. Sure 4.74 versprach: »Und so soll kämpfen in Allahs Weg, wer das irdische Leben verkauft für das Jenseits. Und wer da kämpft in Allahs Weg, falle er oder siege er, wahrlich dem geben wir gewaltigen Lohn.«

Die drei Männer saßen schon eine Zeit zusammen, da klopfte es wieder an der Tür. Catalano sah durch das verregnete Fenster hinaus und erkannte, dass einer seiner Zulieferer um Einlass bat. Einer der Attentäter ging mit ihm zur Tür. Er ergriff schnell das Wort: »Gehen Sie weg, wir töten keine Zivilisten.« Diese Worte verwirrten den Zulieferer, aber er machte sich schnell davon. Er war besonnen genug, die Polizei zu informieren.

Die beiden Brüder reagierten wiederum überraschend. Sie hatten wohl bereits mit allem abgeschlossen, denn sie erlaubten nun auch Catalano, die Polizei anzurufen. Das gesamte Gebiet war schnell von Hunderten Polizisten umstellt. Dann begann der Show-down. Einer der beiden Brüder schoss, ohne richtig zu zielen. Den Raketenwerfer, den sie dabeihatten, setzten sie gar nicht ein. Catalano registrierte, wie sehr sie Angst vor dem kommenden Tod hatten. Der Grafikdesigner hielt aus seinem Versteck heraus die Polizei über Mobiltelefon informiert.

Im Raum, in dem sich die Attentäter und der Geschäftsführer befanden, klingelte plötzlich das Telefon. Ein Fernsehsender war in der Leitung. Chérif Kouachi ergriff aufgeregt das Wort. Er bezeichnete sich und seinen Bruder als Verteidiger des Propheten. Al-Qaida im Jemen habe sie geschickt. Er wehrte sich gegen den Vorwurf, sie hätten Zivilisten getötet, und wiederholte mehrfach, sie seien Verteidiger des Propheten. Das Gespräch wurde bald abgebrochen, und dann trat Funkstille ein.

Erst am Nachmittag kam wieder Bewegung in die Ereignisse. Der französische Präsident François Hollande hatte den sofortigen Zugriff befohlen. Wieder explodierten Rauchgranaten. Ein großes Loch wurde in die Rückwand des Gebäudes gesprengt. Doch die beiden Mörder stürmten schon aus der Tür an der Frontseite und schossen wild um sich. Sie kamen nicht weit. Scharfschützen auf den Dächern erschossen sie.

Das Drama ging mit zwei weiteren Toten zu Ende. Zum Glück blieben die beiden Männer aus der Druckerei am Leben.

Schon bald beanspruchte die internationale Dschihadistenszene die Zuständigkeit für die Gräueltaten für sich. Coulibaly hatte in seinem selbst gedrehten Video bereits versichert, er habe im Auftrag des IS gehandelt und von dort auch Mittel bezogen. Dieser Erklärung wurde nicht widersprochen.

Bei den Kouachi-Brüdern verlief die Vereinnahmung ihrer Taten durch eine der Terrororganisationen kontroverser. Zuerst rührte sich der IS aus der irakischen Stadt Mossul. Aber auch Al-Qaida ließ nicht auf sich warten; sie pries die Attentäter in höchsten Tönen als ihre Gesandten und kündigte weitere Anschläge an.

Kurz darauf stellte Al-Qaida im Jemen sogar ein Bekennervideo ins Netz. Emir Anwar al-Awlaki, der Chef im Jemen, bezeichnete sich als von Al-Qaida-Chef Aiman al-Sawahiri in Afghanistan persönlich auserwählt und erklärte, er habe die beiden Brüder berufen. Said Kouachi war 2011 im Jemen gewesen und hatte dort Awlaki getroffen. Der charismatische Awlaki war schon damals für seine ausgefeilten Methoden der Indoktrination und Motivation von Attentätern bekannt gewesen. Sein Lehrsatz wurde von vielen Islamisten weitergepostet: »Wer den Propheten beleidigt, der ist wie einer, der zur Sonne hochschaut und sie anspuckt, seine Spucke fällt ihm wieder ins Gesicht.«

Nach dem Besuch im Jemen hatten sich die beiden Brüder in Frankreich so unauffällig benommen, dass Geheimdienst und Polizei ihre Überwachung wieder aufgaben. Ihre falsche Einschätzung machte das schlimme Attentat erst möglich.

Paris, 13. November 2015:

Man schrieb Freitag, den 13. November 2015. Sollte dieses Datum ein schlechtes Omen werden?

Noch sah in der französischen Hauptstadt alles nach dem üblichen bunten Wochenendleben aus. In Frankreichs größtem Fußballstadion sollte am Abend ein Freundschaftsspiel zwischen Frankreich und Deutschland stattfinden. Der französische Ministerpräsident François Hollande und der deutsche Außenminister Frank-Walter Steinmeier wollten unter den Zuschauern sein. Das Stade de France in Saint-Denis nördlich von Paris war mit seinen 80.000 Plätzen vollständig ausverkauft. Die Stimmung war gut, und das Spiel wurde pünktlich angepfiffen. In der 16. Spielminute gab es einen lauten Knall, und das Stadion bebte leicht. Das Spiel ging unbeeinflusst weiter. Die Zuschauer nahmen das Getöse mit Gelassenheit. Sie hielten es für den Scherz eines überminütigen Fans. Keiner vermutete, was wirklich geschehen war.

An Tor D wollte noch ein verspäteter Zuschauer in das Stadion hinein. Den Sicherheitsbeamten erschien der dunkelhaarige Mann suspekt. Er musste seine Eintrittskarte und seinen Ausweis vorzeigen. Der Ausweis war auf Ahmad al-Mohammad, geboren am 10. September 1990 in Idlib, Syrien, ausgestellt. Die Beamten setzten ihre Kontrolle fort und entdeckten eine Sprengweste an seinem Leib. Der Terrorist reagierte sofort und zündete sie. Nicht nur er starb, er nahm auch noch einen Unschuldigen mit in den Tod, und mehrere Wachleute wurden von Schrapnellsplittern verletzt.

Es ist anzunehmen, dass der Selbstmordattentäter eigentlich in das Stadion gelangen wollte, um bei laufender Kamera auf der Zuschauertribüne eine Vielzahl von Menschen mit in den Tod zu nehmen.

Ein zweiter Attentäter, später als Bilal Hadfi identifiziert, hatte an der Richtung, aus der er die Detonation hörte, erkannt, dass sein Kumpan nicht ins Stadion gelangt war. Er beschloss deshalb abzudrehen und rannte weg von Tor H, schräg über die Straße hin zu einem Schnellrestaurant. Dort zündete er völlig verwirrt seine Weste nur wenige Minuten nach Ahmad al-Mohammads Tod. Keiner der Vorübergehenden oder der Gäste des Lokals wurde mit in den Tod gerissen. Einen Mann rettete sein Mobiltelefon. Er hatte es für ein Gespräch am Ohr, und es fing einen Bombensplitter ab, der ihm sonst unweigerlich in den Kopf gedrungen wäre. Akribische Ermittlungen ergaben eine Verbindung nach Molenbeek, einem bekannten Terroristenviertel in Brüssel. Bilal Hadfi wurde zwar als französischer Staatsbürger geführt, lebte jedoch schon länger dort. Er hatte, wie sein toter Gefährte, auch längere Zeit in Syrien verbracht und war mit belastbarer Wahrscheinlichkeit ausgebildeter Dschihadist geworden. Ein dritter Täter hatte gar nicht den Versuch unternommen, ins Stadion zu gelangen. Er wollte auf die Zuschauer warten, die nach dem Abpfiff aus dem Stadion strömten, und sie mit seiner Bombenweste in die Luft sprengen. Auch er vermutete anhand der Detonationen, dass etwas schiefgegangen war. In Richtung der Explosionsgeräusche sah er schon Polizei- und Krankenwagen heranfahren. Er ging nicht mehr vor einen Ausgang, sondern zündete die Bombe bereits vor einem McDonald's in der Rue de la Cokerie. Sein Freitod blieb für andere glücklicherweise folgenlos. Er war am Ort seines Ablebens nahezu allein.

Den französischen Ministerpräsidenten hatte man über die dramatischen Vorgänge sofort informiert; er verließ alsbald das Stadion. Der deutsche Außenminister entschied sich, zu bleiben. Im Stadion wurde keine Ansage zu den Vorgängen gemacht. Das Spiel wurde später regulär abgepfiffen. Aber irgendwie war in der zweiten Halbzeit durchgesickert, dass draußen etwas Schlimmes vorgefallen war. Als nach dem Spiel ein Stadionsprecher ankündigte, ein Ausgang bleibe geschlossen, und dies nicht begründete, trat Unruhe ein. Viele wollten schnell aus dem Stadion, aber einige Tausende drängten auch auf den Rasen. Es ging das Gerücht um, draußen warteten Attentäter. Bald wurde deutlich, dass Terroristen diesen Unglückstag für mehrere Anschläge vorgesehen hatten. …

In dem multikulturell geprägten Quartier Oberkampf pulsierte das Leben. Die Berufstätigen nahmen einen Apéro oder tranken sich das Wochenende schön. An einer Kreuzung, an der sich fünf Straßen trafen, wurde es unruhig. Ein schwarzer SEAT Leon hielt quietschend an einer der Straßenecken direkt in der Nähe zweier gut besuchter Lokale. Le Petit Cambodge war ein asiatisches Restaurant, Le Carillon direkt gegenüber eine Bar. Das Wetter war gut, und viele Gäste saßen draußen an den Tischen. Zwei Männer stiegen aus dem Kleinwagen. Sie sahen ganz normal aus, bis auf die zwei Kalaschnikow-Gewehre, die sie in ihren Händen hielten. Mehrere Feuerstöße bestrichen die Lokale. Die Polizei fand später über 100 Patronenhülsen. 15 Menschen starben, fast noch mal so viele wurden verletzt. Die Terroristen brausten mit dem SEAT davon und suchten an der nächsten Straßenecke weitere Opfer.

Vor dem Café Bonne Bière und der Pizzeria Casa Nostra starben unter ihrem Kugelhagel weitere fünf Menschen und acht wurden verletzt. Auf der Flucht schossen sie nochmals aus dem Autofenster und töteten eine junge Frau. Die Mordgier der Terroristen war noch immer nicht gestillt. In zwei Kilometern Luftlinie griffen sie das nächste Lokal an. Dieses Mal starben 19 Leute und neun blieben verletzt am Boden liegen. Im Wagen fuhren sie weiter. Kurz darauf hörte man aus ihrer Richtung eine Detonation. Ein Täter war aus dem Wagen gestiegen und hatte sich mit einer Bombenweste vor einem Bistro in die Luft gesprengt. Nur der Attentäter starb, ein Gast wurde lediglich verletzt. Mittlerweile war es 21:40 Uhr. Die Attentäter hatten in kurzer Zeit 39 Morde begangen.

Erst zwei Tage nach den blutigen Anschlägen fand man in Montreuil den verlassenen SEAT. In ihm hatten die Mörder Waffen und Munition zurückgelassen. …

Ein weiterer Anschlag in der Stadt legte nahe, dass es sich an diesem Abend um eine abgestimmte Aktion mehrerer Tätergruppen gehandelt hatte:

Die Konzerthalle Bataclan am Boulevard Voltaire wurde das nächste Ziel. Um 21:40 Uhr parkte ein schwarzer Polo vor ihr ein. Drei schwarz gekleidete Männer stürmten durch den Haupteingang in die Halle. Es war laut im Saal, das Konzert der Eagles of Death Metal hatte schon begonnen. Die ersten Schüsse wurden wegen der Lautstärke der Musik gar nicht wahrgenommen. Einer der Sänger realisierte als Erster, dass im Saal etwas Schreckliches geschah. Von den Balkonen herab schossen die Attentäter wieder mit Kalaschnikows in die Menge. Die ersten Konzertbesucher flohen über das Dach und durch die Notausgänge. Panik brach aus, als Gäste in ihrem Blut lagen. Ratlos Herumstehende wurden von Flüchtenden niedergetrampelt. Einige konnten sich hinter der Bühne verbarrikadieren. Ein Video, das ein Journalist mit seinem Mobiltelefon gedreht hatte, zeigte später Bilder des Grauens. Schreiende, blutende, fliehende Menschen.

Die Täter verschanzten sich mit etwa 100 Geiseln im Gebäude. Ein Polizist tötete einen von ihnen. Ein Terrorist sprengte sich in die Luft. Am Himmel kreisten mittlerweile Hubschrauber und endlich traf eine Sondereinheit ein. Die restlichen Täter schrien den Beamten Allahu Akbar entgegen und drohen mit der Enthauptung ihrer Geiseln. Den Polizisten gelang es, einige Gäste, die sich versteckt hatten, zu befreien, dann ließen sie sich mit den Terroristen auf Verhandlungen ein. Die redeten jedoch nur wirres Zeug über Syrien, drohten nochmals mit Enthauptungen und verlangten das Abrücken der Polizei. Die Beamten erhielten kurz nach Mitternacht die Erlaubnis der Zentrale zum Zugriff. Hinter Schutzschilden und mit Blendgranaten stürmten sie den Rückzugsraum der Verbrecher und töteten sie einen nach dem anderen. Auch von den 1500 Zuschauern waren 89 tot.

Nach Ende der Befreiungsaktion setzte eine Fahndung nach Helfershelfern ein. Die eingesammelten Tatwaffen an den verschiedenen Tatorten waren vom gleichen Typ, aus der gleichen Serie und brachten die Bestätigung, dass alle Täter zu einer Gruppe gehörten. Die Bomben in den Sprengstoffwesten waren professionell gefertigt und eingenäht. Sie entsprachen nicht den Billigmodellen aus dem Internet. Man hatte es mit

Profis zu tun. Es überraschte deshalb nicht, dass der IS die Verantwortung
für die Taten übernahm. …

Die Tatautos wurden in den Straßen von Paris gefunden. Die meisten
von ihnen trugen belgische Kennzeichen und waren von Salafisten aus
Molenbeek, speziell von Salah Abdeslam, angemietet worden.

Bald hatten die Beamten Kenntnis über weitere Tatbeteiligte:

Abdelhamid Abaaoud wurde durch DNA-Abgleich auf einer Kalaschnikow identifiziert. Er galt als Cheforganisator für Anschläge und gehörte
zu den meistgesuchten Terroristen in der belgischen Dschihadisten-Szene.
Nach einigen Tagen stürmte ein Kommando in Paris eine konspirative
Wohnung und ein Polizist tötete ihn, als er sich zur Wehr setzte. Chakib
Akrouh war ein Belgier mit marokkanischen Wurzeln, ebenfalls aus Mo-
lenbeek. Er starb gemeinsam mit Abaaoud. Brahim Abdeslam, der ältere
Bruder von Salah Abdeslam. Der war ebenfalls aus Molenbeek und hatte
sich in dem Restaurant am Boulevard Voltaire mit seinem Gürtel in die
Luft gesprengt.

Samy Amimour mit französischer Nationalität war aus Syrien zurückgekehrt und starb bei den Attentaten genau wie Omar Ismail Mostefei.
Fouad Mohamed Aggad, einer der Täter in der Konzerthalle, sprengte
sich, als er keinen Ausweg mehr sah, in die Luft. Er wollte wenigstens
andere mit sich in den Tod reißen.

Die Rekonstruktion der Fluchtwege ließ große Fahndungsdefizite in der
Zusammenarbeit zwischen den Nachbarländern erkennen. Drei der Mörder schafften mit dem schwarzen Polo die Flucht über die belgische Grenze.
Dort wurden sie vernommen, aber letztlich durchgewinkt. Unter ihnen
befand sich Salah Abdeslam. Er wurde erst vier Monate später in Molenbeek
gefasst. Bei früheren Razzien war er immer wieder entkommen.

Brüssel, 22. März 2016:

Auch Belgien blieb von Anschlägen nicht verschont. Das Viertel Molenbeek spielte nicht nur international eine Rolle. Es war zunächst lokal zu ei-

nem Brennpunkt des Islamismus geworden. In den sechziger Jahren hatte es einen Zuzug vieler Moslems erlebt. Sie waren, als Fremdarbeiter für die boomende Stahl- und Kohleindustrie angeworben, überwiegend aus Marokko gekommen. Als tüchtige Arbeitskräfte hieß man sie willkommen, und sie lebten friedlich mit Belgiern Tür an Tür. Der unterschiedliche Glaube spielte keine trennende Rolle. Als in den achtziger Jahren Kohle und Stahl kriselten, änderte sich das. Bald waren die Fremdarbeiter zu über 30 % arbeitslos. Sie fühlten sich nicht mehr aufgenommen und besannen sich auf ihre ursprüngliche Heimat, oft auf den Fundamentalismus im Islam. Man erkannte das an der Radikalisierung der Kleiderordnung in den Straßen. Unverschleierte Frauen wurden beschimpft. Wer am Ramadan etwas aß, wurde bespuckt. Europäische Frauen wurden belästigt, wenn sie in den Augen der muslimischen Männer zu freizügig herumliefen. Bald zogen sich die Belgier aus dem Viertel zurück. Es entstand eine Dichte von Moscheen, die es nicht einmal im Orient gab. Da wurde in 22 Gotteshäusern auf Arabisch gepredigt. Die Imame waren von erzkonservativer Prägung und durchweg von Saudi-Arabien finanziert. Ex oriente lux war dafür nicht die adäquate Beschreibung! Das Viertel versank im Schmutz, und die Jugend verdiente das dringend benötigte Geld zum Leben mit Drogenverkäufen. Obwohl Molenbeek sehr zentral lag, nahe dem Großen Platz und damit mitten in der Innenstadt, wurde es zur No-go-Area. Der Kanal Charleroi wurde die Grenze für belgische Bürger und Touristen. Die Entwicklung des Viertels machte zwar allen Angst, doch die Regierenden verschlossen die Augen davor. Dort lebten immerhin 100.000 Wähler. Deshalb erklärte man deren unschöne Wandlung zu ihrem ureigenen Problem. Man hatte mit dem Dauerstreit zwischen Flandern und der wallonischen Region genug zu tun und wollte die ausländischen Gönner wie Saudi-Arabien nicht vergraulen. Doch wo die Jugendlichen früher ihre Helden bei Che Guevara suchten, waren heute die Kämpfer des IS die Idole. Die Terroristen verkauften in radikalen Videos Träume an die vernachlässigten Underdogs. Sie versprachen Anerkennung und Heldentum. Molenbeek wurde schleichend zur Brutstätte von Dschihadisten. Minderjährige rappten auf der Straße: Hier tötet man für Kohle! …

Am Dienstag, den 22. März 2016, erschütterten zwei Anschläge die belgische Hauptstadt und nach ihrer Bekanntgabe die gesamte zivilisierte Welt. Gegen acht Uhr früh detonierten in der Abflughalle des Brüsseler Flughafens Zaventem zwei Splitterbomben. Sie waren mit dem gleichen Sprengstoff TATP gefüllt, wie er in Paris benutzt worden war. Zwei Attentäter sprengten sich damit in die Luft. Elf unschuldige Reisende fanden den Tod, mehr als 100 wurden teils schwer verletzt. Anhand von Überwachungskameras wurden drei Täter identifiziert. Ibrahim El Bakraoui und Najim Laachraoui waren die beiden Selbstmordattentäter, einem dritten Mann mit schwarzem Hut gelang zunächst unerkannt die Flucht. Najim Laachraoui war einer der Terroristen, die nach den Anschlägen in Paris noch gesucht wurden. Der 29-jährige Ibrahim El Bakraoui wurde als belgischer Staatsbürger geführt. Auch er hatte eine terroristische Vergangenheit. Ein belgisches Gericht hatte ihn 2010 zu neun Jahren Haft verurteilt, weil er bei einem Raubversuch mit einer Kalaschnikow auf Polizisten geschossen hatte. Fatalerweise hatte man ihn frühzeitig wieder auf Bewährung freigelassen. Auch für Najim Laachraoui ergab sich eine Verbindung zu den Pariser Attentaten. Auf einem dort sichergestellten Sprenggürtel fand man seine DNA. Er hatte zudem mehrere Jahre auf dem Brüsseler Flughafen gearbeitet. Neben den vielen zu beklagenden Opfern ergab sich ein enormer Sachschaden. Die große Glasfront der Halle war völlig zerstört, Teile der Hallendecke waren eingestürzt. Der Flughafen musste für längere Zeit geschlossen werden. Gegen 9:15 Uhr nahm die Tragödie im Zentrum von Brüssel ihren Fortgang. In der Metrostation Maelbeek, nahe der Europäischen Kommission und des Europarats, detonierte in einem stehenden Zug eine weitere Bombe. Mit dem Selbstmordattentäter starben 20 Menschen, 130 wurden zum Teil schwer verletzt. Einige erlagen noch im Krankenhaus ihren Wunden. Unter den Verletzten befanden sich auch drei Mitarbeiter der Europäischen Kommission. Bei dem Mörder handelte es sich um den 27-jährigen Khalid El Bakraoui, den jüngeren Bruder des am Flughafen umgekommenen Ibrahim El Bakraoui. Auch Khalid war wegen mehrfachem Autodiebstahl verurteilt worden, hatte sich jedoch seiner Haft entziehen können. Die belgischen Ermittler starteten eine

Großfahndung im ganzen Land. Viele Zeugen wurden verhört und konspirative Wohnungen entdeckt. Darin fand man weitere Nagelbomben, Chemikalien und Waffen. Auf die Wohnung der Flughafenattentäter kam man durch einen Taxifahrer. Der hatte die Bewohner mit großem Gepäck zum Flughafen gebracht.

Zunehmend verdichtete sich die Erkenntnis, dass die belgischen Behörden äußerst fahrlässig agiert hatten. Schon 2015 lagen Warnungen aus Griechenland und der Türkei wegen eines geplanten Attentats in der belgischen Hauptstadt vor. Der belgische Justizminister Koen Geens musste zerknirscht Versäumnisse einräumen. Im April gelang der belgischen Polizei in Anderlecht die Verhaftung weiterer sechs Helfershelfer. Unter ihnen war Mohamed Abrini, der zugab, der Mann mit dem schwarzen Hut vom Flughafen gewesen zu sein. Er war ebenfalls längst in der Fahndung und an den Anschlägen vom 13. November in Paris beteiligt gewesen.

Die Solidaritätsbekundungen aus anderen Ländern waren enorm. Die Chefs der EU-Staaten gaben eine gemeinsame Erklärung heraus. Der amerikanische Präsident sowie der russische kondolierten. In den Hauptstädten wurden Gebäude illuminiert. Der Eiffelturm trug zeitweise belgische Farben, genauso das Brandenburger Tor, das Rathaus von Lissabon, der königliche Palast in Amsterdam, der Burj Khalifa in Dubai, die Senatsgebäude in Rom und Mexiko-Stadt sowie der Trafalgar Square in London. Die Erschütterung wirkte lange nach. Ein Jahr nach den feigen Morden fand unter Teilnahme des belgischen Königspaars in Brüssel eine Gedenkfeier statt. Die Serie der Trauerfeierlichkeiten begann morgens am Flughafen. Dort sang ein Witwer zur Würdigung seiner verstorbenen Frau ein anrührendes Lied. Die 16 Namen der Opfer wurden vorgelesen. Ein Gedicht einer Witwe für ihren verstorbenen Mann und alle anderen Opfer war zu hören. Vor dem Gebäude wurde eine Statue enthüllt. Dann fuhr das Königspaar mit der Metro zur Station Maelbeek. Vor einer Gedenkmauer mit vielen Botschaften und Blumen legte das Paar einen Kranz nieder und trauerte mit den Betroffenen. Der Trauerzug zog weiter in das Europaviertel. Dort wurde ein weiteres Denkmal enthüllt. Brüssel zeigte sich aber auch wehrhaft. Die Verkehrsbetriebe hatten zu einer

Minute des Lärms aufgerufen. Die Bevölkerung folgte bereitwillig. Ein Getöse aus Hupen und Klatschen brach sich Bahn. Man wollte sich nicht unterkriegen lassen. …

Berlin, 19. Dezember 2016:

Am 19. Dezember 2016 fuhr ein Lkw vom Typ Scania zum Weihnachtsmarkt an der Gedächtniskirche. Er umrundete den Markt einmal in mäßigem Tempo, dann fuhr er von der Hardenbergstraße kommend in die Einfahrt des Marktes.

Die Buden waren stimmungsvoll beleuchtet, und so kurz vor den Festtagen tummelten sich auf dem Gelände viele Besucher. Der Lkw war mit Stahlträgern beladen und hatte ein polnisches Kennzeichen. Zunächst fuhr er etwa 80 Meter durch eine Gasse zwischen den Buden, dann durchbrach er die Budenreihe, riss eine Bude um und wurde vor der Gedächtniskirche gestoppt. Ein Mann stieg aus dem Führerhaus und entfernte sich ganz ohne Hast. Kurz darauf explodierte der Lkw und riss elf Menschen in den Tod, 45 Personen wurden verletzt.

Polizei und Rettungsdienst waren schnell zur Stelle. Auf dem Beifahrersitz des Lkws fanden die Beamten einen Toten. Es handelte sich um den polnischen Fahrer des Lasters. In der Führerkabine fand man außerdem Ausweispapiere auf einen Mann namens Anis Amri ausgestellt. Die Papiere bestätigten seine Duldung in Deutschland. Die Beamten fanden im Wageninneren Fingerabdrücke, die zu Amri gehörten.

Der Schwere des Attentats entsprechend wurde ein Krisenstab eingerichtet. Das Bundeskriminalamt nahm die Ermittlungen auf, und der Generalbundesanwalt leitete das Verfahren.

Die Kontaktaufnahme zu der polnischen Spedition brachte Erkenntnisse über Fahrer und Fahrzeug. Der Fahrer war ein Cousin des Speditionsinhabers Ariel Z. und kam mit seiner Fuhre aus Italien. Die geladenen Stahlträger hatten ein Gesamtgewicht von 25 Tonnen. Die GPS-Aufzeichnungen ergaben, dass der Lkw schon am Morgen vor der Thyssen Krupp

Schulte Niederlassung im Stadtteil Moabit abgestellt worden war. Vom polnischen Fahrer ermittelte man ein letztes Lebenszeichen. Er hatte gegen 15 Uhr mit seiner Frau telefoniert. Er war, nach ihrer Schilderung, müde und froh gewesen, endlich in Berlin angekommen zu sein.

Der Speditionsinhaber konnte anhand von ablesbaren Daten erkennen, dass der Lkw kurz vor 16 Uhr nochmals bewegt worden war. Das Bewegungsprofil sah aus, als habe jemand geübt, den Wagen zu fahren. Kurz nach 19:30 Uhr verließ der Wagen dann den Abstellplatz. Die Fahnder gingen davon aus, dass zu diesem Zeitpunkt der Attentäter bereits den Wagen gekapert, den polnischen Fahrer getötet und mitgenommen hatte, um keine Spuren zu hinterlassen. Er nahm den Weg Richtung Weihnachtsmarkt.

Massive Fahndung setzte rund um den Tatort ein. Nahe der Siegessäule wurde ein Mann auffällig. Man vermutete in ihm den Attentäter und nahm ihn fest. Er bestritt die Tat vehement und zu Recht und musste am nächsten Tag wieder auf freien Fuß gesetzt werden.

Weitere Untersuchungen ergaben, dass der wahre Täter schon längst auf der Flucht ins Ausland war. Er sollte von da an nur noch 77 Stunden zu leben haben. Sein Fluchtweg durch Europa wurde nachvollzogen:

Schon kurz nach dem Anschlag erfasste ihn eine Videokamera am Bahnhof Zoo. Amris erste Etappe ging nach Nordrhein-Westfalen. Dies belegte das Benutzen seines Mobiltelefons. Amri loggte sich dort ein und löschte das Profil seines Facebook-Auftritts. Dies geschah am Nachmittag des 20. Dezembers.

Dann führte sein Fluchtweg ins Ausland. Am 21. Dezember gegen 11:30 Uhr erfasste ihn eine Kamera auf dem niederländischen Bahnhof von Nimwegen. Um 13:20 Uhr war er bereits im Hauptbahnhof Amsterdam zu sehen. Dort bestieg er einen Zug nach Brüssel und erreichte laut Videoüberwachungsbild gegen 19 Uhr den Bahnhof Brüssel-Nord.

Nun mussten die Ermittler mit Vermutungen weiterarbeiten. Überwachungsbilder fehlten. Mit großer Wahrscheinlichkeit fuhr Amri mit dem Bus über die französische Grenze bis Lyon. Der Umstieg in einen

Bus könnte eine Vorsichtsmaßnahme gewesen sein. In Bussen brauchte man keine Papiere.

Am 22. Dezember erfasste ihn wieder eine Kamera auf dem Bahnhof Part-Dieu. Er erwarb dort gegen13 Uhr ein Ticket nach Mailand mit Umstieg in Chambéry. Da diese Station nicht flächendeckend mit Kameras bestückt war, konnte seine Ankunft dort nicht eingesehen werden. Sie war allerdings aus dem weiteren Verlauf der Flucht nachvollziehbar. Amri stieg in einen Zug nach Turin. Ein erneuter Videomitschnitt gegen 22:14 Uhr auf dem Bahnhof Porta Nuova erbrachte den Beweis. Im französisch-italienischen Grenzort Bardonecchia wechselte er aus dem TGV in einen Regionalzug der Linie SFMT3 nach Mailand. Vielleicht fürchtete er zu starke Sicherheitskontrollen in dem Hochgeschwindigkeitszug. Der Servizio ferroviario metropolitano di Torino (SFMT) war das Nahverkehrssystem der norditalienischen Großstadt. Um 0:58 Uhr sah man Amri auf einem Überwachungsfilm des Mailänder Hauptbahnhofs wieder. Er strebte dem Ausgang zu. Am Busbahnhof Piazza Argentina suchte er die Hilfe eines Passanten. Er wollte Richtung Süden, Rom, Neapel, berichtete er später. Nach längerer Diskussion wählte Amri wieder einen Bus, diesmal nach Sesto San Giovanni. Zwei Stunden später traf er dort vor dem Vorstadtbahnhof auf zwei Polizeibeamte, die seine Ausweispapiere sehen wollten. Amri eröffnete sofort das Feuer. Die Polizisten schossen zurück, und Amri wurde tödlich getroffen. …

Sein Fluchtweg offenbarte, wie leicht es immer noch war, trotz Eintragungen in öffentlichen Registern, als Terrorist europäische Grenzen zu queren.

Ob Amri Sesto San Giovanni bewusst als Ziel gewählt hatte, blieb offen. An Sesto San Giovanni grenzte immerhin der Vorort Cinisello Balsamo an, in dessen Gewerbegebiet die Firma OMM lag, von der aus der polnische Lkw seine letzte Transportfahrt begonnen hatte.

Claudio Ciccimarra, der Chef von Digos, der Abteilung für Ermittlungen und Sonderoperationen, Terror- und Extremismusbekämpfung der Mailänder Staatspolizei, hielt seine Fahrt dorthin für Zufall. Er glaubte viel eher an ein Fluchtziel im Süden Italiens. Dort kannte Amri nachweislich Gleichgesinnte aus seiner Zeit auf Sizilien.

Auch die innerdeutschen Überprüfungen der Sachverhalte zeigten grobe Mängel im System der Terrorbekämpfung auf und brachten erschreckende Erkenntnisse.

Die Ermittler erkannten schnell, dass Anis Amri in den Systemen schon lange nicht unbekannt war.

Erste Hinweise gab sein am Tatort zurückgelassenes Handy. Der Attentäter hatte die Ortungsfunktion des Geräts nicht ausgestellt, und so konnten die Ermittler für die Zeit vor dem Anschlag ein Bewegungsprofil erstellen. Amri hatte, beginnend mit dem 22. November, siebenmal den Weihnachtsmarkt erkundet. Die Auswertung seines E-Mail-Verkehrs brachte ebenfalls wichtige Neuigkeiten. Noch am 5. Oktober hatte Amri Kontakt nach Libyen und suchte Hilfe, um aus Deutschland auszureisen. Der IS-Mann in Libyen wurde sich im Gesprächsverlauf klar, dass Amri in Deutschland für den IS viel wichtiger war. Er überzeugte ihn in mehreren Gesprächen, statt der Ausreise dort eine Märtyreroperation durchzuführen. Ende Oktober zeigte sich Amri überzeugt und leistete einen Treueeid auf den Kalifen. Am 10. November schickte ihm sein »Regisseur« eine PDF-Datei mit dem Titel: Die frohe Botschaft zur Rechtleitung derer, die Märtyreroperationen durchführen. Amri hielt zu seinem Mentor bis kurz vor dem Attentat Kontakt. Die blutige Tat erfolgte drei Tage vor seinem Geburtstag.

Der zusammengetragene Werdegang des Attentäters machte deutlich, dass Europa und speziell Deutschland noch keine Antwort gefunden hatten, die enormen Zuwanderungsströme zu ordnen und zu kontrollieren:

Anis Amri wurde nach seinen Angaben am 22.12.1994 in Tunesien geboren. Er wuchs in der Stadt Queslatia auf. Schon als Jugendlicher beging er kleinere Delikte. 2011 wurde er wegen Diebstahls eines Lastwagens gesucht. Er beschloss über die zentrale Mittelmeerroute außer Landes zu fliehen. Mit einem Flüchtlingsboot landete er illegal auf der italienischen

Insel Lampedusa. Am 5. April erfolgte dort seine erkennungsdienstliche Erfassung, fatalerweise ohne EURODAC-Erfassung. Er wurde in die Aufnahmeeinrichtung für Minderjährige ohne Begleitung in Belpasso auf Sizilien verbracht. Diese Unterbringung war der Angabe eines falschen Geburtsdatums geschuldet. Amri war in Wahrheit nicht mehr minderjährig. Eine spätere Rückfrage in Tunesien ergab, dass der Jugendliche bereits 1993 geboren war. Die Bitte um weitere Unterlagen blieb allerdings unbeantwortet.

Im Oktober wurde Amri wegen verschiedener Delikte wie Körperverletzung, Unterschlagung und Sachbeschädigung festgenommen. Man verurteilte ihn zu vier Jahren Haft. Während der letzten 90 Tage wurde der italienische Geheimdienst auf ihn aufmerksam. Er verdächtigte ihn, ein islamistischer Radikaler zu sein. Amri kam in Einzelhaft. Nach der Verbüßung seiner Strafe wurde er in Abschiebehaft genommen. Da Tunesien die angeforderten Papiere nicht lieferte, wurde er einfach entlassen.

Im Juli 2015 hatte es der junge Tunesier bis Freiburg im Breisgau geschafft. Er erschien auf einem Polizeirevier und wollte Asyl beantragen. Auf einem Formular trug er ein, er hieße Amir, sei 1993 in Tunesien geboren und von Beruf Koch und Mechaniker. Eine behördliche Computerabfrage brachte keinen Befund. Die geringe Änderung des Namens machte aus dem Kriminellen, der in Sizilien eingesessen hatte und nach Tunesien ausgewiesen werden sollte, einen unbescholtenen Asylanten.

Amri alias Amir wurde zur Landesaufnahmestelle für Flüchtlinge in Karlsruhe weitergeschickt, dort kam er nie an. Er verschwand von der Bildfläche, und niemand im Land war auf seine kriminelle Energie vorbereitet.

Am 28. Juli besorgte er sich unter dem neuerlich falschen Namen Mohammed Hassa, geboren 1993, von der zentralen Aufnahmeeinrichtung Berlin eine Bescheinigung für die Meldung als Asylsuchender und gab als Einreisedatum den 27. Juli an. Gleiches tat er kurz darauf in Nordrhein-Westfalen. Später konnte das Bundesamt für Migration und Flüchtlinge seinen Fingerabdrücken fünf unterschiedliche Identitäten zuordnen! Amri erschlich Sozialabgaben, fuhr schwarz, betrog und stahl. Alles blieb unerkannt und unbestraft. Nicht aus der Verwaltung selbst kam die Erkenntnis, dass mit Amri etwas nicht stimmte. Ein Asylbewerber aus Aleppo namens Ahmad Imran machte die Behörden darauf aufmerksam, dass mit ihm in der Flüchtlingsunterkunft in Emmerich ein Mann wohne, der sich als Ägypter Mohammed Hassa ausgab, obwohl alle im Heim wussten, dass er Tunesier sei. Der Beschuldigte nannte Europa gottlos, hielt seine Mitasylanten an, keinen Alkohol zu trinken, und zeigte auf seinem Handy stolz Fotos von IS-Kämpfern, die er als Freunde und Verwandte bezeichnete. Er prahlte damit, in mehreren Bundesländern Sozialabgaben zu ergaunern. Endlich wurde Amri zum Prüffall. Doch der plötzlich Gesuchte war längst in Dortmund und Münster unter neuem Namen registriert. Ein Informant des Landeskriminalamts NRW lenkte dort das Auge der Behörde auf ihn: Ein LKA-Spitzel spähte zu der Zeit das Netzwerk des Hasspredigers Abu Walaas aus. Dort trat Amri als Randfigur auf. Die Behörden wurden hellhörig. Nachdem Amri kurz nach dem November-Attentat in Paris damit angab, Kalaschnikow-Sturmgewehre problemlos beschaffen zu können, erwirkte der Generalbundesanwalt die Überwachung seines Handys. Im Dezember brachte ein Lichtbildvergleich die Gewissheit, dass Hassa und Amir die gleiche Person waren. Man entdeckte endlich auch die Übereinstimmung mit Bildern von Anis Amri aus Italien.

Den lokalen Ausländerbehörden blieben diese Erkenntnisse jedoch noch länger verborgen. Amri erhielt als Hassa noch viele Monate Barschecks, die er brav quittierte. Am 4. Februar 2016 beschäftigte sich das Gemeinsame Terrorabwehrzentrum der Sicherheitsbehörden erstmalig mit ihm. Dessen Bewertung fiel allerdings völlig unverständlich aus: »Ein schädigendes Ereignis in der Zukunft ist eher unwahrscheinlich.« Noch unverständlicher war, dass Amri im polizeiinternen System Inpol zur gleichen Zeit mit dem Vermerk versehen wurde: »Person ist dem islamischen Spektrum zuzuordnen.«

Die unterschiedliche Begutachtung gleicher Sachverhalte zog sich auch weiterhin wie ein Muster durch den Fall.

Im März hielt sich Amri wieder in Nordrhein-Westfalen auf. Das LKA sah aufgrund neuerer Ermittlungen in ihm eine solche Gefährdung, dass sofortige Abschiebung angeordnet werden sollte. Die Juristen im Haus lehnten das jedoch ab, sie sahen die juristischen Hürden dafür als zu hoch an. Im Mai hörte das Bundesamt für Migration und Flüchtlinge Amri wegen seines Asylantrags an. Er trat als Ägypter Hassa auf und bezeichnete sich als Mitglied der verfolgten Muslimbruderschaft. Detaillierte Rückfragen zum Alltagsleben in Ägypten beantwortete er so fehlerhaft, dass sein Antrag verworfen wurde. Er wurde beschieden, binnen Wochenfrist Deutschland zu verlassen, sonst würde er nach Tunesien abgeschoben. Dafür war nun wieder eine kommunale Ausländerbehörde zuständig.

Ein junger Beamter in Kleve spielte Schicksalsgott und stellte die Abschiebung zurück, weil die erforderlichen Ausweis-Ersatzpapiere aus Tunesien fehlten. Amris Überwachung lief in den verschiedenen Bundesländern auf unterschiedlichem Niveau weiter. Er konnte nach wie vor Sozialbetrug verüben, mit islamistischen Parolen prahlen und wurde zum Drogendealer.

Der Schluss der Behörden aus seiner Wandlung zum Dealer war, dass Amri sich vom Islamismus abgewandt habe und zum Kleinkriminellen mutiert sei. Am 30. Juli wurde der Tunesier in Friedrichshafen von der Bundespolizei aufgegriffen und an der Ausreise gehindert, da er bei ihnen als Gefährder registriert war. Seine Ausreise hätte gegen das Schengener Abkommen verstoßen. Amri kam in Abschiebehaft und verstand die Welt nicht mehr. Er wollte doch ausreisen!

Eine Meldung des marokkanischen Geheimdienstes, Amri plane in Deutschland ein Attentat, führte zu keinen Konsequenzen. Die Mehrzahl der Verantwortlichen im Gemeinsamen Terrorabwehrzentrum der Sicherheitsbehörden sah keinen ausreichenden Grund, tätig zu werden. Sie trauten den Marokkanern nicht. Am 24. Oktober kam endlich aus Tunis die Bestätigung, dass Amri tunesischer Staatsbürger sei. Dies schien für ein Abschiebungsverfahren gerichtlich verwertbar. Erneut spielte der junge Beamte in Kleve eine fatale Rolle. Ihm reichte diese Bestätigung nicht, und so wartete er weiter auf »richtige« Ersatzpapiere. Die gingen erst einen Tag vor dem Attentat bei der Zentralen Ausländer Behörde

Köln ein. Bei einer anderen Beurteilung der Papiere von Amri hätte das blutige Attentat nicht stattgefunden. …

Immer noch laufen Untersuchungen, die Versäumnisse aufarbeiten und Verbesserungen bringen sollen. Versäumnisse im Behördenwirrwarr, insbesondere zwischen Berlin und Nordrhein-Westfalen, bedürfen nach wie vor der Behebung.

In den Akten stieß man sogar auf nachträgliche Manipulationen, die nun ebenfalls untersucht werden müssen. Sonderermittler zum Attentat deckten immer mehr Dinge auf, die das Versagen des Polizeiapparats bewiesen. So wurde schon 2014 der Hinweis eines Informanten auf Amri und dessen enorme Gefährlichkeit gegeben, aber erst nach dem Attentat ernsthaft geprüft. Amris Überwachung wurde während der Wochenenden oftmals ausgesetzt. Da stand den Beamten Urlaub zu.

Von einer richtigen Antwort auf die Frage, wie Terrorismus bekämpft werden muss, ist man in Deutschland noch weit entfernt.

Quo vadis?

Quo vadis, islamische Welt?

Auf diese Frage eine einzige Antwort zu geben, ist problematisch. Die circa 1,6 Milliarden Moslems leben in ihren Heimatländern unter unterschiedlichsten Bedingungen. Zweifellos durchleben sie derzeit eine Phase des Umbruchs, der Entwicklungen mit viel Gewalt.

Die Zustände in einigen Ländern sollen das beispielhaft deutlich machen. Zuvorderst zwei besonders gebeutelte Staaten:

In Syrien ist ein Ende des Blutbades zwischen der Opposition und dem Regime noch nicht abzusehen. Militärisch hat Russland das Assad-Regime so stabilisiert, dass es überdauern wird. Die Beziehungen zwischen Teheran und Damaskus waren seit der Islamischen Revolution 1979 schon äußerst eng. Assad ist auch Herrscher von Teherans Gnaden. General Suleimani, der Anführer der berüchtigten Quds-Brigaden, der Eliteeinheit der iranischen Revolutionsgarden für Auslandseinsätze, wurde Teil des militärischen Oberkommandos der syrischen Streitkräfte.

Ab und zu blitzten vermeintliche Friedensbemühungen auf: Im September 2017 einigten sich Russland, der Iran und die Türkei auf eine Deeskalationszone in der nordsyrischen Provinz Idlib. Dorthin wurden nun auf bestimmte Kontrollpunkte Sicherheitskräfte entsandt. Sie sollen Zusammenstöße der syrischen Armee und der Opposition vermeiden helfen und Feuerpausen zwischen ihnen ermöglichen. Die Zone soll zügig um die Provinzen Homs, Latakia, Aleppo, Hama sowie Ost-Ghouta erweitert werden. Da die Türkei zu den Gegnern des Assad-Regimes gehört, muss man hinter ihrer Beteiligung eher die Intention vermuten, einen Sicherheitskorridor zwischen den syrischen und türkischen Kurden zu bewahren, um damit den Zusammenschluss der Stämme beider Länder zu einem gemeinsamen Kurdenstaat zu verhindern.

Die konzertierte Aktion mutet deshalb wie das Sichern eigener Einflusszonen an. Die Türkei als NATO-Land zeigt sich dabei, nicht ohne Eigennutz, auf einmal als Partner der »gegnerischen« Seite. Das passt zu dem Abrücken Erdogans von Europa und der Festigung des Islams in seinem Land.

Die USA blieben bei den Beschlüssen außen vor, was nicht förderlich war. Amerikanische Kritik über das Einbeziehen des Irans wurde schnell laut.

Einen tragenden Konsens könnten wohl nur alle Konfliktparteien an einem Tisch erreichen. Einen gemeinsamen Nenner bei der stockenden Friedenskonferenz der UNO in Genf werden Alleingänge schwerlich bringen.

Am Rande des Gipfels der Asiatisch-Pazifischen Wirtschaftsgemeinschaft, APEC, im November 2017 in Vietnam gingen diesmal wieder nur Putin und Trump aufeinander zu. Sie verabschiedeten ein Papier mit der Absichtserklärung, man wolle gemeinsam die Terrormiliz Islamischer Staat endgültig besiegen und für Syrien eine politische Lösung finden und dabei seine Souveränität wahren.

Schon der Versuch Putins, wenig später in Sotschi seinen Kollegen Erdogan für die Erklärung zu gewinnen, traf auf wenig Gegenliebe. Bereits vor dem Treffen hatte der Türke die Erklärung kritisiert: Wenn es für Syrien keine militärische Lösung gäbe, dann sollen doch die USA und Russland ihre Truppen von dort abziehen!

Nach dem Treffen erklärte Erdogan die Vereinbarung zumindest für wichtig. Ein wesentlicher Punkt darin wurde allerdings ausgespart: Russland und USA planen einen Kongress der Völker Syriens, bei dem über eine Nachkriegsordnung des Landes beraten werden soll. Nach ihrer Vorstellung soll daran auch die syrische Kurdenpartei PYD teilnehmen, die von der Türkei als Teil der verbotenen Arbeiterpartei PKK bekämpft wird. Der türkische Außenminister Mevlüt Çavuşoğlu sagte der Agentur Anadolu, die Türkei sei nicht grundsätzlich gegen eine Konferenz, allerdings dürfe keine terroristische Organisation eingeladen werden! Ein Termin für den Kongress war mit dem 18. November bereits in Aussicht genommen. Der musste inzwischen verschoben werden. Aber Putin ist nicht bereit, aufzugeben. Überraschend traf er sich am 20. November in Sotschi mit Assad. Die Medien bekamen zu hören, der militärische Einsatz in Syrien sei nun zu Ende, und politische Prozesse müssten nun eingeleitet werden.

Für den 22. November kündigte er einen Dreiergipfel mit Erdogan und dem iranischen Präsidenten Hassan Ruhani an. Mit Präsident Trump hat er sich nach einer Verlautbarung des Weißen Hauses in einem einstündigen Telefongespräch bereits abgestimmt. Dabei sollen sich die beiden Präsidenten einig gewesen zu sein, den in Genf durch die UN geführten Friedensprozess einen Erfolg werden zu lassen. Der angedachte Kongress soll alsbald organisiert werden.

Sind die Friedensbemühungen endlich mehr als ein Kampf gegen Windmühlen? …

Im Irak schwelt der Unruheherde zwischen Schiiten und Sunniten noch heftig. Viele sehen in dem verwundeten Land bereits den Hinterhof des Irans.

Schon im Juni 2014 setzte Teheran seinen großen Fuß zwischen die irakische Tür. Gegen die Ausbreitung des IS wurde damals die Haschd-al-Schaabi als Volksmobilmachungskraft gegründet. Der Iran bewaffnete und trainierte sie. Offiziell war ihr verboten, sunnitische Städte wie Mossul zu betreten. Durch die Integration ihrer Kämpfer in die irakische Armee gelang das doch, und der iranische Einfluss wuchs. Nach dem Fall von Mossul wurde der weiter ausgedehnt. General Suleimani wurde, wie in Syrien, Teil des militärischen Oberkommandos im Irak. Zusätzliche Generäle trainierten schiitische Milizen, wie die Kata'ib Hisbollah, die Badr-Brigaden und Asa'ib Ahl al-Haq, und stellten sie unter direkter Kontrolle Teherans. Wie in Syrien sah sich der Iran auf einmal auf der Seite der künftigen Sieger.

Sunnitische Kräfte waren zwar auf der Verliererstraße, sahen dem aber nicht ohnmächtig zu. Sie wehrten sich mit Anschlägen und Attentaten.

Ein neues Krisenfeld kam hinzu. Die Kurden verlangten für ihren Anteil am Erfolg gegen den IS endlich Zugeständnisse. Mitte September 2017 billigte das Parlament der kurdischen Autonomieregierung im Nordirak für den 25. September ein Referendum zu einer Abspaltung vom Kernland.

Diese Entscheidung traf auf Widerstand. Das höchste irakische Verfassungsgericht erklärte das Referendum für verfassungswidrig. Die irakische Regierung schloss ein militärisches Eingreifen nicht aus. Das Nachbarland Türkei warnte vor den kurdischen Plänen. Es hielt an der Grenze zur Kurdenregion ein großes Militärmanöver ab, stoppte Ölimporte von dort und sprach eine Reisewarnung für die eigenen Bürger aus. Die vom Iran gelenkten Schiiten-Milizen malten das Schreckgespenst eines Krieges zwischen Kurden und Arabern an die Wand. Selbst das Weiße Haus erkannte die Unabhängigkeitsbemühungen seiner Verbündeten nicht an. Sie wollten die Gemeinsamkeit aller Iraker im Kampf gegen den IS nicht gefährden.

Der Kurden-Präsident Massud Barsani blieb, trotz der Warnungen, bei dem Beschluss. Die Kurden stimmten in großer Mehrheit für die Autonomie.

Im Zuge der Kämpfe gegen den IS waren neben dem Autonomiegebiet 40 % zusätzliches Land unter kurdische Kontrolle gekommen. Dazu gehörte Kirkuk, die drittgrößte Stadt des Iraks mit den ölreichen Gebieten im Umfeld. Die Kurden beabsichtigen diesen Landgewinn zu behalten, was die irakische Regierung nicht hinnehmen will.

Mitte Oktober postierte sie schwere Militärfahrzeuge südlich der Stadt. Ob es daran lag, dass die Kurden erkannten, dem schweren Kriegsgerät vorerst nicht gewachsen zu sein, oder ob andere taktische Gründe den Ausschlag gaben, sie zogen sich in einer Art Massenflucht kampflos in ihre Autonomiegebiete zurück. Ihre Drohgebärden lassen allerdings vermuten, dass damit ein neuer Bürgerkrieg noch nicht ausgeschlossen ist. Schließlich hatte der Westen die kurdischen Peshmerga als Verbündete bestens ausgerüstet.

Massud Barsani kam mittlerweile in die Kritik und kündigte an, als Präsident nicht mehr zur Wahl zu stehen.

Die Bundesregierung Deutschlands reagierte auf die Krisensituation und setzte die Ausbildung von Peshmerga-Kämpfern aus. Droht eine weitere blutige Eskalation?

Saudi-Arabien spielt eine gefährliche Rolle im Krisengebiet. Der Gewinn an Einfluss des Erzrivalen Iran schreit nach Gegenmaßnahmen:

Der Jemen, das immer schon ärmste Land der Arabischen Halbinsel, trudelte in die größte humanitäre Katastrophe der Welt. Seit 2014 eskaliert ein Bürgerkrieg zwischen der international anerkannten sunnitischen Regierung und den vom Iran gestützten schiitischen Huthi-Rebellen.

Sie kontrollieren inzwischen weite Teile im Nordosten des Landes. Schon zu Beginn der Kämpfe eroberten sie die Hauptstadt Sanaa und trieben Präsident Hadi außer Landes. Als der nach einem halben Jahr aus dem Exil zurückkehrte, war die Hauptstadt immer noch in der Hand der Aggressoren. Seit damals versucht eine sunnitische Koalition unter der Führung Saudi-Arabiens mit mäßigem Erfolg, den alten Zustand wiederherzustellen. Kürzlich haben die Huthi sogar eine Rakete auf den internationalen Flughafen der saudi-arabischen Hauptstadt Riad abgefeuert. Ali al-Kahum vom politischen Büro der Rebellen erklärte dazu: »Wir haben das Recht, zurückzuschlagen und Raketen abzufeuern auf jene, die unsere Söhne und unsere Bevölkerung mit ihren Flugzeugen töten.« Saudi-Arabien sieht das ganz anders. Es beurteilt die Unterstützung der Rebellen durch den Iran als direkte militärische Aggressionen gegen das eigene Land. Der kalte Krieg zwischen den beiden Staaten droht zu eskalieren. Als Antwort hat Saudi-Arabien die jemenitischen Luft-, Land- und Seegrenzen abgeriegelt. Die Lage der Bevölkerung wird dadurch unerträglich.

Mittlerweile leiden mehr als 7 Millionen Menschen Hunger und über 3 Millionen sind auf der Flucht. 600.000 erkrankten an der Cholera. Diese Situation trägt neben den Folgen des Klimawandels maßgeblich dazu bei, dass erstmals seit einem Jahrzehnt wieder mehr Menschen auf der Welt hungern als zuvor. Nach der Schätzung des Direktors des Welternährungsprogramms, David Beasley, sind das 815 Millionen oder 11 % der Weltbevölkerung!

Das UN-Büro zur Koordination humanitärer Hilfe in Genf fordert, bisher vergeblich, eine Aufhebung der Blockade.

Der Jemen zerfällt, die sogenannte freie Welt schaut einfach nur zu. Es geht weniger um die Rettung von Menschenleben als um das liebe Geld.

Im Juni 2017 begann Saudi-Arabien mit den Vereinigten Arabischen Emiraten, Bahrain und Ägypten eine Blockade zu Wasser, zu Land und in der Luft gegen den reichen Kleinstaat Katar. Dies geschah insbesondere wegen dessen engen Bindungen zum Iran. Katar trotzt nun schon fünf Monate dem Druck. Der deutsche Außenminister Sigmar Gabriel warnte vor der Gefahr eines neuen Golfkriegs.

Höchst brisant ist die Entwicklung im Libanon. Dabei erschien das Land lange Zeit ruhig und stabil, während im Umfeld Unruhen tobten. Am 4. November 2017 erklärte der libanesische Premierminister Saad Hariri, möglicherweise unter saudischem Zwang, in Riad völlig überraschend seinen Rücktritt. Er begründete ihn mit der Angst um sein Leben. Inzwischen hat ihn der Staatspräsident vom Rücktritt zum Rücktritt gedrängt, sodass er vorläufig wieder im Amt ist.

Die Reaktion aus Saudi-Arabien kam trotzdem schnell. Man bezeichnete den Libanon als potentiellen Kriegsgegner und behauptete, dass Land würde mittlerweile von der durch den Iran gestützten Hisbollah-Miliz regiert. Drei Tage später forderte man seine Bürger auf, den Libanon sofort zu verlassen.

In diesem Konflikt zeigen sich plötzlich überraschende Verbündete. Saudi-Arabien und Israel machen offen gemeinsame Sache. Beide Staaten fühlen die gesamte Region vom Iran bedroht und wollen ihn in die Schranken weisen. Mehr als 100.000 Raketen der hochgerüsteten Hisbollah sind auf das jüdische Territorium gerichtet. Schon deshalb hat Israel bereits im September an seiner Nordgrenze das größte Manöver seit 20 Jahren durchgeführt.

Zudem reist Trumps Schwiegersohn, Jared Kushner, mit einem Friedensplan der Amerikaner für Palästinenser und Israelis durch den Nahen Osten. Saudi-Arabien könnte dabei für Israel ein wichtiger Fürsprecher werden.

Droht bei dieser Gemengelage ein neuer militärischer Konflikt?

Da Russland nicht involviert ist, blieb man in den USA und Europa ruhig, schon um die kauffreudigen Saudis nicht zu verprellen. Als der deutsche Außenminister Sigmar Gabriel einen Besuch seines libanesischen Amtskollegen, Dschibran Bassil, in Berlin doch dazu nutzte, das Verhalten der Saudis als Abenteurertum zu bezeichnen und ein Ende der Aggressionen forderte, wurde er von Riad abgestraft. Saudi-Arabien rief seinen Botschafter aus Berlin zurück.

Bei der eingeschlagenen harten Linie vertraut Kronprinz Mohammed, der neue starke Mann in Riad, zu Recht auf die Unterstützung der USA und Israels. Die Achse USA–Saudi-Arabien wird durch ein Abkommen – Waffen gegen Öl – getragen. Israel glaubt nicht daran, dass der Iran mit diplomatischen Bemühungen in den Griff zu bekommen ist. Der erst kürzlich erfolgte Luftschlag gegen Raketenstellungen Assads lässt eine israelisch-iranische Konfrontation in Syrien wahrscheinlicher werden. Der Wunsch Irans, Israel zu vernichten, hängt wie ein Damoklesschwert über dem jüdischen Staat. Ein vollständiger Sieg Assads würde Syrien zu einem Aufmarschgebiet Irans gegen Israel machen.

Die Einmischungen in den Nachbarländern sind nicht das einzige Risiko des Öllandes. Das für den konservativen, oftmals fundamentalistischen Weg bekannte Saudi-Arabien geht diesen Weg auch unter Kronprinz Mohammed bin Salman weiter. Er wurde nur leicht modifiziert. Der Kronprinz will nach wie vor keine freie Meinungsäußerung und beabsichtigt, den Islamismus lediglich durch einen konservativen, vom Königshaus kontrollierten Nationalismus zu ersetzen. Journalisten, Akademiker, Bürgerrechtler und erstmals auch Prediger werden verhaftet, wenn sie diesen Kurs kritisieren. Ältere Prinzen, darunter der Bruder des Königs, Exkronprinz Mohammed bin Nayef, sind unter Hausarrest gestellt. Elf Prinzen und auch Exminister wurden festgenommen, die Spitzen von Nationalgarde und Marine entlassen. Der Milliardär Prinz Alwalid bin Talal, einer der reichsten Männer der Welt, wurde unter Korruptionsvorwurf inhaftiert. Der Kronprinz führt bei allen Ermittlungen durch ein neu eingerichtetes Anti-Korruptions-Komitee mit fester Hand

Regie. Diese Eingriffe lassen die internationalen Finanzmärkte erzittern. Immerhin herrscht der saudische Staatsfonds über mehr als 2 Billionen Dollar, angelegt in weltweit gestreuten Beteiligungen. Turbulenzen könnten die großen Volkswirtschaften durchaus erschüttern.

Die junge Generation, die schon die Hälfte der Saudis ausmacht, beruhigt der Kronprinz fürs Erste mit gewissem Erfolg durch Gefälligkeiten. Er erlaubt Popkonzerte und lässt Tickets für Fußballspiele verschenken. Die Frauen besänftigt er mit längst überfälligen, unbedeutenden Zugeständnissen wie der Fahrerlaubnis und eingeschränkten Erlaubnissen zu studieren.

Eine Abwärtsentwicklung, besonders durch einen zu niedrigen Ölpreis, holt zudem alle reichen Golfstaaten ein. Sie müssen immer mehr Fremdarbeiter durch eigene Bürger, die Arbeit suchen, ersetzen. Die Fremden werden in ihre Heimat zurückgeschickt, wo sie keine Arbeit finden. So etwas bringt selbst in Friedenszeiten Unruhen mit sich. In Zeiten bestehender Unruhen sind solche Negativentwicklungen kaum zu bewältigen. Deshalb gibt es für die Zukunft düstere Prognosen. Völkerwanderungen Richtung Europa werden vorhergesagt, wenn die Ölquellen versiegen. Fehlende Ressourcen, und damit zusammenhängende Verarmung aller, werden regionale Kriege auslösen. Die drastischen Veränderungen werden durch Umstände verstärkt, die sich heute schon abzeichnen. Bildung, die hier helfen könnte, existiert nur auf niederem Niveau. Der überwiegend doktrinär gelebte Islam behindert eine freie Geisteshaltung. Es gibt demzufolge wenig Kreativität in Wirtschaft und Fertigung. Kleine Fortschritte, wie die zunehmende Alphabetisierung junger Männer und Frauen, stellen die gewohnten Hierarchien infrage und schüren neben dem damit verbundenen Fortschritt Konflikte. Es fehlen herausragende Wissenschaftler. Patente werden im Vergleich zur westlichen Welt nur spärlich angemeldet. Gegen westliches Wissen besteht große Skepsis. Die Produktion von Büchern beschränkt sich überwiegend auf religiöse Lektüre. Fachbücher werden kaum geschrieben und gedruckt. Den modernen Errungenschaften des Westens hat man sich nur von der Konsumseite geöffnet.

Man benutzt Internet, Mobiltelefone, Fernseh- und Rundfunkanlagen sowie anderen Gebrauchsluxus, soweit ihn die Imame nicht verbieten. Zu wenige Menschen kommen auf den Gedanken, solche Dinge selbst zu erfinden und zu produzieren. Man konsumiert nur. Viele Hindernisse ergeben sich wegen der aktuellen Interpretation des Islams. Die Religion und ihre Regeln sind unantastbar. Dies wird eins zu eins auf die Struktur der Herrschenden, der Diktatoren, übertragen bis hin zu den Stammesstrukturen aus alter Vorzeit. Eine Trennung von Religion und Politik könnte vielleicht Abhilfe schaffen. Das Verhalten der westlichen Nationen ist keine Hilfe in dieser Krise. Der Westen sucht keine Partnerschaft, sondern den schnellen Profit. Mit Waffenlieferungen holte man sich das nächste Dilemma selbst an den Hals.

Saddam Hussein, die Taliban, Al-Qaida und der IS haben doch die Waffen nicht gedankt, sondern schlussendlich gegen die Lieferanten gerichtet! Weitere Waffenlieferungen sind immer noch die Regel. Der Westen wird durch Schaden nicht klug. Die islamische Welt wird gezwungen, mehr und mehr zu begreifen, dass sie sich auf sich selbst verlassen muss und nicht auf vermeintliche westliche Verbündete. Die intervenieren für sie unkalkulierbar. Im Irak unter falschen Voraussetzungen, in Libyen an der Grenze des Rechts, in Syrien zögerlich und zu spät und im Jemen gar nicht.

Europa stand Ende des Mittelalters in einer vergleichbaren Situation. Auch damals wurden erstmals Massen politisiert. Es bedurfte vieler Jahre des Wandels, um die Probleme zu meistern. Die Zeit der Renaissance bedeutete im wahrsten Sinne des Wortes eine Wiedergeburt aus dem Desaster. Die Zukunft lässt für die islamische Welt solche Möglichkeiten offen, doch alle Möglichkeiten brauchen Zeit. Eine Beschleunigung wird nicht durch Protest auf der Straße erreicht. Wie die Arabellion zeigte, schlagen dann die Eliten umso härter zurück. Demokratien im westlichen Sinne durch schnelle Wahlen zu erzwingen, ist kaum ein probates Mittel. Auch hier hat der Arabische Frühling gezeigt, wie schnell sich in einem Land politische Polarisierung einstellt und die Bevölkerung mit dauerhaften Unruhen kämpfen muss. Man braucht den Konsens aller Institutionen darüber, wie Regierung, Bürger, Armee und Religion ineinanderspielen sollen. Der Weg muss nicht dem westlichen Modell entsprechen. Der Islam kann, auch auf andere Weise, seinen Teil zur Gestaltung des öffentlichen Raums beitragen. Die Zukunft ist offen und ungewiss.

Quo vadis, Islam?

Der islamischen Welt fehlt eine von allen anerkannte zentrale Instanz. Es gibt keinen Papst und keinen Dalai-Lama. Schon deshalb fällt es Fanatikern leicht, Moslems für sich zu gewinnen, indem sie den Koran in ihrem Sinn unterschiedlich auslegen. Sie treffen auf führungslose Menschen, die sich nach Führung sehnen. Die große Zahl der Moslems wünscht sich eine panislamische Integrationsgestalt, die ihrem Propheten Muhammed Nachfolger sein kann.

Bis Mustafa Kemal Atatürk 1924 das Kalifat abgeschafft hat, lag diese Aufgabe in den Händen des Kalifen.

2014 wurde vom IS in Mossul ein neues Kalifat ausgerufen, und Kalif Ibrahim wurde zum Hoffnungsträger. Seine anfänglichen Erfolge betäubten für kurze Zeit allgegenwärtige Minderwertigkeitskomplexe. Der Kalif konnte jedoch die Mehrheit der Moslems nie für sich gewinnen. Seine brutale Herrschaft, bald ausbleibende Erfolge sowie Meldungen seines Märtyrertodes taten das Ihre hinzu. Die letzte russische Meldung, am 28. Mai 2017 habe ihre Luftwaffe über Rakka den Kalifen getötet, steht bis heute (30. November 2017) unwiderlegt im Raum.

Ohne einen allgemein anerkannten Repräsentanten kann sich noch immer jeder im Islam zum Rechtsgelehrten erheben und Fatwas erstellen, die vermeintlich den Willen des Korans und Überlieferungen der Taten, Worte und Verhaltensweisen des Propheten ausdrücken. Die Gläubigen unterwerfen sich allzu leicht. Das Wort Islam bedeutet schließlich Unterwerfung. Unterwerfung unter den Willen Allahs! Auch Osama bin Laden berief sich auf den Koran, als er 1998 in einer Fatwa jeden Moslem aufforderte, Amerikaner zu töten, wenn er auf sie trifft. Sure 2,192: Und tötet sie, wo ihr sie zu fassen bekommt, und vertreibt sie, von wo sie euch vertrieben haben! ..., war die Sure für die Legitimation.

Eine Auslegung des Korans kann Spielräume schaffen. Eine zeitgemäße Interpretation der alten Schriften für die Moderne ist jedoch keine Selbstverständlichkeit. Für viele Gelehrte ist der Koran von Allah an Mohammed wörtlich offenbart und deshalb nicht modifizierbar. Ein Gläubiger darf, wenn Gott oder sein Gesandter eine Angelegenheit entschieden haben, nicht die Möglichkeit beanspruchen, deren Entscheidung anders zu interpretieren: Und wer gegen Gott und seinen Gesandten ungehorsam ist, der befindet sich in einem offenkundigen Irrtum (Sure 33, 37). Diese Sure verbietet förmlich einen Ausweg aus dem Dilemma, einen Weg in die Moderne und in ein friedliches Miteinander der Religionen. Andere Suren stehen dem nicht nach:

Sure 66,10: Oh du Prophet, bekämpfe die Ungläubigen und die Heuchler und behandle sie mit Strenge. Ihr Aufenthalt wird einst die Hölle sein, und ein schlimmer Weg ist dorthin.

Sure 9,30: ... Und es sprechen die Nazarener: Der Messias ist Allahs Sohn. Solches ist das Wort ihres Mundes. Sie führen ähnliche Reden wie die Ungläubigen von zuvor. Allah schlage sie tot! Wie sind sie verstandeslos!

Wie das Christentum betont der Islam, dass seine Gläubigen zu den Rechtgeleiteten gehören. Doch erschreckend ist im Islam, in welcher Fülle Hass, Gewalt und Verachtung Ungläubigen (im Koran) entgegenschlagen:

Sure 8,55: Wahrlich, schlimmer als das Vieh sind bei Allah jene, die ungläubig sind und nicht glauben werden; ...

Diejenigen, die sich Gott und seinem Gesandten widersetzen, die gehören zu den Niedrigsten (Sure 58,20–21).

Yusuf al-Qaradawi, der Vorsitzende der Internationalen Vereinigung muslimischer Gelehrter (Union of Muslim Scholars), erklärte in einer *Fatwa* am 31. Mai 2007 zur Frage: Dürfen Juden und Christen als Gläubige betrachtet werden? »... Alle heutigen Konfessionen des Islams wie Sunnismus, Zaidismus, Jafarismus, Ibadismus etc. bezweifeln nicht die Ungläubigkeit der Juden und Christen und aller, die nicht an die islamische

Botschaft glauben. Der Grund dieser islamischen Überzeugungen liegt nicht in ein oder zwei Versen, sondern in Dutzenden von Koranversen und Dutzenden von überlieferten Aussagen des Propheten ...«

Durch diese Buchstabengläubigkeit vermitteln fanatische Theokraten statische Regeln, und die Gläubigen folgen ihnen.

Der Zentralratsvorsitzende der Moslems, Aiman Mazyek, sagte nach den Anschlägen von Brüssel: »Die Religion spielte dabei keine Rolle.« Das muss doch falsch sein! Wenn Moslems sich im Namen des Islams und Allahs in die Luft sprengen, dann hat das etwas mit dem Islam zu tun! Sure Al Imran 169 ist für die Selbstmordattentäter dabei Bestätigung: »Denkt ja nicht, dass diejenigen, die für Allah sterben, tot sind. Sie leben vielmehr bei ihrem Herrn und werden von Ihm umsorgt.«

Der christliche Märtyrer stirbt in der Situation der Verfolgung. Im Islam gilt stattdessen als Märtyrer, wer im Krieg für Allahs Herrschaft kämpft und fällt. Diese Sicht verhindert friedlichen Pluralismus, Toleranz und die Frische, welche die morgenländische Wissenschaft, Gesellschaft und Politik früher führend in der Welt gemacht hatten. Das Abendland zog inzwischen, wegen dieser Unbeweglichkeit, nahezu in allen gesellschaftlichen Bereichen am Morgenland vorbei.

Daraus entstandene Minderwertigkeitskomplexe werden nicht durch Bemühen der Moslems um Besserung geheilt, die suchen vielmehr voll Zorn die Schuld bei den anderen und greifen in ohnmächtiger Wut zur Gewalt. Die Islamisten bieten mit ihren Parolen dafür das geeignete Feindbild.

Sich mutig dem globalen Wettbewerb zu stellen, verhindert ein unterschwellig vorhandenes Angstgefühl. Eine Wendung zum Besseren setzte voraus, dass die moderaten Kräfte so an Einfluss gewännen, dass man dem Abendland in Religion, Politik und Wirtschaft mit einem eigenen Modell auf Augenhöhe gegenübertreten könnte. Das läge mit einer gehörigen Prise Pragmatismus durchaus im Rahmen der Möglichkeit.

Der Senegal zeigt sich beispielsweise stabiler als seine afrikanischen Nachbarländer. Hier ist ein religiöser Scherz unter Andersgläubigen kein

Tabu: Eine Christin sagt zu einer Muslimin: »Pass auf, morgen schlachte ich dir ein Schwein! Dann koche ich es dir, du isst es, und du wirst Christin.«

»Dein Schwein kannst du selber essen«, antwortete die Muslimin gelassen mit einem Lachen. Sie besinnt sich mit ihrem Humor und Lachen erfolgreich auf einen uralten Schlichtungsmechanismus.

In Teilen ist die Religion des Propheten eine Synthese der anderen monotheistischen Religionen. Es gibt deshalb durchaus eine Verbindung der verschiedenen Denkansätze zu einer neuen, höheren Einheit. Wieder steht dem der Wortlaut des Korans entgegen: *Oh Gläubige! Schließt keine Freundschaft mit solchen, die nicht zu eurer Religion gehören. Sie lassen nicht ab, euch zu verführen, und wünschen nur euer Verderben. Ihren Hass haben sie bereits mit dem Mund ausgesprochen; aber noch weit Schlimmeres ist in ihrer Brust verschlossen. Wir haben euch davon schon Beweise gegeben, wenn ihr sie nur verstanden habt (Sure 3,118).*

Es bleibt zweifelhaft, ob zentrale kulturelle Begriffe des Abendlandes, wie Freiheit, Eigenverantwortung, Benutzung der Vernunft sowie Würde, jemals konsensfähig werden, und sei es nur, indem man sie toleriert.

Quo vadis, IS?

Vergangene Zeiten! Der IS hatte nicht nur riesige Gebiete in Syrien eingenommen, sondern auch große Teile des Iraks überrannt. Dort dehnte sich das Staatsgebiet von Mossul im Norden über die Wüstengebiete im Westen bis kurz vor die Tore der Hauptstadt Bagdad. Nach knapp drei Jahren bröckelte das Reich an allen Rändern. Nach den Niederlagen in Rakka und Mossul steht der gänzliche Gebietsverlust bevor.

Die Illusion eines Nationalstaats ist zerplatzt. Inzwischen hat man sich wieder auf die Guerilla- und Terrortaktik reduziert. Dies nicht nur im lokalen Bereich, sondern auch in den Ländern des Westens. So bleibt der IS eine nicht zu unterschätzende Gefahr, ob mit oder ohne Kalifen.

Terrorakte werden ausgeführt, und die Kämpfer tauchen unbehelligt in der Zivilbevölkerung unter. Es gibt noch genügend Sympathisanten, denn die Probleme, die den IS stark gemacht haben, sind nicht gelöst.

Längst hat der IS aktive Ableger in vielen Ländern. Er wird ein zähes Leben haben. Sein Wille dazu ist erkennbar da. Wir werden uns an die Terrorgefahr gewöhnen müssen.

Quo vadis, Islam in Deutschland?

In Deutschland hat die Marke IS bei der Mehrzahl der Deutschen, die unter die schwarze Fahne in die Kampfgebiete strebten, ihre Faszination verloren. Viele befinden sich im Rückwärtsgang. Doch Terrorhandlungen üben immer noch Faszination aus. Gut ausgebildete Schläfer und im Flüchtlingsstrom eingereiste Dschihadisten, die nicht entdeckt wurden und für Terrorakte bereitstehen, stellen in unserem Land ein Problem dar und animieren auch Deutsche, ihnen es gleichzutun.

Die Islamisten setzen gern auf einsame Wölfe. Die werden per Computer aus dem Ausland gesteuert. Die vorgegebenen Ziele werden mit den Aufforderungen im Koran rechtfertigt: Und kämpft gegen sie, bis niemand (mehr) versucht, (Gläubige zum Abfall vom Islam) zu verführen, und bis nur noch Allah verehrt wird (Sure 8,39).

Der IS betont in fast jeder wichtigen Verlautbarung, dass es ihm um die Unterwerfung der gesamten Welt unter den Islam geht. Damit suchte er den Zusammenbruch unserer liberalen, pluralistischen Gesellschaft.

Verfassungsschutzpräsident Maaßen bekräftigte in einem Interview mit der FAZ, dass nach seiner Überzeugung der Salafismus sogar einen islamischen Staat in Deutschland errichten wolle.

Der deutsch-ägyptische Politikwissenschaftler, Hamed Abdel-Samad, mahnt Grauzonen in unserer Verfassung an, die der Islamismus ausnutzen kann, um in Deutschland seine Machtstrukturen zu festigen.

Bundeskanzlerin Merkel nennt die Imame die wichtigsten Adressaten für die Bekämpfung einer solchen Entwicklung. Letztlich haben fast 90 % der Moslems den Koran nie gelesen, sondern folgen nur den Worten

ihrer Prediger. In ihrer Bundestagsrede zum Gedenken an die Terroranschläge am 7. Januar 2015 in Paris nahm Angela Merkel die Imame in
die Pflicht, in ihren Moscheen nur den friedliebenden Islam zu predigen.
Radikale Moscheen werden trotzdem nicht zu verhindern sein. Der nord-
rhein-westfälische Verfassungsschutz hat schon eine Liste von 19 Moscheen zusammengestellt, die möglicherweise geschlossen werden sollten.

Die erste Aufgabe unseres Staates sollte darin liegen, dass Polizei, Verfassungsschutz und BND Attentate verhindern. Ein Versagen, Sicherheit zu garantieren, schürt Ängste. Terror ist ein adäquates Mittel der
asymmetrischen Kriegsführung, die auf Angst setzt. In diesem Bemühen
besteht Nachholbedarf. Aus dem Abschlussbericht der Berliner Polizei
aus September 2017 zum Amri-Attentat geht staatliches Versagen deutlich hervor. Das erarbeitete Konzept zum Umgang mit Anschlägen ist
in weiten Teilen nicht umgesetzt worden. Die Einsatzzentrale war lange
Zeit von Tatortinformationen abgeschnitten. Erst nach mehreren Tagen
wurde eine koordinierte Fahndung ausgelöst. Mehrere Personen des
Führungsstabs hatten keine Erfahrung mit Terrorlagen, was zu falschen
Einschätzungen führte. Eine weitere endlose Fehlerkette wurde sichtbar.

Diese Fehler zu beheben ist wichtig, aber man muss die Ziele des IS auch
ganzheitlich bekämpfen. Der hat nämlich die Bruchstellen unserer Gesellschaft, die er mit herbeigeführt hat, erkannt und im Auge. Darauf ba-
siert sogar die stetig wachsende Angst vor dem Islam noch viel mehr. Die
Debatte um Zuwanderung, Integration und Islam wird immer schärfer.
Die Angst vor dem vermeintlichen Verlust deutscher Identität und Kultur
wird von rechten Gruppierungen mit radikalen Sprüchen geschürt. Deren Meinungsmacher fordern sogar mehr deutschsprachiges Liedgut im
öffentlich-rechtlichen Rundfunk, was schon teilweise umgesetzt wurde!

Auch die etablierten Parteien legen sich mit Forderungen nach Rest-
riktionen fest. Schärfere Regelungen für Zuwanderung und Asyl werden
gefordert.

Die FDP wünscht sich das kanadische Modell und möchte Einwande-
rung auf benötigte Fachkräfte begrenzen.

Der Familiennachzug soll eingeschränkt werden.

Für andere Flüchtlinge werden »heimatsnahe« Lösungen vorgeschlagen. Der Chef der Jungen Union, Paul Ziemak, bringt die Konsequenzen aus einem unterschiedlichen Rechtsverständnis provokant auf den Punkt: »Wer die Scharia mehr achtet als unsere Gesetze – da hilft kein Integrationskurs, da hilft nur das Gefängnis.«

Mit zusätzlichen Terrorschutzmaßnahmen wächst bei vielen Bürgern die Angst vor Beeinträchtigung persönlicher Daten und Freiräume (Daten speichern, abhören, Videoüberwachung im öffentlichen Raum, sonstige Kontrollmaßnahmen).

Der Islamforscher Reinhard Schulze sieht schon eine Konvergenz des Niedergangs ideologischer Ordnungsvorstellungen in der islamischen und der westlichen Welt. Er fordert auch für die westlichen Länder Änderungen, denn das Einverständnis zwischen Gesellschaft, Staat und Religion ist auch bei uns längst nicht mehr gegeben.

Die Verankerung der Weltreligionen in unserer Gesellschaft sieht man höchst unterschiedlich. Nach den Schrecken des Naziregimes wurde zur Betonung der gemeinsamen Wurzeln von Christentum und Judentum der Begriff christlich-jüdisches Abendland geprägt. Dagegen gibt es von jüdischer Seite Einsprüche, weil die Juden in der Tat 1000 Jahre im Abendland ausgegrenzt waren.

Mittlerweile zählen andere auch den Islam zum Abendland. Nationalistische Europäer verwahren sich dagegen und warnen vor einer Islamisierung unseres Kulturgebiets.

Ein Findungsprozess für verbindende humanitäre Grundlagen aller drei Religionen verläuft nur schleppend. Der Journalist Florian Flade schwört im Oktober 2016 in einem Artikel ein Inferno herauf:

»Es geht um den Zusammenbruch der liberalen, pluralistischen Gesellschaft. Darum, dass die Bürger aus Angst ihre Werte verraten und den Rechtsstaat aufweichen. Es wird schlimmer und noch grausamer werden, darauf sollte man gefasst sein.«

Quellenverzeichnis:

Printmedien:
- Amerika ist verantwortlich für die Katastrophe (Marc Etzold, Wirtschafts Woche, 3. Oktober 2016)
- Asyl, Stoff für Populisten, Der Spiegel, Nr. 51/2016
- Berliner Polizei versagt bei Terrorjagd (Axel Sielcker, Kölner Stadtanzeiger, 16./17. September 2017)
- Brandbeschleuniger Großmachtpolitik (Jan Wilkens und Ylias Saliba, Frankfurter Allgemeine, 22. April 2017)
- Das Gesetz des Krieges (Susanne Koelbel, Spiegel Classic, Nr. 1/2017)
- Das Rätsel Baghdadi, warum es kaum eine Rolle spielt, ob der IS-Führer lebt oder nicht, Der Spiegel, Nr. 29/2017
- Der globale Dschihad – Kampf gegen den IS (Rainer Hermann, Frankfurter Allgemeine, 24. Mai 2017)
- Der Kampf der Kaiser und Kalifen (Hans Miksch, Karl Müller Verlag, Erlangen, Januar 2002)
- Der Koran. Das heilige Buch des Islam, Wilhelm Goldmann Verlag, München, 1959
- Der Koran. Eine Tötungslizenz? (Rainer Hermann, Frankfurter Allgemeine, 8. Januar 2015)
- Der Sieg des Islam (Edward Gibbon, Eichborn Verlag, Frankfurt am Main, 2003)
- Der Sturm auf die Hochburg Rakka (Christoph Reuter, Der Spiegel, Nr. 24/2017)
- Die Erfindung Bagdads, Der Spiegel, Nr. 28/2017
- Die fünf Weltreligionen (Helmuth von Glasenapp, Eugen Diederichs Verlag, Sonderausgabe 1996)

- Die neue Übersichtlichkeit (Niels Minkmar, Der Spiegel, Nr. 52/2016)
- Die Sprache des Terrors (Philippe-Joseph Salazar, Verlagsgruppe Random House, 1. Auflage August 2016)
- Einigung auf Zone zum Schutz von Zivilisten, Kölner Stadtanzeiger, 16./17. September 2017
- Ein Kalifat des Krieges (Rainer Hermann, Frankfurter Allgemeine, 4. Juli 2015)
- Falsche Signale. Warum die amerikanische Syrienpolitik so verhängnisvoll ist, Der Spiegel, Nr. 30/2017
- Frauen im Islam. Die Religion ist nicht das Problem (Khola Maryam Hübsch, Frankfurter Allgemeine, 12. April 2011)
- Ich bin ein Terrorist, haha!, Der Spiegel, Nr. 27/2017
- Im Reich Assads (Amrai Coen, Malte Henk, Die Zeit, 28. November 2016)
- Islamisten zwischen Blut und Scherben (Der Spiegel, Nr. 52/2016)
- Kurden halten Bagdad – aber nicht umsonst (Roland Etzel, Neues Deutschland, 17. Juni 2014)
- Lexikon der Islamischen Welt (Klaus Kreiser, Werner Diem, Hans-Georg Majer ((Hrsg.)), Verlag W. Kohlhammer GmbH, 1974)
- Minen im Sand (Christoph Reuter, Der Spiegel, Nr. 24/2017)
- Muslimisches Frauenbild. Sie hassen uns (Samuel Schirmbeck, Frankfurter Allgemeine, 11. Januar 2016)
- Nachbarn und Mörder (Evelyn Finger, Die Zeit, 3. August 2017)
- Palmyra laut Russland komplett zurückerobert, Neue Zürcher Zeitung, 2. März 2017
- Russland prüft Berichte über möglichen Tod von IS-Anführer (Christian Böhme, Tagesspiegel, 16. Juni 2017)
- Schlacht um Mossul. Die Retter von der Höllenpforte (Christoph Reuter, Der Spiegel, Nr. 52/2016)
- Schwarze Flaggen. Der Aufstieg der IS und die USA (Yoby Warrick, Konrad Theiss Verlag, 2017)
- Selbstmord-Attentäter (Tim Pröse, FOCUS, Nr. 17/ 2002)
- Syrien: Ein totaler Krieg, Der Spiegel, Nr. 51/2016

- Syrien: Furcht und Betäubung, Der Spiegel, Nr. 50/2016
- Terror. Unheilige Nacht, Der Spiegel, Nr. 52/2016
- Terror vor Europas Toren. Der Islamische Staat, Iraks Zerfall und Amerikas Ohnmacht (Wilfried Buchta, Frankfurt am Main, 2015)
- Vierzig Hadithe mit Kommentar von An-Nawawi, IB Verlag Islamische Bibliothek, 2007
- Warum wir kühl auf den Terror reagieren sollten, Der Spiegel, Nr. 52/2016
- Witz oder Krieg (Angela Köckritz, Die Zeit, 30. August 2017)

Internetdokumente:
- Abdel-Samad warnt vor politischem Islam in Deutschland, Welt N24, 7. November 2017
- Abendland (Wikipedia)
- Abu Bakr AL-BAGHDADI: Anführer und »Kalif« des »Islamischen Staats«, Baden-Württemberg, Landesamt für Verfassungsschutz, Islamismus, 2/2016
- Abu Bakr AL-BAGHDADI (Wikipedia)
- Abu Mohammad al-Adnani (Wikipedia)
- Abū Mus'ab az-Zarqawi (Wikipedia)
- Abū Mus'ab az-Zarqawi , Das Neue Gesicht des Terrors (Uli Rauss und Oliver Schröm, stern.de, 8. Oktober 2004)
- Aktivisten: 24 Zivilisten bei türkischen Angriffen in Nordsyrien getötet, Zeit Online, 16. Februar 2017
- »Al Bab gefallen« – Türkische Armee verkündet Eroberung letzter Hochburg des IS in Nordsyrien (Ali Özök, RT Deutsch, 23. Februar 2017)
- Angreifer an Pariser Flughafen erschossen, SZ-online.de, 18. März 2017
- Anschlag auf Buskonvoi. Attentäter in Syrien tarnten sich als Helfer, Spiegel Online, 20. April 2017
- Anschlag auf den Berliner Weihnachtsmarkt an der Gedächtniskirche (Wikipedia)

–   Anti-IS-Koalition bereitet Sturm auf Rakka vor, FOCUS Online, 25. Oktober 2016
–   Arabischer Frühling, Bundeszentrale für politische Bildung
–   Arabische Welt: »Wie Europa im neunzehnten Jahrhundert – nur schneller«, Frankfurter Allgemeine, aktualisiert am 12. Juli 2011
–   Arabischer Frühling (Wikipedia)
–   ar-Raqqa (Wikipedia)
–   Auszüge aus dem angeblich friedlichen Koran, verkackeiert.com, 4. Januar 2009
–   Belgien gedenkt der Terror-Opfer (Sebastian Schöbel, ARD-Studio Brüssel, tagesschau.de, 22. März 2017)
–   Beobachtungsstelle vermeldet Tod von IS-Chef Al-Bagdadi, Frankfurter Allgemeine, 11. Juli 2017
–   Berichte von Gefechten nahe Al-Bab. Türken-Offensive trifft auf Assad, ntv, 9. Februar 2017
–   Bin Laden ist tot – »Sieg der Gerechtigkeit«, (Günther Lachmann, Welt N24, 2. Mai 2011)
–   Camp Bucca: die Brutstätte des IS, Watson, 5. November 2014
–   Chemiewaffenangriff in Chan Scheichun. USA verhängen neue Sanktionen gegen Syrien, Spiegel Online, 24. April 2017
–   Chronik des Bürgerkriegs in Syrien (Wikipedia)
–   Das Bild des ungläubigen (Kafir) im Koran, der Prophet des Islams
–   Das islamische Kalifat zerfällt, doch der IS bleibt weltweit eine Gefahr, WEB.de, 29. Juni 2017
–   Das Organigramm des Terrorkalifats (Alfred Hackensberger, Welt N24, 20. September 2014)
–   Das perfide Meisterstück des Al-Qaida-Chefideologen (Alfred Hackensberger, Welt N24, 14. Januar 2015)
–   Das umkämpfte Tor nach Raqqa (Christoph Ehrhardt, Frankfurter Allgemeine, 26. Dezember 2016)
–   Der IS drängt nach Europa, Zeit Online, 18. Mai 2015
–   Der IS kennt die gesellschaftlichen Brüche in Deutschland (Florian Flade, Welt N24, 30. Oktober 2016)

- Der Islam, das Schwert und die Köpfe Ungläubiger, (Berthold Seewald, Welt N24, 10. Oktober 2014)
- Der Islamische Staat im Irak und Syrien (ISIS), Bundeszentrale für politische Bildung, 26. August 2014
- Der islamische Staat (IS): Das Kalifat der Hölle (Werner Menner, Merkur.de, 10. Mai 2016)
- Der »Islamische Staat« und das Reich des Bösen (Robert Treichler, Martin Staudinger, profil.at, 20. Dezember 2014)
- Der Islamische Staat zerfällt – die Gefahr bleibt (Marc Drewello, stern.de, 23. November 2016)
- Der Terror des IS. Anschläge von IS-Terroristen und Sympathisanten seit 2014, Frankfurter Allgemeine, 3. Januar 2017
- Der Terror kommt aus dem Herzen des Islams (Zafer Senocak, Welt N24, 29. Dezember 2007)
- Der unaufhaltsame Niedergang des Islams (Zafer Senocak, Welt N24, 21. Juli 2015)
- Der Untergang des Morgenlandes (Hermann Wollner, Kritisches Netzwerk.de, 4. August 2015)
- Des Kalifen neue Kleider: Der Islamische Staat in Irak und Syrien (Stephan Rosiny, German Institute of Global and Area Studies Institut für Nahost-Studien, Nr. 6, 2014)
- Deutsche Dschihadistinnen sollen für IS-Sittenpolizei gearbeitet haben, Spiegel Online, 28. Juli 2017
- Die Fakten zum Krieg in Syrien, Spiegel Online, 10. August 2016
- Die Fehler werden die Fanatiker machen. Der IS als Stasi-Kalifat (Nora Schareika, n-tv, 27. April 2015)
- Die Fragmentierung der arabischen Welt (Juliane Metzker, Qantara.de, 2015)
- Die Islamische Welt – im Dreißigjährigen Krieg? (Prof. Dr. Michael Wolffsohn, Handelsblatt, 7. April 2015)
- Die Knastbrüder von Camp Bucca, Spiegel Online, 5. November 2014
- Die Komplexe hinter dem islamischen Größenwahn (Dietrich Alexander, Welt N24, 17. Januar 2015)

- Die Schlacht um die Jesiden-Hochburg (Andreas Lünser, Spiegel Online, 15. Mai 2017)
- Die Symbolkraft der Sadschida al-Rischawi, Welt N24, 4. Februar 2015
- Die Terrormiliz IS herrscht in Rakka wie im Wahn (Alfred Hackenberger, Welt N24, 21. Oktober 2015)
- Die vielen Namen des islamischen Staates (Steffen Lüdke, bento, 1. März 2017)
- Die 40 Minuten von Abbottabad. Tötung bin Ladens, tagesschau.de, 8. Mai 2011
- Die Wochen vor dem Berliner Anschlag (Georg Mascolo, NDR/WDR, und Georg Heil, WDR, tagesschau.de, 31. Mai 2017)
- Die Zukunft der arabischen Welt (Heiko Heinisch, Die Kolumnisten, 10. Dezember 2015)
- Drei Tage Terror in Paris (Karsten Polke-Majewski, Philip Faigle, Kai Biermann, Mounia Meiborg, Annika Joeres, Zeit Online, 11. Mai 2015)
- Dschihad International, Zeit Online, 4. September 2014
- Dutzende Tote bei Angriff auf Militärkrankenhaus, tagesschau.de, 8. März 2017
- 11. September, Referat, Schulzeux.de
- Ein Islam für die Zukunft, SZ.de, 17. Mai 2010
- Entführung einer Swissair-DC-8 nach Zerqa, nzz.ch, 5. September 2005
- Enthauptung durch IS. Die perfide Inszenierung eines Mordes (Florian Flade, Welt N24, 20. August 2014)
- Eroberung von Mossul. Irak erklärt IS-Kalifat für beendet, Frankfurter Allgemeine, 29. Juni 2017
- Etappensieg der Anti-IS-Koalition, Frankfurter Allgemeine, 4. Juli 2017
- Explosionen am Flughafen von Damaskus, Zeit Online, 27. April 2017
- Explosion nahe Aleppo. Viele Tote bei Anschlag auf Buskonvoi, tagesschau.de, 15. April 2017

- Flucht von Anis Amri. 77 Stunden quer durch Europa (Christoph Sydow, Thies Schnack, Spiegel Online, 5. Januar 2017)
- Frauen in der islamischen Gesellschaft (Thekla Killguss, Arbeitskreis Islam der Evangelischen Allianz)
- Greueltaten des IS in Mossul. Die Stadt war wie betrunken (Khales Jouma, Frankfurter Allgemeine, 1. November 2016)
- G-7-Außenminister: Keine Zukunft für Syrien mit Assad, Frankfurter Allgemeine, 11. April 2017
- Haji Bakr (Wikipedia)
- Heftige Kämpfe zwischen Dschihadisten und syrischer Armee in der Provinz Rakka, FOCUS Online.de, 30. August 2017
- Heute Aleppo, morgen Idlib (Christoph Sydow, Spiegel Online, 16. Dezember 2016)
- Horror-Aktion in Rakka: IS köpft beliebte Fußballer, Panorama, 11. Juli 2016
- Im jordanischen Swaqa-Gefängnis wurden die Todesurteile vollstreckt, FOCUS Online, 4. Februar 2015
- Informationsblatt ISIS in Syrien Hintergrundinformationen zur Gruppe islamischer Staat (IS), adoptrevolution.org, November 2014
- Irak: Irakisches Militär beginnt Offensive auf Mossul, FOCUS Online, 17. Oktober 2016
- Irak-Kampagne: »Der größte geopolitische Fehler der USA« (Xenia Melnikowa, Radio Stimme Russlands, 8. Mai 2014)
- Irak: Reisewarnung, Auswärtiges Amt, 2. September 2017
- Irak verkündet Start von Anti-IS-Offensive in Mossul, Welt N24, 19. Februar 2017
- IS-Führer Baghdadi sieht sich als Nachfolger des Propheten, RP online, 29. Juni 2015
- IS-Hochburg Warum uns der Kampf um Mossul direkt betrifft, FOCUS Online, 17. Oktober 2016
- Isis-Chef Abu Bakr al-Baghdadi: Terrorführer mit dunkler Vergangenheit (Markus C. Schulte von Drach, SZ.de, 23. Juni 2014)

- ISIS-Extremisten rufen »Islamisches Kalifat« aus, Spiegel Online, 29. Juni 2014
- Islamische Ehe (Wikipedia)
- Islamischer Staat: Die Schreckensherrschaft der Dschihadisten, News HUB, 24. Juli 2017
- Islamischer Staat: Ein Jahr Terror – fünf Erkenntnisse, Spiegel Online, 11. Juni 2015
- »Islamischer Staat« – Ein Kalifat des Krieges (Rainer Hermann, Frankfurter Allgemeine, 4. Juli 2015)
- »Islamischer Staat«: Erfolg nur an der Propaganda-Front, Spiegel Online, 17. Dezember 2015
- Islamischer Staat IS veröffentlicht Enthauptung von US-Bürger, Handelsblatt.com, 16. Oktober 2014
- Islamischer Staat (Organisationen), (Wikipedia)
- Islamistische Terroranschläge in Europa, Portal zur politischen Bildung ein Angebot der Landeszentrale für politische Bildung
- Islamismus und Salafismus, Bundesministerium des Inneren
- Islamistisch motivierter Terror-Salafismus-Islamismus in Deutschland, Portal zur politischen Bildung, ein Angebot der Landeszentrale für politische Bildung
- IS-Miliz soll mehr als hundert Zivilisten getötet haben, Stuttgarter Zeitung.de, 23. Oktober 2017
- IS tötet mehr als 160 Menschen bei Flucht aus Mossul, Zeit Online, 6. Juni 2017
- IS überlässt türkischen Truppen Al-Bab (Elke Dangeleit, Telepolis, 1. März 2017)
- IS verliert Kontrolle über Stadtviertel von Rakka, Zeit Online, 11. Juni 2017
- IS: Von einer sunnitischen Gruppe zur transnationalen Terror-Zentrale, explizit.net, 30. November 2015
- Jihadisten erobern in Syrien wichtige Provinzhauptstadt (Michael Wrase, Tagblatt, 31. März 2015)

- Jordanien: Der König zieht in den Krieg (Andrea Böhm, Zeit Online, 26. Februar 2015)
- Jordanien: Grausame Hinrichtung durch Erhängen, Initiative gegen die Todesstrafe, 2. März 2004
- Jordanien will gefangene Terroristin gegen IS-Geisel tauschen, FOCUS Online, 28. Januar 2015
- Jordanischer Pilot bei lebendigem Leib verbrannt, Welt N24, 3. Februar 2015. – Kalif Ibrahim, Führer und Organisator des Islamischen Staates (Professor Dr. Albert Stahel, Strategische Studien, 15. November 2015)
- Kalifat (Wikipedia)
- Kämpfer fliehen vom Schlachtfeld, Öleinnahmen des IS brechen ein, ntv, 21. September 2017
- Kämpfe um Flughafen (André Scheer, junge Welt, 17. Juni 2014)
- Kampf gegen den IS. Tausende kehren nach Mossul zurück, tagesschau.de, 25. Januar 2017
- Kampf gegen die Terrormiliz IS – Der »Islamische Staat« ist noch lange nicht am Ende, Tagesspiegel, 10. Juli 2016
- Kampf um IS-Hochburg. Kurden melden Eroberung der Altstadt von Rakka, Spiegel Online, 1. September 2017
- Kampf um Mossul geht in entscheidende Phase, Zeit Online, 18. Juni 2017
- Kampf um Mossul. Uno wirft IS Massaker an Zivilisten vor, Spiegel Online, 25. Oktober 2016
- Kindheit in Trümmern. Leben und Sterben in den belagerten Gebieten Syriens, Save the Children, 9. März 2016
- Koranübersetzungen, islam.de
- Krieg und Katastrophe im Jemen (Dominik Peters und Christoph Sydow, Spiegel Online, 12. September 2017)
- Krieg und Terror - Kampf gegen den Islamischen Staat, Portal zur politischen Bildung, ein Angebot der Landeszentrale für politische Bildung
- Kurden, Christen, Araber – vereint gegen den IS, Welt N24, 12. Oktober 2015

- Kurden haben abgestimmt – Irak und Türkei lassen Truppen aufmarschieren, Welt N24, 26. September 2017
- Kurdische Kämpfer rücken auf Rakka vor, Zeit Online, 27. März 2017
- Leben unter der schwarzen Fahne (Karin Leukefeld, AG Friedensforschung, 3. November 2014)
- Levante (Wikipedia)
- Liste islamischer Terroranschläge in Europa und den USA 2000 bis 2016 (Ulrich Jakob Becker, Jüdische Rundschau, 1. Juli 2017)
- Menschenrechtsverletzungen bei Rückeroberung von Mossul?, dpa/csr, 23. Januar 2017
- Militäreinsatz in Syrien endet, Welt N24, 21. November 2017
- Mit aller Macht gegen einen Kurdenstaat (Gerd Höhler, Kölner Stadtanzeiger, 26. August 2017)
- Mit dem Taxi in die Freiheit (Matthias Kessler, SZ.de, Heft 11/2016, Männer)
- Mossul: Der IS geht, das Elend bleibt, ZDF heute, 21. September 2017
- Mossul. Die Stadt der Toten (Cedric Rehman, RP online, 21. September 2017)
- Nach neuer Gräueltat der Dschihadisten: Jordanien richtet IS-Terroristin hin, Spiegel Online, 4. Februar 2015
- Nach Piloten-Mord: Jordanien mit Kampf-Jets gegen ISIS, Abendzeitung, 6. Februar 2015
- Nach Sieg über IS zeigt sich bei Mossuls Kindern schwer zu ertragendes Problem (Lena Glöckner, FOCUS Online, 15. Juli 2017)
- Naher Osten. Was wäre, wenn Saddam nicht gestürzt worden wäre? (Daniel-Dylan Böhmer, Clemens Wergin, Welt N24, 06.12.2015)
- NATO will Kampf gegen den IS unterstützen, Zeit Online, 4. Juli 2016
- Neue Erkenntnisse über IS-Chef Baghdadi: Der kurzsichtige Kalif, Spiegel Online, 19. Februar 2014
- Neuer ISIS-Name aus Größenwahn und Kalkül, Welt N24, 30. Juni 2014
- Niedergang im Morgenland (Rainer Stephan, SZ-Online.de, 11. September 2016)

- NRW bereitet Schlag gegen radikale Moscheen vor, Spiegel Online, 18. November 2017
- Nur Extremisten nutzen den Islam für politische Ziele (Rainer Hermann, Frankfurter Allgemeine, 10. Mai 2017)
- Offenbar Gefechte zwischen Kurden und irakischer Armee um Kirkuk, DW Akademie, 16. Oktober 2017
- Operation Neptune's Spear (Wikipedia)
- Rakka: Die Hölle auf Erden, RT Deutsch, 1. September 2017
- Rakka: Vom Leben in der »ISIS«-Hölle, BZ, 16. November 2015
- Rebellen durchbrechen Stadtmauer von Rakka, Zeit Online, 4. Juli 2017
- Referendum zur Unabhängigkeit der Kurden. Erdogan droht mit Intervention und Boykotten, Mitteldeutsche Zeitung, 25. September 2017
- Religionsentwicklung: Islam auf der Überholspur, Kath.net Katholische Nachrichten, 7. April 2015
- Russland, Iran und Türkei teilen Syrien auf (Dominik Peters, Spiegel Online, 16. September 2017)
- Russland streitet gezielten Giftgasangriff ab, Zeit Online, 5. April 2017
- Sarkawi-Opfer »Bush ist der wahre Täter« (Stefan Wagner, FOCUS Online, 16. Juni 2006)
- Schlacht um Mossul Iraks Armee erklärt IS-Kalifat für beendet, als/Reuters/dpa, 29. Juni 2017
- Schlacht um Mossul (Wikipedia)
- So erlebte ich Rakka vor dem Krieg und vor »ISIS« (Hamza Jarjanazi, BZ, 17. November 2015)
- So organisiert sich der »Islamische Staat«, FOCUS Online, 14. November 2014
- So sieht es heute in Palmyra aus (Jana Stegemann, Ester Widmann, SZ-online.de, 28. März 2016)
- Stadt von ISIS befreit – Die Lage in der syrischen Stadt al-Bab (Mohammad Rabie, Bild, 28. Februar 2017)

- Sure 4:34 (Wikipedia)
- Syrien: Der Kalif ist tot? (Thomas Pany, Telepolis, 16.6.2017)
- Syrien fehlt die Basis für dauerhaften Frieden (Moritz Baumstieger, SZ-online.de, 8. September 2017)
- Syrischer Bürgerkrieg, Brandbeschleuniger, Großmachtpolitik (Jan Wilkens, Ilya Saliba, Frankfurter Allgemeine, 22. April 2017)
- Syrische Regierungstruppen durchbrechen IS-Belagerungsring, FOCUS Online, 5. September 2017
- Tal Afar: Irakische Armee erobert Zentrum von IS-Hochburg, Spiegel Online, 26. August 2017
- Tausende kehren nach Mossul zurück, tagesschau. de, 25. Januar 2017
- Terroranschläge am 13. November 2015 in Paris (Wikipedia)
- Terroranschläge am 11. September 2001 (Wikipedia)
- Terroranschläge in Brüssel am 22. März 2015 (Wikipedia)
- Terroranschläge in Brüssel, Was wir wissen und was nicht (Sasan Abdi Herrle, Till Daldrup, Astrid Geisler, Tobias Müller, Karsten Polke-Majewski und Tilmann Steffen, Zeit Online, 22. März 2016)
- Terror-Mastermind Haji Bakr: Der Spitzel-Führer des »Islamischen Staates«, Spiegel Online, 19. April 2015
- Terrormiliz IS aus Al-Rakka vertrieben, dpa, Reuters, 17. Oktober 2017
- Tod des Terrorführers Bin Ladens blutrünstiger Gehilfe (Yassin Musharbash und Philipp Wittrock, Spiegel Online, 8. Juni 2006)
- Trump stoppt offenbar Waffenlieferungen an Anti-Assad-Rebellen, der Tagesspiegel, 20. Juli 2017
- Türkische Luftwaffe tötet mehr als 20 kurdische Kämpfer, Welt N24, 25. April 2017
- Unser Prophet Muhammed (fsai) hat die Ereignisse im Irak und die Organisation ISIS bereits vor 1400 Jahren vorhergesagt, Harun Yahya.de, 17. Juli 2014
- UN warnen vor neuer Phase des IS-Terrors, Zeit Online, 9. Juni 2016

- USA räumen Mitschuld an Tod von Zivilisten in Mossul ein, Zeit Online, 29. März 2017
- USA schicken 400 Soldaten nach Syrien, Zeit Online, 9. März 2017
- Vater des abgestürzten jordanischen Piloten bittet IS um Freilassung, Zeit Online, 25. Dezember 2014
- Viele Waffen, viele Söldner Putins Syrienstützpunkte (Rainer Hermann, Frankfurter Allgemeine, 7. April 2017)
- Warum gibt es keinen Frieden im Nahen Osten? (Rainer Hermann, Frankfurter Allgemeine, 29. November 2016)
- Warum Israel und Saudi-Arabien gemeinsame Sache machen (Christian Böhme, Der Tagesspiegel, 22. November 2017)
- Warum IS-Terrorfürst Abu Bakr al-Baghdadi längst ein toter Mann ist (Rolf Tophoven, FOCUS Online, 15. Oktober 2014)
- Was hat der Islam mit Terror zu tun?, radiovaticana.va, 22. Februar 2015
- Was vom Kalifat übrig bleibt (Martin Gehlen, Kölner Stadtanzeiger, 12. Juli 2017)
- Was will der »Islamische Staat«? Zum Endkampf gegen »Kreuzzügler«, tagesschau.de, 21. November 2015
- Was wir über den Anschlag von Barcelona wissen (Karsten Polke-Majewski, Alexandra Endres, Zeit Online, 17. August 2017)
- Wer ist IS(IS)? Wie arbeitet die Terrororganisation und warum ist sie so erfolgreich?, Landeszentrale für politische Bildung Baden-Württemberg
- Wer kämpft gegen den islamischen Staat?, Landeszentrale für politische Bildung Baden-Württemberg
- Wie IS und Boko Haram Frauen und Mädchen missbrauchen, idea.ev, 2017
- Wie viel Islam steckt im Terror? »Wir können den Terror nicht ohne die Religion erklären« (Ahmad Mansour, Tagesspiegel Causa, 16. Juli 2016)
- Zerstörte Kulturstätten im Irak. Zerstörung bis zum Horizont (Paul-Anton Krüger, SZ-online.de, 6. April 2017)

- Zitate aus dem Koran, Dr. Sami Alrabaa, 24. September 2014
- Zum Arabischen Frühling (Wikipedia)

Fernsehsendungen:
- 9/11 Die Welt danach (1/2) Die Kriegserklärung, (Ausstrahlung ARTE)
- 9/11 Die Welt danach (2/2) Spirale der Gewalt, (Ausstrahlung ARTE)
- Irak: Mosul im Jahr Null (Ausstrahlung ARTE)
- Re: Deutsche Kämpfer gegen den IS
- Die Schlacht um Shingal (Ausstrahlung ARTE)